세계를 움직인 돈과 권력, 욕망의 삼각관계

머니쇼크

Wo das Geld die Welt regiert
by Klaus Müller

세계를 움직인 돈과 권력, 욕망의 삼각관계
머니쇼크

초판 1쇄 발행일 • 2008년 11월 25일

초판 2쇄 인쇄일 • 2008년 12월 1일

지은이 • 클라우스 뮐러

옮긴이 • 김대웅

펴낸이 • 김미숙

주 간 • 김용태

기 획 • 이선민

편 집 • 이기홍

디자인 • 박선옥

마케팅 • 김은석

관 리 • 이생글

펴낸곳 • 이마고

121-840 서울시 마포구 서교동 408-18 5층

전화 (02)337-5660 | 팩스 (02)337-5501

E-mail : imagopub@chol.com

www.imagobook.co.kr

출판등록 2001년 8월 31일 제10-2206호

ISBN 978-89-90429-72-8   03320

● 값은 뒤표지에 있습니다.

● 잘못된 책은 바꿔드립니다.

• 도서출판 이마고는 이 책의 한국어판 저작권 사용 계약을 맺으려고 많은 노력을 기울였으나 저작권 관리자와 연락이 안 되어 아직 저작권 사용 교섭을 마치지 못했습니다. 하지만 앞으로 계속 추적하여 저작권 계약을 맺고 정당한 사용료를 지불할 예정임을 밝힙니다.

• 이 책에 실린 주화 사진은 (주)화동양행에서 제공해준 것입니다.

세계를 움직인 돈과 권력, 욕망의 삼각관계

MONEY $hock

머니쇼크

클라우스 뮐러 지음 | 김대웅 옮김

돈의 탄생에서 현대의 통화 위기까지 돈 때문에 벌어진 충격적 사건들을 통해 본 돈의 본질
돈은 어떻게 세계를 지배하는가? 튤립 열풍에서 '검은 금요일'까지

이마고

옮긴이의 글 수렁에 빠진 '황색 악마'…
돈의 위기는 어떻게 반복되나?

'서브프라임 모기지'로 인한 미국발 금융위기로 전 세계가 금융공황의 공포에 휩싸여 있다. '황색 악마'를 맹종하던 금융자본의 모순이 폭발하고 만 것이다.

전 세계의 자금이 유입되는 월가의 철옹성 같은 큰손들이 부도를 맞게 되니, 이곳에 돈을 맡기거나 투자했던 나라들이 함께 금융위기를 겪는 것은 당연한 수순이다. 비우량 주택대출을 담보로 발생한 채권과 이로부터 파생된 금융상품이 글로벌 금융시장에서 다층 구조로 얽히다 보니 미국 주택경기 하락으로 촉발된 금융위기가 전 세계적으로 확산되었다. 급기야 G20으로 불리는 세계경제의 주요 국가들이 미국에 모여 이 금융위기의 해소 방안을 마련하려고 했으나 달러를 기축통화로 고수하려는 미국과 새로운 통화질서를 구축하려는 유럽이 서로 맞서 별다른 성과 없이 끝나고 말았다.

특히 성장 위주의 정책을 고수하려고 고환율 정책을 고집한 우리나라는 된서리를 맞아 주가 폭락과 환율 급상승이라는 이중고를 겪고 있다. 이러한 시련은 우리나라의 잘못으로 어려웠던 IMF 때의 오류 반복과 세계적인 금융공황의 태풍이 더해졌기 때문에 앞으로 상당 기간 우울한 나날을 보내야 할 전망이다. 물론 미국과의 통화스와프로 금융위기를 눈가림하긴 했지만, 이것은 폭풍우에 우산 하나 더 준 격이라는 어느 경제학자의 쓴소리를 귀담아들어야 할 것이다.

그런데 이와 같은 금융파동은 어제 오늘의 이야기가 아니다. 상품 교환을 매개해주는 수단으로 돈(화폐)이 일반화된 자본주의의 탄생 때부터 이미 그 불행의 씨앗은 잉태되고 있었던 것이다. 교환가치, 특히 잉여가치를 목적으로 하는 자본주의적 상품 생산이 지배적인 생산 형태가 되자 교환의 매개수단인 돈의 역할은 상당히 비대해졌으며, 노동을 중심으로 맺어지는 '인간' 관계인 생산관계는 상품을 매개로 하여 맺어지는 '물적' 관계인 상품교환관계 밑에 감추어졌다.

그렇지만 돈의 역할은 여기에서 그치지 않는다. 그것은 어떤 사람에게는 매력적인 것으로, 또 어떤 사람에게는 마력을 지닌 것으로 나타난다. 돈이 인간에게 봉사하는 수단이 아니라 인간에 대한 지배자로 그 모습을 바꾼 것이다.

특히 17세기 성행했던 화폐 변조 범죄와 네덜란드에서 벌어진 '튤립 광기', 다우존스 평균 주가가 하루에 20퍼센트 이상 폭락했던 1987년 10월 17일 '검은 월요일'의 세계 금융시장 붕괴 위기, 1990년부터 붕괴가 시작된 일본의 거품경제, 1994년의 멕시코 경제위기, 1997~98년의 한국의 IMF를 비롯한 아시아 경제위기와 러시아 금융대란, 2001년 아르헨티나 페소화 위기 등 거품은 어느 시대에나 금융시장의 한 모습이었으며, 돈에 굴복한 인간들의 처참한 모습의 반영이었다.

시대는 달랐지만 수많은 투자자들이 이 거품의 덫에 걸려 더 높은 가격에 팔 수 있으리라는 욕심으로 고점에 매수하는 바람에, 결국 투기적 광기는 결코 영원히 지속될 수 없다는 뼈저린 교훈을 배워야만 했던 것이다.

이 책은 고대에서부터 오늘날까지 돈이 지닌 놀라운 위력이 어디에서 나오는지, 또 돈이 어떻게 마력을 지닌 물신의 지위에까지 올라가 인간을 파멸의 구렁텅이로 몰아넣었는지를 수많은 역사적 사례들과 구체적인 사건들을 통해 보여주고 있다. 궁극적으로 오늘날의 금융공황을 가져올 수밖에 없었던 왜곡된 금융자본주의사회의 모습을 적나라하게 파헤친 이 책을 통해 인간관계가 상품, 물질, 돈으로 매개되는 물적 관계가 아니라 진정한 인간관계로 회복되는 데 조금이나마 기여할 수 있기를 바란다.

2008년 11월

김대웅

MONEY
CONTENTS

_ 옮긴이의 글 | 수렁에 빠진 '황색 악마' … 돈의 위기는 어떻게 반복되나? · 5
_ 프롤그 | 세계를 움직이는 돈, 돈을 움직이는 세계 · 10

1 통화 위기는 어떻게 오는가? · 17

왜 통화 정책이 어려운가? · 20 ｜ 달러 대폭락과 통화 전쟁 · 23
제2차 골드러시 – 금에 투자하라! · 31 ｜ 돈이 돈을 부르는 세계 금리 전쟁 · 35
전 세계 금융가를 지배하는 오일 머니의 힘 · 41 ｜ 해외로 빠져나가는 돈을 잡아라! · 44

2 투기 광풍과 시장의 붕괴 · 53

튤립 뿌리에 광분하다 · 57 ｜ 경제를 마비시킨 주식 투자 · 59 ｜ 주식 파는 유령 회사 · 63
세계를 뒤흔든 '검은 금요일' · 66 ｜ 은행의 도산으로 사라진 시민의 돈 · 69

3 인플레이션과 돈의 가치 · 79

돈의 가치에 대한 몇 가지 오해 · 82 ｜ 쥐똥으로 인도 후추를 살 수 있는 능력 · 84
1조 원을 가진 가난뱅이 · 88

4 돈과 권력의 함수관계 · 97

백만장자의 금고가 정치를 지배하다 · 100 ｜ 돈에서 나온 카이사르의 권력 · 103
사치와 전쟁이 삼킨 황제의 금화 · 105 ｜ 교황의 욕망을 채우는 금고 속의 금화 · 111
전쟁을 부르는 돈, 돈을 부르는 전쟁 · 114 ｜ 돈으로 사들인 민주주의 · 119
자본과 권력의 결탁 · 124

5 부자와 가난한 자 · 129

얼마만큼 있어야 부자인가 · 132 | '절약' 권하는 사회 · 143 | 가난을 타고난 사람들 · 152
분배 정책의 한계 · 160 | 승부조작과 스포츠 상업화 · 162 | 번창하는 영혼사업, 사이비종교 · 168

6 돈과 범죄 : 좀도둑에서 대형 금융사기까지 · 173

가난한 자의 도둑질 · 176 | 권력과 부를 얻는 가장 확실한 방법, 약탈 · 181
총도 칼도 들지 않은 화이트칼라 강도 · 190

7 돈의 변천사 : 조개껍질에서 신용카드까지 · 205

단돈 24달러로 맨해튼을 사다 · 208 | 호수를 건너기 위해 상아, 면화, 철사가 필요했다 · 216
가장 오래된 화폐, 동물 · 219 | 농장에서 자라는 돈 · 221 | 금과 같은 가치를 지닌 소금 · 224
자동차 바퀴만한 돌 화폐 · 225 | 화폐로 변신한 추장의 장신구 · 227
중국인의 공식 화폐 역할을 한 조개껍질 · 228 | 헝겊조각으로 금을 사다 · 230
코끼리 꼬리에 감은 고리에서 금은까지 금속 화폐의 발달 · 232 | 주화의 탄생 그리고 변조의 유혹 · 237
아테네의 부엉이 · 243 | 오볼렌에서 드라크마까지 그리스 로마의 화폐 단위 · 247
독자적인 주화 주조의 움직임 · 249 | 그들만의 주화 · 251 | 얇고 속이 빈 페니히 · 253
작지만 두꺼운 주화 · 255 | 달러가 달러라고 불리게 된 까닭 · 256 | '황색 악마'의 승리 · 258
신용거래 시대를 연 마법의 종이조각 · 260 | 은행권의 기적 · 266
'화폐 제조자'인 국가가 발행한 지폐의 흥망성쇠 · 273 | 다양한 형태의 대용화폐들 · 275
화폐 제조의 꿈 · 280 | 화폐 위조와 사기의 전통 · 285 | 포르투갈 지폐의 교묘한 사기극 · 288
전대미문의 무죄 선언 · 291 | 위조지폐의 제왕, 히틀러 · 293

_ 에필로그 | 돈의 미래, 어디로 갈 것인가? · 296
_ 부록 | 돈의 역사 연표 · 300

프롤로그 세계를 움직이는 돈, 돈을 움직이는 세계

> 어느 날 믿을 만한 옛 친구인 파투마가 한 가족에 대한 이야기를 해주었다.
> 그들은 파투마의 이웃에 살고 있는데, 큰 부자임이 분명하다고 했다. 하지만 그 집안의 재산이 도대체 얼마나 되는지 구경한 사람은 아무도 없었다. 그 재산이란 하나의 돌인데, 그 돌이 얼마나 큰지는 그저 소문으로만 퍼져 있었다. 왜냐하면 아주 오래전, 그 부자의 조상이 그 돌을 뗏목에 싣고 집으로 오던 중 물 속에 가라앉아 버렸기 때문이다. 그러나 구사일생으로 살아난 사람들이 돌에 대한 소식을 전해주었기 때문에 그 같은 사고에도 불구하고 돌의 가치는 조금도 줄어들지 않았다. 그뿐만 아니라 후손들이 그 돌로 물건을 구입하는 데에도 아무런 지장을 받지 않았다. 다시 말해 돌이 소유자의 집에서 눈에 잘 띄는 자리에 놓여 있건 아니면 깊은 바다 속에 있건 간에 구매력은 마찬가지라는 것이다.
>
> — H. 퍼니스, 《돌 화폐의 섬》

도대체 돈이란 무엇인가? 돈이 있으면 많은 것을 할 수 있지만 돈이 없으면 많은 것을 포기해야 한다. 돈의 그 놀라운 힘은 어디서 생겨날까? 어린이에게 돈은 마법의 세계로 들어가는 열쇠이다. 풍선과 흔들목마, 껌과 장난감, 과자와 축구공 그리고 바닐라 아이스크림 등등 좋아하는 것이라면 무엇이든 돈으로 살 수 있기 때문이다.

물론 어른들이 돈의 신비한 힘에 대해 더 절실히 느낀다. 그리고 돈이 있어야만 살아갈 수 있기에 이모저모로 돈을 벌 수 있는 방법을 생각해낸다. 직업이 있는 사람들은 누구나 은행계좌를 통해서나 현금으로 월급을 받는다. 깊은 광산, 열기로 가득한 공장, 광활한 황무지나 초원, 산맥의 바위 계곡이나 거친 바다 또는 공중이나 고층 빌딩 등에서 일하는 사람들은 누구나 일을 한 대가로 돈을 받는다.

그렇다면 돈은 단지 노동의 대가로 지불되는 증서, 말하자면 일종의 영수증에 지나지 않는 것일까? 아니면 또 다른 무엇인가? 돈은 어떻게 생겨났을까? 누가 돈을 생각해냈을까? 돈은 어떤 형태로 나타날 수 있는가? 돈은 국가에 의해서 제정되는가? 돈이 되기 위해서는 어떤 특성을 가져야 하는가? 사람들의 합의와 법적 효력만 있으면 나무나 꽃도 돈이 될 수 있는가? 사람들은 어떻게 돈을 늘리는 것일까? 이러한 질문들에 어느 누구라도 간단하게 대답하기는 어려울 것이다. 인류가 돈을 알게 된 지 거의 5000년 이상 흘렀지만 아직도 많은 사람들에게 돈은 여전히 수수께끼다.

미국의 경제이론가이자 노벨상 수상자인 폴 새뮤얼슨(Paul A. Samuelson, 1915~)은 '상품화폐'라는 애매한 개념을 처음 사용했다. 이 개념은 가축, 담배, 가죽, 털가죽, 모피, 올리브 기름, 맥주, 양주, 노예, 여성, 동, 철, 금, 은, 반지, 다이아몬드, 조개, 진주 목걸이, 조개껍질, 거대한 바위, 경계석(境界石), 담배꽁초 등이 화폐의 역할을 할 수 있다는 것을 의미한다. 적어도 이 '상품화폐 이론가'가 현금과 은행예금도 이 범주 안에 포함시켰다는 것을 감안한다면 상품화폐의 개념에 대한 혼란은 줄어들 것이다.

어음, 채권, 저당권, 전당표, 보험증권, 연금증권 따위를 돈이라고 할 수 있을까? 돈은 변화무쌍한 변장술로 수없이 얼굴을 바꾸며, 형태마저 다양해 매혹적이기까지 하다. 오늘날에도 돈에 대해 명백한 정의를 내리기는 불가능하며 돈과 돈이 아닌 것 사이의 분명한 구분을 하기도 어렵다. '돈에 대한 정의를 찾으려고' 애쓰는 사람들도 결국 그것이 불가능하다는 것을 알게 될 것이다.

과연 돈이란 무엇인가? 돈의 모양에서만 대답을 찾는다면 혼동과 오해가 있을 수 있다. 실제로 돈을 둘러싸고 얼마나 기상천외한 일들이 벌어져왔는지 역사를 통해 우리는 확인할 수 있다. 풀을 뜯어 먹는 돈, 나무에서 자라나는 돈, '음매' 소리를 내는 돈, 알을 낳는 돈도 있었다. 어느 때는 단지 숫자로 표시되기도 하고 각기 다른 모양, 색깔, 활자로 인쇄된 종이조각으로 나타나기도 했다. 이렇게 수없이 다양한 '돈의 겉모습' 뒤에 진짜 돈의 본성이 숨겨져 있다. 돈에 관련된 질문은 매우 복잡하다. 19세기 영국의 정치가 글래드스턴(William Ewart Gladstone, 1809~1898)은 의회에서 로버트 펠 경의 은행기록을 놓고 논쟁하던 중 다음과 같이 말했다. "돈 문제를 꼬치꼬치 따지는 일은 사랑보다도 더 인간을 바보로 만든다."

돈의 존재 자체만이 비밀스런 수수께끼는 아니다. 돈이 무엇을 할 수 있는지, 돈이 무엇을 방해하고 무엇을 가능하게 만드는지도 불가사의한 문제이다.

돈이 불어날수록 돈에 대한 애정도 커지는 이유는 무엇인가? 돈에 눈이 어두워지면 인간의 감정을 압박하고 문명을 억압하는 짓을 서슴지 않고 하는 이유는 무엇인가?

영국의 소설가 로렌스(D. H. Lawrence, 1885~1930)는 이렇게 한탄했다. "자본주의 사회에 돈을 주어보라. 그러면 세상의 종말마저도 막으려 할 것이다. 자본주의 사회에 돈, 돈, 돈을 주어보라. 그러면 인간의 피를 모조리 짜낼 것이다."

　돈이 앞장을 서면 문이 열리고 길이 뚫리며 댐이 세워진다. 일본인들은 돈을 가진 사람은 악마의 시중도 받을 수 있다고 말한다. 그처럼 돈의 위력은 상상을 뛰어넘는다. 그래서 많은 사람들에게 돈은 세상에서 가장 중요한 것이 된다. 돈이 없다는 것은 질병, 약점, 비천함 그리고 추함과 같은 취급을 받게 됨을 의미한다. 버나드 쇼(George Bernard Shaw, 1856~1950)는 돈은 사람을 더 고상하게, 더 대접받게 만들지만 바로 그만큼 협동 정신을 파괴하며 그 점이야말로 돈의 특별한 미덕이라고 비아냥거렸다. 돈은 단지 꼭 필요한 물건을 사기 위한 수단 그 이상의 것이다. 돈은 삶이고 죽음이며 힘인 것이다. 솔로몬시대 이래 돈으로 타인의 노동을 지배하는 힘을 지닌 사람들은 돈을 쓰면서 거만하게 군림해왔다.

　그러나 돈은 원하는 모든 것을 가져다주지는 못한다. 약속과 기만, 희망과 좌절이 돈과 서로 관련되어 있다. 빵과 굶주림, 사랑과 증오, 용서와 원한, 건강과 죽음, 명성과 고독 등 돈은 행복과 불행을 동시에 가져다준다. 돈은 심술 사납고 변덕스럽다. 그러나 또한 자극적이고 유혹적이기도 하다.

　여러 세기에 걸쳐 돈이 걸어온 길은 모험이었다. 돈은 황제, 왕, 대통령을 뽑기도 하고 사기도박꾼을 만들어내기도 하며 범인을 풀어주고 무고한 사람을 벌주며 우정을 파괴한다. 적을 매수하고 동맹을 깨뜨리며 새로운 동맹을 만들어낸다. 돈은 평화를 실현시키기도 하고 전쟁의 씨를 뿌리기도 한다. 돈은 하찮은 인간에게 영예를 가져다주고 천한 사람도 숭고하게 보이게 해주며 기사를 도둑으로 만든다. 돈은 또 사람을 인색하거나 대범하게, 게으르거나 부지런하게, 방탕하거나 금욕적이게, 매력적이거나 구질구질하게 만든다. 돈은 감옥에서 풀려나게도 하고 죄 없는 사람을 십자가에 못 박기도 한다. 질서가 있는 곳에 재난을 불러일으키고 질투와 탐욕의 씨를 뿌리고 가정의 화목을 깨뜨린다. 돈은 어떤 것을 감춰주기도 하지만 또 어떤 것을 야비하게 벗겨내기도 한다. 돈은 사람들에게 활기를 불어넣어 주는 한편 마음의 문을 닫게 만든다. 엥겔스(Friedrich Engels, 1820~1895)는 새로운 무기가 발명되어 성(城)을 파괴하기 훨씬 전부터 이미 돈이 성을 위협하며 봉건제의 무덤을 팠다고 말했다. 돈은 사람을 타락시키며 변덕스럽거나 게으르게 만들기도 한다. 또한 돈은 선으로부터 악이, 악으로부터 선이 생겨나게 할 수 있다. 낮과 밤이 바뀌듯 돈도 왔다가는 간다. 그리고 돈은 천사이자 악마이며, 천국이자 지옥이며, 신이자 악령이며, 독재자이자 친구다. 모든 꿈 중에서 가장 빛나는 꿈이요 저주 중에서 가장 소름끼치는 저주인 것이다.

아무리 돈이 많아도 사람들은 더 많은 돈을 원한다. 돈에 대한 욕심은 끝이 없다. 따라서 돈이 부족하다는 한탄도 끝이 없다. 중국 속담에 따르면 '돈은 바늘로 모은 흙처럼 와서 물에 떠내려가는 모래처럼 가버리는 법이다.'라고 했다.

일단 돈 문제와 연관이 되면, 농담으로 주고받으려는 사람은 없는 법이다. 19세기의 부르주아계급 역시 돈과 관련해서는 한 치의 틈도 보이지 않았다.

1840년에 독일 부르주아계급, 그 중에서도 특히 산업이 발전된 라인 지역의 부르주아계급은 국왕의 반대 진영에 가담했다. 국왕은 이들에게 굴복해서 제1차 프로이센 연합의회를 소집해야만 했다. 부르주아계급의 '전형적 대변자'인 캄프하우젠 내각의 재무장관 한제만은 "돈 문제가 걸린 한 인정은 없다."고 경고했다. 다른 어떠한 말로도 부르주아계급의 의식을 이보다 더 인상 깊게 표현할 수는 없을 것이다. 처음부터 부르주아계급에게 목적과 방향을 제시해준 것은 돈이다.

5대륙 어디에서나 돈 때문에 약탈과 살인, 구타, 고문, 강제 투옥 등이 난

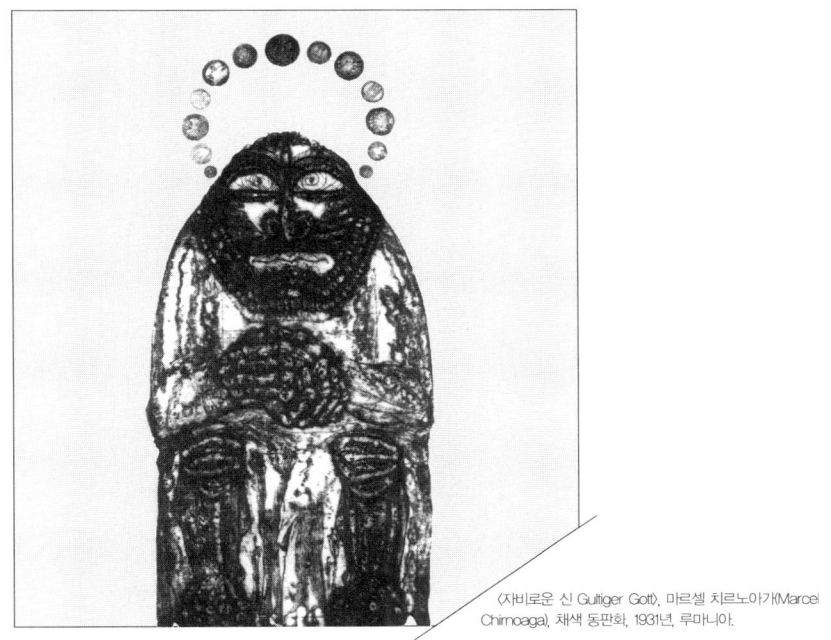

〈자비로운 신 Gultiger Gott〉, 마르셀 치르노아가(Marcel Chimoaga), 채색 동판화, 1931년, 루마니아.

무하고 가정이 깨졌으며, 종교적 믿음이 유린당해왔다. 그러므로 사람들은 그에 대항해서 이상을 추구해야만 했고 이상만이 돈과 권력을 향한 버팀목이 되었던 것이다.

이 책에서는 돈을 많이 가진 사람들, 부를 지키고 더 늘리려는 사람들이 살아가는 방식은 물론, 돈이 없어서 세상의 밝고 따뜻한 자리를 단 한 치도 차지하지 못한 사람들의 생활상까지 그려보일 것이다. 과거에서 현재에 이르기까지 최상의 권력을 누릴 만큼 돈이 많은 사람들의 이야기도 실려 있으며 돈을 버는 온갖 더러운 수단과 '더러운 돈'을 깨끗이 세탁하는 온갖 방법들을 여러 사례를 통해 보여줄 것이다. 이 책은 돈에 눈 먼 사람들이 얼마나 황당무계한 꿈을 꾸는지, 그리하여 어떻게 그 극적인 마지막 장면 즉 파산에 이르는지를 보여준다. 끝으로 이 책에서는 돈의 미래를 전망해볼 것이다.

프롤로그 세계를 움직이는 돈, 돈을 움직이는 세계 15

이 책은 돈을 가린 비밀스러운 베일을 벗겨내고 돈의 위력을 폭로함으로써 돈에 대한 숭배의 근거를 발견하고자 한다. 그리고 역사 이래 오늘에 이르기까지 변화무쌍한 돈의 역사와 돈이 원인이 되어 일어난 사건들을 살펴보려고 한다. 돈은 항상 세계를 지배하는 것처럼 보인다. 우리는 돈의 참 모습을 은밀하게 추적해갈 것이다.

짤랑거리는 동전은 학자들이 서재에서 생각해낸 것도, 어떤 천재가 발견해낸 것도 아니다. 돈은 역사 발전의 산물이다. 그리고 사람의 지위를 높이거나 낮춘다든지 상금을 주거나 벌금을 물린다든지 아니면 생명을 구해주거나 죽이는 것은 돈이 한 일이 아니라 바로 인간 자신이 한 일이었다. 돈은 부자와 권력자만을 만들어낸 것이 아니다. 돈은 가난한 자, 소외된 자, 굶주린 자를 만들어내기도 한다. 돈은 인간이 벌이는 사건들 속에서 수단이자 목표가 된다. 돈이 무엇에 유용하며 어떤 영향을 미치는지는 돈을 사용하는 사회적 조건과 관계 안에서 결정된다. 이 책의 모든 이야기는 돈에 관련되어 있다. 돈의 역사를 통해서 인간이 얼마나 초라한지, 세계가 얼마나 궁핍한지를 이해할 수 있을 것이고, 모든 사건은 돈에서 비롯되었음을 인식할 수 있을 것이다.

MONEY Shock

1

"통화 위기는 어떻게 오는가?

"지금 금을 사는 것이 좋은지 아닌지 여부는 금이 본래 지닌 안정성을 신뢰하느냐, 정부 관료들의 성실성과 지능을 신뢰하느냐에 달려 있다. 하지만 자본주의 체제가 지속되는 한 금을 택하길 권하는 바이다."
– 조지 버나드 쇼

"아니오, 국가 경제가 그리 간단한 것은 아니오."라고 레긴은 한숨을 내쉬면서 대답했다. "아니우스, 나에게 그렇게 말할 필요는 없소. 나는 어제 궁정 시인 슈타티우스가 나에게 헌사한 시를 한 편 받았소." 그리고 그는 전체적으로 불규칙하게 면도한 살찐 얼굴에 비웃음을 띠며 무겁고 졸린 눈을 비꼬듯이 가늘게 뜬 채 대례복의 소매에서 원고를 꺼냈다. 그리고 굵은 손가락으로 값비싼 시집을 들고 밝고 기름진 목소리로 읽어나갔다.

"황제의 신성한 보호와 모든 국민에 의해 이룩된 풍요와 모든 세계의 수입이 오직 당신에게 맡겨져 있습니다. 이베리아 사람이 자신의 금광에서 항상 캐내어오는 것, 달마티아의 정상에서 항상 빛나는 것, 성난 나일 강의 진흙이 항상 이익을 주는 것, 동쪽 바다의 잠수부가 항상 진주를 발견하는 것과 사냥꾼들이 인도에서 상아를 사냥하는 것, 그것들이 유일한 주재자인 당신에게 맡겨져 있습니다. 그리고 국가의 군대가 요구하는 것과 도시의 육성, 사원 수도 시설, 거대한 도로망 유지에 필요한 것들을 항상 민첩하게 해냈습니다. 당신은 불 속에서 빛을 내면서 신의 모습, 황제의 모습, 로마동전으로 변하는 모든 금속 합금의 무게와 값을 온스마다 식별하였습니다." "여기서 말하고 있는 사람이 바로 나요." 라고 클라우디우스 레긴은 비웃는 투로 말하였다. 이 칠칠치 못하고 회의적이며 비야심적인 신사를 그에게 베풀어진 고상한 싯구들과 비교한다는 것은 실제로 약간은 웃기는 일이었다.

_리온 포이히트방거(Lion Feuchtwanger, 1884~1958),
《그날은 오리라(Der Tag wird Kommen)》

왜 통화 정책이 어려운가?

국가 재정 및 통화 거래는 로마 제국의 몰락 이후 계속 해결되지 않은 문제로 남아 있다. 카를 2세가 통치하던 1611년에 기사가 되었고 후대에 '정치경제학의 아버지'로 불린 직물공의 아들 윌리엄 페티(William Petty, 1623~1687)는 통화를 국가의 '지방분'이라고 생각했다. 왜냐하면 지방이 너무 부족하면 병이 생기고 너무 많으면 활동에 지장을 불러일으키기 때문이다.

돈은 경제생활에 활기를 불어 넣는 청량제라고 많은 사람들이 생각한다. 돈으로 모든 것을 살 수 있고 심지어 도덕까지도 살 수 있는데 기업가가 화폐로 기계, 원료, 노동력을 사는 것을 사람들이 이상하게 생각할 리 없다. 미국의 경제학자 밀턴 프리드먼(Milton Friedman, 1912~2006)은 그의 책 《화폐수량성 연구(Studies in the Quantity Theory of Money)》에서 열변을 토한다. '화폐가 없었더라면 지난 200년간의 생산과 생활 수준의 놀라운 성장은 꿈도 꿀 수 없었을 것이다.' 기업가들에게는 돈이 풍족해야 한다. 왜냐하면 그들은 돈으로 '영웅 행위'를 하도록 되어 있는 경제의 주인공들이기 때문이다.

그리스 신화에서 결심의 신이며 포도주의 신인 디오니소스는 부유한 프리지아의 마이다스 왕의 소원을 들어주었다. 즉 그가 만지는 것은 모두 금으로 변하게 한 것이었다. 음식과 술까지도 금으로 변했기 때문에 왕은 꼭 필요한 것조차 먹을 수 없었다.

오늘날의 대기업가들에게는 어느 정도 '반(反)마이다스의 힘'이 있다. "그들은 과잉된 설비 자본과 당장 필요하지 않은 자금을 공장과 고층 건물, 농장과 실험실, 오케스트라와 음악으로 바꾼다. 그들은 금을 재화와 노동과 기술로 바꾼다. 그것은 부자들의 임무다. 즉 복지와 발전을 향한 끊임없는 경쟁을 통해 그들은 그들 밑의 계층에게 생활의 기회를 제공해야 한다."고

⟨마이다스와
디오니소스(Midas
and Dionysos)⟩,
푸생(Nicolas Poussin,
1594~1665).

조지 길더(George Gilder, 1939~)는 강조했다. 이런 주장이 담긴 책 《풍요와 빈곤(Wealth and Poverty)》을 레이건 대통령은 첫 재임 기간에 '잠자리에서 가벼운 읽을거리'로 이용하였다.

 1980년대에 들어 끊임없이 증가하는 실업률은 사람들을 불안하게 만들었다. 그러나 정치가나 기업가는 이런 사실에 무관심한 채 해결책을 제시하려고 하지 않는다. 일자리를 찾는 사람들이 없는 것보다 일정한 실업률이 유지되는 것이 자본주의의 재생산 과정에 이익이 되기 때문이다. 그렇지만 계속되는 실업은 '사회 안정'을 해친다. 실업률이 10퍼센트가 넘으면 경제 정책 담당자들은 개인들의 기업 정신이 실종됐다고 한탄하는 것 말고는 아무것도 할 일이 없다. 그러나 일정한 비율 이상으로 실업률이 높아져 노동력이 낭비되는 것은 '자유 경제 질서'를 파괴한다. 그러한 낭비는 체제를 위협하고 본질적으로 자본 증식을 방해한다. 그때서야 비로소 경제 정책 담당자들은 그 심각한 현상을 진지하게 받아들여 조정에 나선다.

1 통화 위기는 어떻게 오는가?   21

그렇지만 돈으로 실업을 해결하려는 노력은 인플레이션 억지책과는 모순된 관계에 빠지게 된다. 이러한 출구 없는 목표 간의 갈등은 매우 심각하다. 정부와 중앙은행은 양자가 내린 결정 가운데 하나를 포기해야만 하는 궁지에 빠진 셈이다. 그것은 국가독점자본의 규제에서 가장 치명적인 약점이다. 바로 '시장 경제'의 법칙에 종속되기 때문이다. 이것은 항상 가장 힘 있는 자들의 '힘의 유희'를 허용한다.

통화 정책은 결국 개인 기업가들에게 재정 수단까지 지버하도록 한다. 그러나 기업가들에게 막대한 돈을 쉽게 대주는 것만으로는 실업의 유령을 물리치지 못한다. 기업가가 생산성을 높이고 새로운 노동력을 고용하며 교육기관을 설립하거나 연구에 착수하는 데 그 돈을 실제로 사용하는지 여부는 밝혀지지 않는다. 이자수익만을 얻고 있거나 다른 돈으로 바꿔 수출하거나 이것을 남용하든 간에 그들을 방해할 사람은 아무도 없다. '자유' 시장에 국가가 개입하여 돈을 알선해주는 셈이다.

물론 고용 기회의 확대를 위한 투자 여부와 투자의 정도는 재원을 얼마큼 조달하는가에 달려 있다. 그렇지만 재원 조달은 언제나 가능하기 때문에 투자를 방해하는 것은 다른 요인임에 틀림없다. 자본가들은 돈더미를 늘릴 기회가 없다면 적어도 생산 수단과 고용 기회 쪽으로는 돈을 사용하지 않을 것이다. 즉 실업은 돈의 부족에서 나타나는 게 아니라 그것을 증대시킬 가능성이 적은 데 따르는 것이다.

물론 그것은 대부받은 돈에 대한 높은 이자와 마찬가지로 기업가에게 결코 사소한 문제가 아니다. 따라서 실업을 해결하려면 통화 정책은 방향을 바꾸어야만 할 것이다. 즉 돈이 많이 있는 곳에서 부족한 곳으로, 기업가에서 노동자에게로 돈을 옮기는 통화 정책이 요구되는 것이다. 그것이 유효수요를 창출하고 또 자본가들의 투자요구를 높일 수 있는 방안이다. 그렇게 함으로써 통화 정책은 생산과 소비의 모순을 완화시키는 데 공헌할 수 있다.

그러나 돈의 역할이 그만큼 중요하다고 해서 모든 것이 돈으로 해결되는 것은 아니다. 실업은 돈의 문제가 아니다. 그것은 금전적인 짜깁기 따위로 해소될 수 없으며 고용 문제를 완화하는 해결책이 기본적으로 전제 되어야 한다.

〃 달러 대폭락과 통화 전쟁 〃

1973년 2월 13일은 오랫동안 계속된 환율 전쟁에서 기억할 만한 날이다. 미국 국민들이 잠들어 있는 시간에 재무장관 슐츠가 워싱턴에 있는 신문사에 직접 전화를 걸었다. 그는 11시부터 약 1시간 동안 통화했다. 그 유연한 장관은 결코 목소리를 높이지 않고 언론에서 고대했던 내용에 대해 언급했다. 달러의 환율이 다시 10퍼센트 떨어졌다고 발표한 것이다. 이렇게 달러는 14개월 동안 두 번이나 하락세를 보였다. 그 발표가 있기 전 며칠 동안 본-도쿄-워싱턴과 파리 간 전화는 뜨겁게 달아올랐고 긴급 회의가 소집되었다. 프랑스, 이탈리아, 독일, 영국 그리고 미국의 대표들이 파리에서 토의를 벌였다. 미국 재무성 대변인 볼커는 일본의 통화전문가 호소미와 상의하였다. EC 위원회는 브뤼셀에서 특별 회의를 개최하였다. 독일 중앙은행은 미국 통화를 구제하기 위해 또 독일 마르크의 평가절상(미국 독점자본의 공공연한 목표인)을 막기 위해 200억 달러를 '시장에서 환수하였다.'

일본과 독일이 자기들 통화의 평가절상을 억제하려는 노력이 허사가 된 뒤에 워싱턴은 마침내 일본과 서유럽 국가들이 변동환율제 해제를 받아들인다는 조건에서 달러를 평가절하시키는 데 동의하였다고 밝혔다. 그것은 미국 통화의 수요와 공급 관계에서 사실상 이 국가들의 통화의 평가절상을 의미했다. 미국이 모든 수단을 동원하여 무역 차액 감소와 국제 수지 호전을 위한 부담을 그들의 대서양 '친구들'에게 전가시키려고 했다는 것은 명백했다. 그렇지만 통화 불경기는 치유될 수 없었으며 통화 체계는 여전히 불안정했다. 불과 몇 주 뒤에 신문들은 승리의 축하가 너무 일렀다고 보도하였다.

_ 달러 폭락이 초래한 불행

1970년 이래 통화 전선에는 계속되는 인플레이션의 질주, 금리 전쟁, 금 러시, 은 쇼크, 환율 불안정, 자본 도피 등의 사건들이 뜨겁게 몰아쳤다. 통화 불안정은 재정을 불안하게 만들었고 자본주의 세계의 신경 중추인 통화 체계는 훼손되었다. 70년대의 가장 큰 사건은 달러화의 급속한 하락이었다. 결국 1944년 캐나다 국경 근처의 미국 지역인 브레튼우즈에서 만들어진 달러 체제는 포기되어야만 했다.

그로부터 얼마 지나지 않은 80년대 초 고금리와 기타 정책을 통해 미국 통화에 대한 수요가 창출되면서 달러의 폭락은 끝이 났다. 그러나 이미 붕괴된 체제는 회복되지 않았다. 10년 동안 달러는 계속해서 빛을 잃어갔다.

달러의 역사는 18세기까지 거슬러 올라간다. 1776년에 달러는 미국의 국내 통화가 되었다. 미국이 제국주의 세력들 속에서 왕좌를 굳히기 시작하자 정상을 향한 달러의 도약이 시작됐다. 달러는 특히 제2차 세계대전 말부터 각광받기 시작했다. 브레튼우즈 체제가 만들어지면서 달러는 국제 통화로 확고한 위치를 차지했다. 미국은 달러와 다른 국가의 통화 사이의 고정환율제, 안정된 금 시세(온스마다 순금 35달러)와 다른 국가의 중앙은행이 제시하는 달러를 매번 일정 수준에서 금으로 태환하는 임무를 수행함으로써 이런 위치를 뒷받침해야 했다. 그러기 위해서 달러는 금만큼 좋은 것, 아니 그보다 더 좋은 것이어야 했다.

물론 미국의 통화가 그만큼 놀라운 매력을 갖진 못했지만 그 기능은 유효한 것처럼 보였다. 달러에 대한 열망이 제1차 세계대전 후에 사람들을 사로잡았다. 경제, 정치적으로 경쟁자들을 능가하는 미국은 어느 때라도 그 임무를 수행할 수 있을 것으로 보였고 그래서 국제 통화 체제를 유지할 수 있을 것 같았다. 미국은 다른 나라보다 높은 금 보유고(230억 달러)를 기록했다. 달러가 국제 화폐의 임무를 담당하는 동안 특히 미국의 금본위에 대한 태환 청구는 결코 염려할 만한 것이 아니었다. 그러나 지속적인 통화 안정에 대한 기대는 환상이라는 것이 드러났다.

미국의 힘은 세계를 금으로 채울 만큼 엄청난 것이었지만 동시에 그들은 자신들의 특권을 이용하여 그들의 통화가 국제적으로 성공할 기회를 묻어 버리고 말았다. 어느 누구에게도 허락되지 않은 것을 그들만이 할 수 있었다. 즉 필요하다면 그들은 언제라도 달러 지폐를 발행할 수 있었다. 50년대와 60년대 초기에는 금으로 태환하는 것이 심각한 문제는 아니었다. 그러나 60년대 중반 이후 미국의 국제 수지 적자는 한계에 이르렀다. 특히 군사비는 계속 국가의 대외 경제 관계에 부담이 되었다. 베트남을 공격하는 데 1,350억 달러나 허비했기 때문이다. 이렇듯 국제 수지 적자의 압박이 심해짐에 따라 미국은 달러를 더 찍어냈고 국제 수지 적자를 그들의 국내 통화로 채울 수 있었다.

10억 달러의 지폐가 다른 나라로 흘러들어갔고 특히 프랑스나 다른 경쟁국들이 가차없이 화폐상품인 금을 요구하였기 때문에 미국의 금 보유고는 줄어들었다. 유럽에서 미국의 금 보유와 달러 시장 간의 알력이 클수록 태환 의무는 미국을 괴롭힐 것이 분명했다.

독일과 일본을 포함한 몇 나라가 더 이상 달러를 금으로 태환하지 않겠다는 '신사협정'을 맺은 뒤 미국은 1971년 8월 15일 달러의 금태환 중지를 정식으로 공표했다.

시카고 대학교의 밀턴 프리드먼 교수는 1979년 뮌헨에서 출판한 그의 저서《헛된 것은 아무것도 없다(Es gibt nichts umsonst)》에서 다음과 같이 말하였다. '물론 외국의 중앙은행과 정부는 우리가 그들에게 부여받은 임무에서 나가떨어졌다는 것을 유감스럽게 여길 것이다. 그들은 필사적으로 달러를 금으로 태환하는 임무를 다시 담당하도록 우리를 끌어들이려고 한다. 만일 그들이 우리를 끌어갈 수 있다면 그들은 우리 목에 다시 한번 밧줄을 거는 것이다.'

닉슨 대통령은 다시 달러가 자랑거리가 될 것이라고 약속했다. 그러나 이듬해에 그것은 틀린 예언으로 드러났다. 옛날의 영광은 다시 찾을 수 없었다. 오히려 금을 회수하는 임무를 없애면서 미국의 부채는 실제로 끝없이 늘어났고 그것은 달러화의 폭락을 부채질하였다.

'녹색 종이 한 뭉텅이를 주고 아름다운 직물과 빛나는 자동차 그리고 진기한 TV를 받는 것보다 더 좋은 거래를 생각할 수 있습니까?' 라고 프리드먼은 묻는다. 해가 갈수록 점점 더 많은 금액의 달러가 '되돌아올 길'을 차단당한다. 달러는 끊임없이 수지를 낳는 투기적인 이익을 찾아 서유럽과 동아시아를 표류한다. 미국 통화의 하락은 세계의 자본주의 경제 내에서 미국의 변화된 역할을 반영한다.

자본주의 세계의 산업 생산에서 미국이 차지하는 비율은 1950년 48.7퍼센트에서 1980년 35.6퍼센트로 감소했다. 마찬가지로 그들의 수출 비율도 내려갔다. 즉 1950년에는 18퍼센트에서 1970년에는 13퍼센트, 1972년에는 11.7퍼센트를 기록했다. 달러의 평가절하는 미국의 국제적 명성과 힘 그리고 영향력의 상실을 반영한다. 그것은 더 나아가 달러가 다른 통화에 비해 인플레이션이 심하다는 것을 나타낸다. 달러의 구매력이 독일의 마르크와 스위스의 프랑에 대한 구매력보다 더 빨리 떨어진다면 논리적으로 달러 가격은 떨어져야 한다. 그렇지만 달러가 초래하는 불행은 그것 이상이다. 즉 미국은 달러가의 하락과 동시에 무역 공세로 경쟁국을 희생시켜 그 궁지에서 빠져나오려고 노력하는 것이다.

_ 화폐가치를 둘러싼 통화 전쟁

자국 통화의 평가절하를 허용하는 국가들은 어쩔 수 없이 자국 화폐가 상대적으로 약한 지위에 있다는 것을 시인한다. 그러나 누가 미리 거기에 대비하겠는가? 그래서 아무것도 모르는 많은 외국인들은 갑자기 사람들이 달러를 마치 뜨거운 감자라도 되는 양 놓아버리고, 미국이 어떤 조치도 취하지 않는 것에 대해 놀라움을 감추지 못했다. 그러나 달러가의 하락이 미국인들에게 유리하다는 것은 공공연한 비밀이었다. 화폐 가치의 하락이란 한 화폐가 이전보다 더 적은 양의 외국 화폐와 교환되는 것을 의미한다. 그것은 하나의 역설이다. 약한 것이 강화되고 화폐의 가치 상실은 이익이 된다. 환율의 하락은 그 화폐의 지위를 강화시킨다.

한 예를 들어 보자. 1971년 말 마르크의 환율은 1달러당 3.22마르크였다. 1973년 2월의 달러 하락 이후 비율은 1대 2.9가 되었고 서독 사업가들에게 달러는 전보다 싼 것이 되었다. 그러한 달러가의 하락은 사업가들이 미국에서 상품을 구입하도록 자극했다. 1971년 12월에는 서독의 구매인이 미국에서 1만 달러어치 상품을 사들이려면 약 3만 2,200마르크를 지불해야 했지만 1973년 2월에는 2만 9,000마르크면 충분했다. 반대로 달러를 결제 수단으로 사용하는 세계 시장 일부에서는 서독제 물건 값이 올라갔다. 서독 화폐는 달러와의 관계에서 사실상 가치가 인상된 것이다. 그 결과 일정 액수의 독일 마르크에 대해 보다 많은 달러가 지급되어야 했다. 그래서 달러 시세의 하락은 미국 경제의 명성에 상처를 입히기는 했지만 한편으로 미국의 수출을 촉진하는 결과를 낳았다. 그에 반해 일본과 유럽 공동체는 수출업뿐만 아니라 자국의 이익에 손실이 있을 것을 우려했다. 1971년 말에 서독 기업가가 미국에 1만 달러어치 상품을 수출하면서 3만 2,200마르크를 벌어들였다면 1973년 2월에는 2만 9,000마르크를 벌어들인 것이 된다. 외국환 교환에서 그가 전과 같은 액수의 독일 마르크를 벌어들이려면 자기 상품에 보다 높은 달러 가격을 매겨야 한다. 그리고 그것은 당연히 그의 상품 판매에 장애가 된다.

그래서 화폐가치의 하락은 상품 수출을 용이하게 하는 것과 동시에 외국에서의 상품 수입을 어렵게 한다. 달러와의 관계에서 화폐가치가 상승한 국가 쪽에서 보면 수출이 어려워지고 수입이 느는 결과가 나타난다. 즉 환율 인상은 환율 인하된 국가로 상품을 수출하는 것을 어렵게 만든다. 그리고 일정 가격의 외국 상품이 보다 낮은 가격에 거래됨으로써 세계 시장의 상품들이 쉽게 환율 인상국으로 수입되어 들어온다. 그러니 70년대 달러의 신화가 깨졌을 때 미국이 동요하지 않았던 것도 이해할 만하다. 평판도 좋고 자부심도 좋지만 보다 중요한 것은 이익이다. 정치, 경제적 세력 다툼에서 패배자는 한탄을 하기 마련이다. 그러나 최후의 비용은 다른 사람이 부담한다. 국제적인 화폐 전쟁도 사실은 노동자들의 희생 위에서 치러진다.

달러의 가치가 하락하면서 수출의 기회와 수익이 줄어들게 된 서유럽 기업인들은 보통 때와 전혀 다를 바 없다는 듯한 태도를 취했다. 그들은 모든 것을 합리화하고 노동자들의 임금을 줄이거나 해고해버렸다. 자국 화폐의 가치 인하로 세계 시장에서 수입 가격이 높아진 미국 수입업자들도 비슷한 반응을 보였다. 그들은 인상된 가격에 계속 구입하고 인플레이션의 회전목마는 더욱 빨리 돌아갔다. 결국 여기에서도 가격을 지배할 수 없는 사람들이 그 비용을 부담하게 된다. 노동력이라는 단 하나의 상품을 팔아야만 하는 사람들이 바로 그들이다.

서독과 일본같이 원자재 수입에 크게 의존하는 나라들은 달러가 하락하는 것만으로도 크게 이익을 얻는다. 예를 들어 대폭적인 원유 가격 인상은 달러의 하락으로 상쇄될 수 있다. 원유에 대한 달러 가격 상승은 일정한 범위에서는 그다지 문제가 되지 않는다.

이미 70년대 초에 석유수출국기구(OPEC)는 욕심 많은 석유왕이 자기 나라 석유에 대해 엄청난 값을 요구한다는 비난을 반박하기 위해 계산서를 공개했다. 그 계산서에는 배럴당 20.53달러인 당시 가격에서 단지 1.8달러만 생산자의 생산국 정부에 돌아간 것으로 되어 있었다. 원유 콘체른과 수입국 정부들이 막대한 '나머지 몫'을 나누어 가진 것이다.

한편 환율의 변동은 투기꾼들에게는 절호의 기회다. 그들에게는 달러의 약세가 거대한 돈벌이였다. 달러가 무너지기 시작할 때 실패할 위험은 매우 적었다. 큰 위험부담 없이 투기로 횡재할 수 있었다. 거래인들은 그 이익을 '자유 프리미엄'이라고 이름 붙였다. 환율 인하의 기미가 보이는 화폐는 팔아버리고 인상의 기미가 있는 것을 사들이는 것이다. 1971년 말 한 외국환 투기꾼이 10만 달러로 32만 2,000마르크를 사들였다. 그리고 1973년 2월에 29만 마르크를 가지고 다시 10만 달러를 사들일 수 있었다. 3만 2,000마르크의 소득이 주머니에 들어온 것이다. 달러 시세가 기록적으로 1달러당 1.72마르크까지 떨어졌던 1980년 1월까지 기다렸다면 자그마치 15만 달러의 차익을 챙겼을 것이다.

환 시세를 새롭게 규정하는 것은 국제 경제 체제에서 초강대국의 지위를 새로이 정립하려는 시도와 같다. 이때 시세는 이웃 국가에 대한 어떤 배려도 없이 오로지 경제적 생존을 위한 투쟁선상에서 조작된다. 통화 전선에서 이러한 전쟁은 다만 경쟁국들 간의 무역 전쟁과 경제 전쟁의 한 측면일 뿐이다. 한번쯤 통화 전선에 평화가 도래했다고 해도 그것은 다만 상대적이고 일시적일 뿐이다. 새로운 불균등과 밀고 당기는 긴장 때문에 통화전선은 도저히 안정될 수 없다. 80년대 초 통화 국면이 아주 새로운 양상을 띠게 되었을 때가 바로 그런 경우다.

1985년 2월 미국 달러의 가격은 13년 만에 최고로 올라갔다. 사람들은 프랑크푸르트 암 마인의 거래소에서 1달러에 3.47마르크를 지불했다. 1981년의 시세와 비교해볼 때 크게 인상된 것이었다. 달러는 마르크화에 대해 75퍼센트, 일본 엔화에 대해 12퍼센트, 영국 파운드에 대해 106퍼센트, 스위스 프랑에 대해 58퍼센트, 프랑스 프랑에 대해 130퍼센트에 달했다.

 그러나 미국의 무역수지 적자가 매우 컸으므로 당시 해외 무역수지와 통화 시세를 지켜본 모든 사람들은 아무도 달러의 르네상스를 믿지 않았다. 오히려 미국 화폐의 환율 인하가 단행되어야 할 상황에서 어째서 달러 가치가 상승했을까?

 미국 달러가 인상된 것은 외국 자본들이 외국환 투자 및 고금리를 통해 미국 자본을 대여하는 시장에서 달러를 빨아들였기 때문이었다. 경제 전문가들이 실질 가격을 고려하여 계산해보니 그 영향은 30~40퍼센트에 달했다. 이처럼 인위적으로 높아진 달러는 수입을 조장하여서 인플레이션의 가능성을 감소시킨다. 그러나 그것은 동시에 미국의 수출을 어렵게 만드는 것이다. 국제 경쟁에서 분쟁의 씨앗인 보호주의 무역 장벽은 달러의 지나친 인상과 무역 적자 그리고 높은 금리에서 기인한다.

 『비즈니스 위크』가 1983년 6월에 쓴 것처럼 달러의 강세는 미국의 약화를 의미한다. 달러가 평가절상될수록 지속적인 발전에 대한 장애는 더욱 커지는 것이다. 게다가 모든 투자가 그렇듯 이 경우에도 불길한 고비가 있다. 그것은 바로 언젠가 전환점이 도래할 것이라는 점이다. 그 정확한 시점은 아무도 모르지만 어느 날 달러의 강세가 약세로 반전되리라는 것은 분명했다. 때문에 달러가 강해질수록 그것이 얼마나 강해질 수 있을까 하는 불안감도 커진다. 자본가들이 달러의 환율 인하를 두려워하면서 달러에서 등을 돌릴 때 갑자기 화폐 자본의 흐름이 바뀔 수도 있다. 잘 알려져 있듯이 유럽의 화폐 시장에서 5,000억 달러까지 역류한 일도 있다.

이 때문에 달러 시세가 다시 파산에 이른다면 국제 경제 위기는 증폭될 것이다. 상황이 얼마나 불안정한가 하는 것은 프랑크푸르트 암 마인의 외국환 무역 시장에서 달러가 3마르크 아래로 떨어졌던 1985년 3, 4월의 상황을 보면 잘 알 수 있다. 그것은 곧바로 장기간의 유례 없는 달러의 인하로 연결되었다. 특히 미국에서는 외국 자본의 유입이 늘고 그에 대한 의존도가 높아지면서 결국 국가의 파산으로 이어질지 모른다는 우려가 더 자주 표출되었다. 물론 앞으로 달러가 어떤 길을 갈지는 불확실하다. 그러나 한 가지만은 확실하다. 즉 과소평가되거나 과대평가되는 달러의 상승과 하락이 거듭되는 속에서 결국 '보통사람'들이 통화 위기의 부담을 짊어져야 한다는 점이다.

〃 제2차 골드러시 – 금에 투자하라! 〃

그는 "야호!"하고 소리쳤다. "와! 여기 금이 있어. 봐, 금이야 순금!" 사람들이 그를 향해 달려들었다. 병든 토끼에게 몰려드는 까마귀들처럼 서로 잡아채고 치고받으면서 그의 주변으로 몰려들었다. 베느빌크너는 19세기의 골드 러시를 이렇게 묘사하였다. 그러나 80년대 초 세계는 또다시 과거에 못지않은 골드 러시에 사로잡혔다.

캘리포니아와 뉴욕, 오스트레일리아 그리고 금이 있음직한 모든 곳으로 벼락부자를 꿈꾸는 자들과 도둑들이 다시 금덩이를 찾으러 떠났다. 오래전부터 금을 채굴해온 미국의 각 주에서는 또다시 금을 캐는 작업이 시작되었다. 과거 1859년에서 1890년까지 그 도시의 은 광산에서는 약 1억 달러어치의 금도 채굴했다. 그러나 현대의 금을 찾는 대부분의 사람들은 벼락부자의 꿈을 이루지 못했다. 강대국의 석유와 동(銅)콘체른이 대부분을 가로채간 것이다. 그들의 거대한 착암기와 준설기는 몇 톤의 광석을 한꺼번에 들어냈다. 80년대 초에 네바다에서는 22개의 새로운 금 광산과 거대한 콘체른이 가동되고 있었으며 15개의 금 광산이 건설 중이었다.

20세기의 골드 러쉬는 어디서 시작된 것일까?

70년대에 달러는 쇠퇴한 반면 금은 빠른 속도로 상승을 기록했다. 금 가격은 홍콩, 파리, 취리히와 런던의 금 거래소에서 고공 비행을 하였다. 1934년 루스벨트 대통령이 고안한 순금 1온스(31.1그램)당 35달러라는 가격은 70년대 초까지 간신히 유지되긴 했지만 결코 금에 대한 달러의 실제 관계를 반영하지는 못했다. 1971년에 비로소 금의 공인가가 온스당 38달러로 인상되었다. 1973년 2월에는 다시 1온스당 42.22달러가 되었다. 하지만 이 가격조차 여전히 비현실적이었다. 왜냐하면 금이 오가는 '자유' 시장에서는 그 당시 이미 100달러나 나갔기 때문이다.

1976년의 통화 전략은 금을 그 굴레에서 풀어주었다. 공식 화폐로서 금의 공인가는 폐지되었다. 그때부터 전대미문의 사건이 시작되었다. 금 가격은 상식을 벗어나 연이은 파문을 일으키며 치솟았다. 1979년 초에는 1온스당 226달러였고, 전문가들은 금 가격이 그해 말에는 300달러라는 '꿈의 한계'까지 오를 것이라고 예측했다. 그러나 이미 6월에 그 '꿈' 은 현실이 되었다. 기록은 계속 깨졌다. 9월 28일 금의 온스당 가격이 400달러의 장벽을 돌파했을 때 금 시장과 외국환 시장의 불안정은 새로운 정점에 이르렀다. 10월 1일 1온스당 415달러가 되었다. 이제 그 끝이 어디인지 아무도 예측할 수 없었다. 1980년 1월에는 온스당 가격이 850달러라는 환상적인 액수까지 치솟았다.

금의 '르네상스' —그 이유는 무엇인가? 아일랜드의 유명한 풍자가인 조지 버나드쇼는 금을 사는 것이 좋은지 아닌지는 정치가의 경제 문제 해결 능력을 사람들이 어떻게 평가하는가에 달려 있다고 생각했다. "금이 본래 지닌 안정성을 신뢰하거나 아니면 정부 관료들의 성실성과 지능을 믿어야 합니다. 하지만 자본주의 체제가 지속되는 한 금을 택하길 권하는 바입니다."

금 시세의 폭발적인 상승이 다양한 위기 현상과 연관되어 있다는 것은 더 이상 비밀이 아니었다. 미국 발권은행의 회장인 폴 폴커는 달러의 약세가 미국 경제의 불안정한 상황을 직접 반영한다고 말했다. 뉴욕 경제 전문가인 헨리 코프만은 달러의 하락이 가져온 골드 러시는 기존 경제와 재정 체계에 대한 불신 탓이라고 보았다.

초기 중세의 한 교회 장로는 "악마가 지옥을 여는 열쇠는 바로 금으로 되어 있다."고 말했다. 실제로 인플레이션, 달러의 약세, 제조업의 침체 등의 상황에서 막대한 화폐를 소유한 사람들이 재산을 확실하게 지키는 가장 중요한 수단은 금이다. 많은 사람들이 시장에서 지폐를 금으로 교환하는 것은 국민 화폐의 안전성에 대한 신뢰가 깨졌기 때문이다. 돈의 가치가 순식간에 낮아지는 인플레이션에 대비하여 대기업가와 은행은 금고에 금을 쌓아두고 수입이 많은 중산층은 남아프리카의 크뤼거란트(1란트는 100센트)나 캐나다의 메이플 리프(단풍나무 잎이란 뜻으로 캐나다의 화폐) 같은 금화를 사들인다. 금은 영속적인 가치를 지닌 것으로 인플레이션에 대한 믿을 만한 보호막의 역할을 하는 것으로 여겨진다. 달러의 약화와 금의 득세는 결국 동전의 양면일 뿐이다.

몇몇 사람들은 법률상으로 고정된 달러-금 시세 평가의 폐지는 금을 화폐 기능에서 해방하기 위한 진일보라고 해석한다. 실제로 미국 정부와 미국 자본이 조종하는 '국제통화기금(IMF)'은 금을 통화 체제에서 몰아내고 달러를 다시 왕좌에 올려놓으려고 했다. 그러나 달러와 금의 투쟁은 애초부터 상대가 안 되는 싸움이었다. 환시세 평가의 통제에서 풀려난 금은 투기를 통해서 현기증이 날 정도로 일시에 치솟았다. 지폐와 금 사이의 사법적인 구속력의 제거, 미국의 금 매각량(1970년에서 1979년까지 1,609톤) 증가, 지폐권에 대한 특별법과 과세 인상 따위의 인위적인 수단으로도 통화 체제에서 금을 배제할 수는 없었다. 심지어 금 가격 폭등세를 약화시키거나 다소나마 달러의 약화를 저지하는 일조차 성공하지 못했다. 이렇듯 사태가 명백해지자 사람들은 다시 금의 매각을 중지했다. 물론 금 가격 상승 자체는 금이 아직 화폐상품으로 남아 있다는 증거가 되지는 못한다. 그러나 화폐상품이 더 이상 금이 아니라는 것은 더욱이 증명할 수 없다.

결국 금과의 대결에서 달러는 사기꾼 통화라는 불신을 받았다. 앞으로도 금은 못쓰게 된 이를 때우는 데만 사용되지는 않을 것이다. 금은 재산 저축과 가치 보호의 수단으로 세계 통화 체제에서 확고한 위치를 차지할 것이다.

레이건 당시 미국 대통령은 선거에서 금본위제의 도입을 약속했고 백악관으로 들어가자 '금 위원회'를 소집하여 그 문제를 연구하게 했다. 언제나 달러를 일정한 양의 금으로 바꿀 수 있도록 국가에서 확실하게 금의 환시세를 보장하는 것과 인플레이션율과 이자율을 더욱 낮추고 보다 높은 성장률을 기록하여 국가의 부채를 탕감할 수 있으리라는 희망이 이어졌다. "나는 우리가 다시 달러-금 사이의 교환 의무를 수행할 수 있다면 우리나라의 모든 문제가 해결되리라 믿습니다. 그리고 여러분은 20년대와 같은 번영을 체험하게 될 것입니다." 대통령의 경제 고문인 캘리포니아의 교수 아더래퍼는 이렇게 예언하였다. 그러나 사정은 그렇게 간단하지 않았다. '정당한' 금 가격을 찾기가 어려웠다. 정부 측에서 그 가격을 너무 낮게 잡으면 온 세계의 달러 소유자들은 정부의 손에서 금을 빼앗을 것이다. 통화량은 불가피하게 심각한 위기에 봉착하고 디플레이션이 생길 것이며 저장량이 바닥이 나자마자 금본위의 종말이 도래할 것이다. 한편 금 가격이 너무 높게 책정된다면 정부에는 돈이 넘쳐나게 될 것이며 인플레이션의 불꽃이 부추겨질 것이다. 그러나 무엇보다도 정치적 반발이 문제가 되어 로널드 레이건의 기를 꺾고 마침내 그가 금에 대한 환상에서 벗어나는 계기가 되었다. 그렇지만 오늘날에도 엄연히 화폐의 역할을 하는 금이 없이 자본주의 상품 생산의 기능이 가능하리라고는 생각할 수 없다. 그래서 은행이 상당한 금을 보유하고 있는 것이다.

"금을 찾아 몰려든다. 확실히 모든 것은 금에 달려 있다."

《파우스트》에서 그레첸은 외친다. 그녀의 말은 지금도 여전히 옳다.

〝 돈이 돈을 부르는 세계 금리 전쟁 〞

프랑스 총리인 에드가 폴은 가능한 한 빠른 시일 안에 인플레이션을 수습하기 위해 프랑스 은행의 책임자들을 불렀다. 그들은 여러 시간 자료를 조사하고 대차대조표와 연도보고서를 뒤진 뒤 필요한 조치를 조속히 취하기로 의견을 모았다. 은행장은 "총리 각하, 위기에 처한 저를 기꺼이 도와주셔서 감사합니다. 전문적인 지식이 있는 정치가와 함께 일하게 돼서 기쁩니다."라고 인사했다. 에드가 폴은 미소지으며 "그래요? 하지만 만약 내가 당신의 의견을 무시하려고 한다면 당신은 틀림없이 나를 얼간이로 생각하겠지요. 경제에 관해 조금이라도 이해하는 사람이라면 이제 이자율을 급격히 낮추어야 한다고 생각할 것이오."라고 대답했다. 그 사이에 출입문 쪽으로 다가가 손잡이를 잡고 있던 은행장이 몸을 돌리면서 말했다. "당신은 이자율을 높여야 된다고 말씀하시려는 거지요. 그렇죠. 명백한 사실이죠. 하지만 사람들 모두가 지금 당장 그것을 이해하진 못합니다. 그래서 총리 각하가 저와 같은 의견인 것이 무척 기쁩니다." "잠깐만." 에드가 폴이 이의를 제기했다. "당신, 무슨 말을 하는 겁니까? 이자율이 무엇보다도 중요한 열쇠가 되며 또 이자율은 인하되어야 한다고 우리가 의견 일치를 봤잖소."

"그렇죠, 이자율이 무엇보다도 중요하죠. 또한 인상되어야 한다고 의견

일치를 봤고요."

"인하되어야 한다고!"

"인상되어야 한다고!"

"인하되어야죠! 그래야 값이 내리죠!"

"인상되어야 값이 내리죠!"

밤늦은 시간에 친한 친구들에게 이 에피소드를 들려준 에드가 폴은 그의 유명한 파이프를 피워가면서 이렇게 이야기를 끝맺었다. "자! 나는 이것을 학문으로 다루어진 경제 정책이라고 부르겠소."

헨리 크라이쉬가 『벨트보허』에 쓴 프랑스 정치가들에 관한 이 일화는 이자를 둘러싼 수천 년의 논쟁이 아직도 해결되지 않았음을 보여준다.

호라티우스(Quintus Horatius Flaccus, 기원전 65~8)는 그의 풍자시에서 보물에 사로잡힌 수집가들을 조롱하였다. 일단 보물이 손에 들어오면 '그 보물은 하잘것없는 것이 되어버린다.' '보물을 지키며 할 일은 오직 놀라며 그것을 바라보는 것뿐이다.' '쌓아 놓은 그 덩어리가 무슨 매력을 지니고 있는가?' 그 보물들은 기껏해야 걱정거리일 뿐이라고 호라티우스는 말한다. 즉 '밤낮 불안으로 고통을 받으며 잠도 못 자고 도둑과 화재를 두려워하고 노예들이 재산을 훔쳐 도망칠까봐 두려워하는 것, 그것이 즐거움인가?' 라고.

화폐를 사용하지 않고 쌓아 놓기만 하는 것은 악기들을 모아 놓고 연주하지 않는 것과 마찬가지로 바보짓이다. 생텍쥐페리의 '어린 왕자'는 별들을 화폐처럼 은행에 보관하려는 별 수집가에게 묻는다.

"별들을 가져서 무얼 해요? 부자가 된다는 건 무슨 뜻이지요?"

"누군가 별을 발견하게 되면 더 많은 별들을 살 수 있지."

"그러면 그것으로 무얼 할 건가요?"

"나는 그것들을 관리한단다. 그것들을 다시 세어보기도 하고. 그건 쉽지 않은 일이지만 난 침착한 사람이니까." 수집가가 대답한다.

하지만 화폐와 금을 무조건 쌓아 두는 구두쇠들만 있는 것은 아니다. 또한 객관적으로 불경기와 그로 인한 화폐 부족에 대비해 예비금이 필요한 것도 사실이다. 영국의 경제학자 애덤 스미스(Adam Smith, 1723~1790)가 말한 것처럼 보다 현명한 재산 축적가는 사랑스러운 자식처럼 자신의 재화를 보호만 하는 자가 아니라 그 재화를 증식시켜줄 유통과정에 맡기는 사람이다. 예로부터 투자란 이자를 받기 위해서 대부해주는 것을 말한다. 저축 은행이나 일반 은행들이 없었던 시대에는 돈을 누군가에게 맡긴다는 것은 위험한 일이었을 것이다. 이제 돈을 숨기거나 보호할 필요가 없게 되었다는 것은 얼마나 유혹적인가? 맡겨진 돈은 사라지지도 않을 뿐 아니라 이자까지 가져다준다.

고대의 위대한 사상가들은 특히 이자 취득을 반대하였다. 아리스토텔레스에 의하면 화폐란 다만 교환을 손쉽게 해주는 수단인데 이자라는 것은 화폐 그 자체를 불어나게 만든다. 그러므로 이자는 '토코스(tokos, 어린이)라는 명칭을 부여받는다. 왜냐하면 틱토메논(tiktomenon, 아기)이 그의 양친과 외양이 비슷하듯 이자 역시 화폐로부터 산출되기는 하지만 그것은 모든 산업 중에 가장 비자연적인 부문이기 때문이다'라고 《니코마코스 윤리학(Ethika Nikomacheia)》에서 말하고 있다. 그는 화폐는 화폐를 산출해낼 수 없다고 판단하였으며 그래서 이자에 반대하였다.

교황들도 이자 취득을 반대하였다. 이자를 요구한 성직자들은 직책을 박탈당했다. 1139년의 라테란 종교 회의에서는 이자 금지를 선포했다. 회개하지 않고 죽은 이자 수취인에게는 기독교식 매장을 허락하지 않았다. 세속 군주들도 교회와 보조를 맞추었다. 카를 대제는 785년 아이헨 제국 의회에서 이자에 대해 저주를 퍼부었으며 로타르 황제(Lothar I, 795~855)는 825년에 이자 수취인에게 추방령을 내렸다. 일찍이 이자에 대해 유죄 판결을 내린 적이 있는 마틴 루터는 《고리대금에 반대하는 목사들에게의 설교》(1540년)에서 아리스토텔레스를 인용하고 있다. 그는 채무자에게 빌려준 것보다 더 많이 돌려받는 고리대금을 도둑질이라고 하였다. "화폐는 원래 생산력이 없다. 왜냐하면 그것은 화폐의 본성을 거스르기 때문이다. 그러나 화폐가 그냥 존재할 뿐 아무것도 산출하지 않는 것은 아니다. 마치 나무나 토지가 스스로 열매를 맺지는 않는다고 해도 그 자체로 쓸모있는 것과 마찬가지다."

그러나 이자에 관한 견해는 상품 생산과 화폐경제가 확고한 기반을 차지하고 자본주의 경제 형태가 주목받기 시작하자 불가피하게 변화되었다. 점점 더 많은 사람들이 이자에 의존해서 살아가게 되자 교회는 이자에 대해 유죄 판결을 내릴 수 없게 됐다. 교리에 사로잡혀 있던 교회가 '신성한 견해'를 포기하기는 몹시 어려웠지만 결국 교회도 세태의 흐름에 저항할 수 없었다. 마침내 영국 교회는 화폐 수입의 39분의 1을 포기하기보다는 교리의 39분의 38을 포기하는 쪽을 선택했다.

화폐 자체는 화폐를 산출해낼 수 없으나 땅 속의 감자나 나무 열매처럼 스스로 번식한다. 하지만 가난과 곤궁에서 벗어나기 위해서 빌린 화폐는 결코 번식하지 않는다. 단지 먹어치울 뿐이다. 이러한 소비의 관점에서 보면 여전히 이자에 반대하는 것이 옳을 것이다. 단지 소비하기 위해 빌린다면 화폐는 늘어나지 않으며 따라서 준 것보다 더 많은 것을 요구할 권리도 없다.

하지만 화폐는 생산적으로 투자될 수도 있고 자본으로 변할 수도 있다. 원래 지닌 가치보다 더 많은 것을 생산해내는 노동력의 대가로 화폐를 지불할 수도 있다. 그런 측면에서 화폐는 간접적으로 증식되고, 화폐의 가치 증식에 대한 몫으로 채권자가 이자를 받는 것이다. 수백 년 동안 논란이 되어 온 이자에 관한 문제는 오늘날에는 더 이상 아무런 문제가 되지 않는다. 영국의 경제학자이자 도덕철학자인 프라이스(Richard Price, 1723~1791)는 1772년에 다음과 같이 계산했다. '우리의 구세주가 탄생했을 당시에 1페니히를 5퍼센트 이자로 빌려 주었다면 전 지구에 함유되어 있을 순금 전부보

다 더 큰 액수로 불어날 수 있다.'

_ 인플레이션을 제어하는 고도의 위장술

미국인들은 고이율 정책으로 넘어간 1979년 10월 6일을 '치욕의 날'이라고 부른다. 통화 팽창에 따라 가격이 상승하는 조건에서 명목상의 이율은 이미 오래전에 상승 기류를 타고 있었다.

'표준 금리'(최우선의 신용대부자에 대한 이율)는 경제 침체가 시작된 1976년에서 1980년 12월까지 6퍼센트에서 21.5퍼센트로 상승하였다. '평범한' 신용 대부자들은 물론 더 많이 지불해야 했고 25퍼센트를 넘어 30퍼센트의 이율이 통상적이었다.

높은 이율은 무엇보다도 군비 확대와 연관이 있다. 과도한 군비 경쟁은 국가 재정에 거대한 구멍을 만들어 놓는다. 돈을 빌리기 위해 채권 발행자는 그의 채권을 사려는 사람에게 높은 이자를 약속해야만 한다. 신용 대부를 받으려는 다른 사람들도 그 사람들을 따라가게 된다.

나아가 레이건 정부는 고이율 정책으로 화폐 가치를 하락시켜 인플레이션을 억누르려고 했다. 높은 이자는 국제적인 화폐 자본을 미국으로 끌어들이게 되고 달러가 다시 투자가들을 매혹하며 국제 수지 적자를 완화시켜줄 것이라는 생각이었다. 결국 경제적 안정을 되찾고 세계 경제에서 미국의 위치를 강화시키고자 고이율 정책이 채택되었다.

그러나 이율이 높아지면 사람들은 더 이상 기계와 원료의 값을 지불하기 위해 그리고 집을 짓거나 자동차를 사기 위해 신용 대출을 받지 않으려 할 것이다. 한편 높은 이율은 투자의 활성을 억제하여 생산과 판매를 위축시키며 일터 부족 현상을 조장하고 사업의 파산을 촉진시킨다. 이율이 상승하면 파산자는 더욱 늘어나게 된다. 그렇게 되면 상품 생산에 투자하는 것은 더 이상 수지가 맞지 않는다. 화폐 보유자들은 상품 생산에 대한 투자 대신 인플레이션 비율보다 더 큰 이자 수익을 주는 대부자본 쪽을 택한다.

그래서 화폐시장은 '화폐로 이자를 만들어 내는 일'에 열중하게 된다. 특히 미국의 높은 이자에 유혹된 화폐 자본가들은 서독, 영국, 프랑스, 스위스, 이탈리아 등 다른 산업 국가들에서 이율이 가장 높은 미국으로 이동해 간다. 그 결과 많은 양의 서유럽 통화가 달러로 바꾸어진다. 달러에 대한 수요가 올라가면서 달러의 시세 및 다른 통화의 관계에서 달러의 가치가 상승된다. 동시에 금과 달러의 관계는 일시적이나마 달러에 유리해진다. 그래서 많은 사람들은 이자를 만들지 못하는 금을 20~30퍼센트의 이자가 보장되는 달러로 바꾼다.

하지만 다른 통화들에 대해 상대적으로 달러의 가치가 상승되면 다시 수출이 줄어들고 수입이 늘어난다. 그래서 고이율은 국제 무역에서 경쟁력을 악화시키며 무역 적자를 누적시킨다. 고이율 정책은 외국으로부터 화폐 자본을 빼앗고자 하는 매우 무분별한 시도다. 또한 나머지 나라들도 자본 유출을 억제하려면 조만간 자국의 이율을 높여야 한다.

그리고 실제로 일은 그렇게 진행되었고 미국을 좇아 고이율이 채택되었다. 서유럽의 신용 대부는 이자만 높고 막상 대부할 자본은 부족했다. 그래서 1982년 1월에 서유럽의 재무장관들은 미국과의 이자 전쟁에서 다른 무기를 사용하기로 결의하였다. 일단 미국에 이율을 낮추도록 요청하고 이를 거절할 때는 서유럽 국가들이 가능하면 공동으로 이율을 낮추어서 미국의 이율 변동의 영향에서 벗어나고자 한 것이다.

그 노력의 성과는 미미했다. 미국에서는 이율이 계속 올라가고 프랑스, 벨기에와 다른 나라에서는 일시적으로 이율이 떨어지자 화폐 자본이 미국쪽으로 몰려갔다. 달러 매입이 활발히 이루어졌으며 달러 시세는 상승하였다. 서유럽 신용 시장의 상황은 더욱 악화되었으며 서유럽의 경제 활성을 위한 저이율 정책은 제대로 시작되기도 전에 벌써 좌절되었다. 결국 미국의 고이율에서 탈피하려던 시도는 실패하였다.

고이율은 또 인플레이션을 막아낼 수 없다. 독점은 자신들이 치러야 할 이자를 생산품의 가격에 포함시켜 소비자에게 전가할 정도로 강력하다. 그러나 그것은 지불 능력이 있는 수요를 억제하여 경기가 호전될 수 있는 중요한 토대를 빼앗아간다. 상승하는 이자 부담과 더불어 부채 또한 늘어난다. 이런 것은 나선형 인플레이션을 위로 몰고 간다. 1983년에 미국 재정은 일일 총 지출의 17.5퍼센트인 3억 6,500만 달러를 매일 이자로 갚아야만 했다.

〞 전 세계 금융가를 지배하는 오일 머니의 힘 〞

이러한 가운데 분주해진 사람들이 있다. 동양의 부호들이 자본과 권력에 접근해온 것이다. 이란은 쿠르프사의 주식을 손에 넣었고 쿠웨이트는 다임러 벤츠사의 주식을 샀다. 또한 아랍 사람들은 마네스만, 튀센, 클뢰크너, 데마크, 지멘스 등의 유가증권에도 관심을 보였다. 쿠웨이트는 미국의 거대한 독점기업인 제너럴 일렉트릭, 아이비엠, 제너럴 모터스, 이스트만 코닥사 등의 증권을 소유하게 됐으며 이란은 자동차 회사인 브리티시 라이란드사의 주식을 샀다. 중동 국가들은 미츠비시, 히타치, 니폰 강철과 같은 일본 대그룹의 주식을 소유하게 되었고 미국의 국채 증권도 손에 넣었다. 그리고 그들의 화폐를 굴지의 은행에 예금하여 이자를 얻었다. 영국 은행, 스위스 은행, 독일 은행, 드레스덴 은행 혹은 독일의 코메르츠 은행, 파리의 크레디트 리옹 국립은행 그리고 미국 은행의 서유럽 지점들 대부분은 모두 중동에서 온 부유한 석유 공급자들과 거래하게 되었다.

이는 특히 70년대에 석유 수출 지역에서 일어났던 신속한 변화들과 관계가 깊다. OPEC에 속해 있는 개발도상국들은 우선 자국에서 외국 독점기업의 채광 설비를 중단시켰다. OPEC 소속 나라들은 그동안 고수해왔던 낮은 수준의 석유 가격을 조정하였다. 1982년 아라비아산 경유의 공시 가격은 1970년에 비해 19배로 뛰었다. 물론 80년대 초 서양의 '제로 성장', 에너지 절약 시책들, 천연가스와 석탄 사용 등 석유를 배척하는 경향들로 인해 시장에서 석유의 공급이 과잉되었고 한때 석유 가격이 확정 가격(아라비아산 석유의 경우, 배럴당 14달러 또는 톤당 250달러) 이하로 떨어졌는데도 장기적으로는 가격 구조가 완전히 달라져갔다.

그것은 최근 국제적 독점자본에 대항하고 있는, 경제적으로 성장한 몇몇 개발도상국들의 입장을 반영하고 있다. 1973년에서 1980년 사이에 OPEC 국가들의 수입은 10배로 뛰었다. 가난했던 나라들이 하룻밤 사이에 1인당 국민소득이 최고 수준인 가장 부유한 나라의 대열에 끼게 되었다. 사우디아라비아, 쿠웨이트, 아랍 제국 등 뒤쳐지고 인구 밀도가 낮은 아랍의 나라들은 아무리 해도 다 쓸 수 없을 만큼 많은 돈을 벌었다. 그런 국가들은 산업 시설과 교통 시설에 자금을 투자했고 농업 발전, 교육 제도, 공중위생 시설에 돈을 썼으며 수입한 소비재의 값을 지불하거나 사우디아라비아처럼 무기를 사기도 했다.

하지만 대개는 달러가 아닌 석유로 대신 지불하였으므로 그 나라들에는 달러가 넘쳤다. 1973년부터 1980까지 OPEC 국가들의 국제수지 흑자액은 3,200억 달러를 넘어섰다. 특히 몇몇 나라의 상업 자본가들이나 고리대금업자들은 부자가 되었다. 그리고 이제 아주 새로운 일이 시작됐다. 수십 년 동안 수지맞는 투자를 찾아 고도로 발전된 나라에서 개발도상국으로 자본이 흘러들어왔는데 이제 그 상황이 뒤바뀐 것이다. 개발도상국들이 서양에 자본을 투자하기 시작하였다.

얼마 전까지 서양에 빚을 지고 있던 국가들이 갑자기 서유럽 여러 나라들에 수십억 달러를 빌려줄 수 있게 되었다. 서양의 산업 국가들은 그들의 국제수지 결손액을 줄이기 위해 불러들인 오일 달러 덕분에 은행의 자산을 늘리고 독점 회사들의 구입과 투자 그리고 상품 생산을 늘릴 수 있었다. 부유한 OPEC 나라들의 지배층은 두 가지 일에 관심을 가졌다. 하나는 가능한 한 많은 이윤을 남기도록 자본을 투자하는 일이고 다른 하나는 서양 국가들에게 영향을 미칠 수 있는 경제 정책을 추진하는 일이다.

서양 사람들은 자기네 경제 안으로 석유 귀족들이 파고드는 것을 복잡한 심정으로 지켜보았다. 이들로서는 '여러 사막의 족장 무리'들에게 점차 경제적으로 의존하는 상태가 되어서는 곤란한 것이다. 그래서 미국이나 다른 서구 국가들은 OPEC 국가 사람들이 군수산업의 주식을 매입하는 것을 막았다. 또 다른 회사들의 주식 구입도 제한했다. 그들에게 허용된 주식 수는 겨우 배당금의 보관용 정도에 불과했다. 서양의 우두머리들은 그 회사들에 대한 주도권이 아랍 사람에게 넘어가는 것을 막을 수 있었다.

OPEC 국가들의 투자가들이 그런 제한에 대해 불쾌하게 여겼을지도 모르나 어쨌든 그들은 자본 수출을 통해 재빨리 금리 생활자가 되었다. 그들은 '석유 시대'가 사라져버리면 오일 달러의 투자 수입으로 생활할 수 있기를 바랐다. 거기에는 또 다른 측면이 있다. 오일 달러의 재수출로 아랍의 석유 재산은 국제적인 독점자본과 밀접한 관계를 맺게 된다. 아라비아 반도의 신생 부자들은 독점 회사의 거래선이 되며 서양 정부에 돈을 대부함으로써 세계 독점 체제의 일원이 된다. 그래서 아라비아 반도의 여러 나라들에 있는 개인 은행, 무역 회사, 투자 회사, 보험 회사는 서양의 파트너와 함께 일한다. 한 예로 사우디아라비아의 왕족 일가는 모빌사의 유조 선단에 대해 40 퍼센트의 지분을 갖고 있었다. 그래서 왕정은 에너지 콘체른과 긴밀하게 결합하고 OPEC 국가들의 민족적인 힘들과 대립하게 되었다. 이제 막 추방당한 신식민지주의가 뒷문을 통해 다시 들어온 셈이다. 결국 신식민지주의의 속박에서 벗어나려는 시도는 완전히 달성되지 않았다. 다국적 콘체른은 아랍의 자본을 사용하여 공동의 조직체를 발판으로 개발도상국에 파고들었다. 그리하여 한때 상실했던 위치를 다시 차지하였다.

아랍의 석유 군주들은 거대한 국제 콘체른의 공범자가 되었다. 그들은 오일 달러의 역류를 통해 그리고 자본주의 산업 국가와 개발도상국들에서의 노동력 착취를 통해 공동으로 이익을 취하고 있다. 제국주의는 이런 나라들을 새로운 황금의 쇠사슬로 묶고 있다. 그 적절한 예는 1979년 11월 미국 정부가 이란인의 토지 소유를 금한 일이었다. 아랍 통화 기금의 회장인 제워드 하심은 화폐의 차단을 '국제 재정계의 안정성과 신뢰에 대한 심각한 타격'이라고 불렀다. 사우디아라비아의 석유상 샤이크 야마니와 같은 미국의 동맹자조차도 그 당시 "OPEC 회원국들은 어떠한 상황에서도 토지 소유를 침해받지 않을 것이라는 보증이 필요하다."라고 밝혔다.

미국은 이란이 인질들을 석방한 뒤에도 이란이 미국 은행에 갖고 있던 약 120억 달러 중 28억 달러만 되돌려주었다. 이란의 돈을 둘러싸고 발생한 이 사건은 다음과 같은 사실을 드러내주었다. 즉 석유 부호들이 서양 경제의 중심지로 어느 정도 진출한 뒤에는 OPEC 나라들이 그 토지나 화폐에 대한 처분권을 갖는 게 아니라 제국주의 강국들이 자신들의 이해에 따라 그것을 담보로 삼을 수 있게 되고 결국 강국들의 처분에 맡겨진다는 것이다.

해외로 빠져나가는 돈을 잡아라!

파리의 번화가를 걸어본 사람은 열 군데가 넘는 금융회사의 화려한 건축물들을 보았을 것이다. 거대한 성당 앞에 자신이 서 있다고 착각했을지도 모른다. 하지만 그 건물 안에는 기도하거나 설교하는 사람은 아무도 없고 오로지 부지런히 계산하고 결산하는 사람들만 있다. 파리와 네덜란드의 은행인 '방크 드 파리 에 데 페이 바'라는 거대한 빌딩은 100년 전부터 '파리바'로 불려왔으며 거의 무제한의 힘과 부를 상징한다.

  1980년 그 회사는 공식적으로 13억 프랑이라는 순이익을 올렸다. 물론 알려지지 않은 이윤도 상당할 것이다. 미테랑의 대통령 선출 직후 과거 나폴레옹과 조세핀이 결혼식을 올린 오텡가 오페라 극장 근처의 옛 시민 궁전 강당에서 재무부 감독 위원회가 소집되었다. 감독 위원회 의장인 피에르 모사는 급격한 변화에 직면해서도 구할 수 있는 것은 구해내야 한다고 주장했다. 스위스, 벨기에, 네덜란드, 룩셈부르크, 영국, 미국 그리고 아프리카 등지의 은행 지점들과 함께 파리바 회장이기도 한 모사는 공동으로 계획한 것을 실행에 옮기기 시작했다. 1981년 10월 초에 스위스의 자회사인 파리바 슈스사의 주식 20퍼센트를 벨기에의 지점인 코페바에 매각한 것이다. 이틀 후 코페바사는 그 회사 유가증권의 상당량을 스위스 지점에 넘겨주었다. 그 다음날 그때까지 거의 알려져 있지 않았던 파제사란 회사가 파리바 슈스사의 주식을 상당량 소유하게 됐다.

  파제사 감독 위원회에는 파리바 회사의 거래선들이 참석하였다. 성과는 나타났다. 즉 주식이 이리저리 돌아다니고 난 뒤 스위스와 벨기에 자회사에 남은 파리바사의 자본은 얼마 되지 않았다. 두 회사는 모 회사의 자본 참여가 51퍼센트라는 한계에 도달하면 국가 소유가 되도록 한 법률을 피할 수 있었다. 이런 식으로 프랑스는 수십 억을 속임수 당했다. 프랑스를 떠날 때 어느 누구도 5,000프랑 이상을 소유할 수 없는데도 수십 억 달러의 자본을 외국에 매각할 수 있었다. 외국이 소유한 토지를 팔도록 허가해주고 있는 법령을 이용한 것이다. 뒤늦게 모사 회장이 벌인 일을 알게 된 당국은 오텡가의 가택을 수사한 후에 그와 세 명의 주요 국장들을 체포하였다.

  결국 존경할 만한 '방크 드 파리' 회사가 몇 년 전부터 그들의 부유한 거래인들에게 특권을 부여해왔다는 사실이 드러났다. 목적은 자본을 불법으로 스위스와 캐나다로 운반하려는 것이다. 조사 당국이 발견해낸 것처럼, 은행가, 산업가, 지주들을 포함한 450명의 사람들이 파리바를 통해 재산을 외국으로 빼돌렸다. 대기업가 피에르 장 라테코르는 파리바의 중재인을 통해서 2천 900만 프랑 상당의 금괴 3만 5,000개를 캐나다로 빼돌렸다는 혐의를 받았다. 금괴는 툴루스에서 파리의 오텡가로 반입된 뒤 항공 화물선을 이용하여 룩셈부르크와 프랑크푸르트를 거쳐 캐나다 에드몬톤의 어느 은행 창고로 수송되었다. 세관원의 눈을 피하기 위해 동전으로 금괴를 덮어 씌워 운반했던 것이다.

왜 자본은 '도망' 가는가? 몇몇 새 정부는 미국의 레이건이나 영국의 '철의 여수상'이 옹호했던 국가 독점적 규제의 보수주의적 변형과는 매우 다른 경제정책 및 사회정책을 수립했다. 자본주의 대국으로는 유일하게 프랑스는 대중의 실업을 완화하고 기업가의 활동을 경영에만 국한시키며 노동조합이 활동할 수 있는 여건을 만들어주고자 진지하게 노력하였다.

결국 5대 산업의 콘체른과 양대 지방 금융—수에즈 그룹과 파리바 그룹—은 공영화되었다. 36개 주요 은행과 더불어 수많은 보험 콘체른 및 산업 콘체른이 그들에게 종속되어 있었다. 그럼으로써 프랑스 경제에 대한 정치적 영향력이 증가하였다. 오늘날은 모든 금융업 부문과 대부분의 화학 산업 그리고 전기 산업, 기계 및 조선 공업, 에너지 산업, 운수 산업, 자동차 산업 등에도 그 힘이 미치고 있다.

이러한 조치가 발표되자 사업자 조합은 당장에 반기를 들고 나섰다. 정부는 격렬한 공격과 비판을 받았다. 반대자들은 정부가 나라의 경제를 스스로 붕괴하려 한다고 주장했다. 1982년 9월 19일과 20일의 『르 몽드』에서 과거 경제·재무 장관을 지냈던 한 사람이 다음과 같이 말했다. "공산주의자들이 권력을 잡는다면 국제 관계에서 프랑스의 신용은 떨어질 것이다." 공화국을 위한 '모금 운동'의 회장인 자크 시라크는 심지어 이러한 '사회주의적인 실힘'이 2년 이상 지속되지 못하리라고 장담했다. 물론 이들이 그저 빈둥거리면서 호언장담만 하고 있었던 것은 아니다. 그들은 전례 없는 태업과 정책에 대한 국내외 자본의 압박과 반항을 유도한 좌파 정부에게 어려움을 가져다주었다. 유권자들의 불만도 이용되었다. 유언비어를 퍼뜨리고 경제적인 경쟁 능력을 빼앗고 프랑스를 '사회주의에 의한 파멸'로 이끌었다는 여론을 조성하여 정부의 신뢰도를 떨어뜨리고 배척하도록 만들었다.

농부들이 시위를 하였고 의사들은 '범국가적인 저항의 날'을 계획하였으며 사업가들은 파리의 상업 거래소를 습격하였다. 자본이 밀반출됨으로써 국가는 커다란 세금 손실을 입었다. 밀반출을 '합법화하는' 속임수도 많이 사용되었다.

또 외국의 신용 대부자들은 프랑스 회사가 다른 나라에 개설해놓은 은행 계좌로 부채를 상환하여 외국으로 흘러나갔거나 투기에 사용되었던 거대 자본이 국내 산업에 투자되지 않았다. 생산력의 현대화는 이루어질 수 없었고 일자리도 만들어지지 않았다. 주택을 건설하고 일자리를 늘리기 위해 제공한 신용 대부와 국가 보조도 그 목표를 달성하지 못했다. 그래서 선거가 끝나자마자 정부는 국유화한 산업 부문에 쓰일 90억 프랑의 기금을 조성하기 위해 엄청난 노력을 기울여야만 했다. 그러나 당시 프랑스의 예금자들은 외국의 은행 계좌에 6,000억 프랑을 넣어 놓고 있었다.

1980년대 초 워싱턴이 세운 달러화 정책과 고이율 정책으로 자본을 해외로 반출하는 일은 더욱 심각해졌고 이에 따라 프랑스의 화폐 유통은 심한 압박을 받았다. 그 밖에 프랑스는 수입 대금의 30퍼센트 이상을 달러로 지불했기 때문에 1980년대 초에 여러 차례 있었던 프랑화의 평가절하는 지불 차액에 따른 손실을 더욱 가중시켰다.

경제 · 재무장관인 자크 들로르는 프랑화를 불안정하게 만들고 있는 경제 계획을 중단하지 않았다. 사람들은 정부가 동요하기 시작하자 이를 보고 흡족해 했다. 프랑스는 1982년 9월 통화를 평가절하하지 않는 대신 유럽의 자본시장에서 높은 금리로 '지불 보장'을 요구하는 40억 달러를 끌어들일 계획을 추진하였다. 지금까지 그러한 고이율의 신용을 끌어들인 자본주의 국가는 없었다. 프랑스는 그렇듯 많은 외국의 차관이라도 끌어들여야만 했다. 또한 경제 공황과 실업으로 좌익 정부가 거두어들일 세금의 액수는 극히 한정되었다. 그런데도 수상 모로와는 무모하게 좌 편향으로 기울어졌다는 의심을 사지 않으면서 많은 장애를 뛰어넘고 대자본을 형성했다. 1982년에 그는 다음과 같이 말했다. "아무도 속지 않는다. 우리는 좌익 정책을 수립하고 이를 계속 시행해 나갈 것이다. 우리가 정책을 바꿀 것이라고 생각하는 것은 커다란 오산일 뿐이다."

정부의 정책 결정에 관여했던 프랑스 공산당(FKP)은 정부 정책의 많은 것들이 진보적이라고 평가했지만 사업가의 납세 기부, 임금 인상 동결, 구매력 감소 등은 정책의 실책이고 경제의 오류라고 비난했다.

_ 통화 제도의 새로운 종속관계

전 세계에 약 3,700개의 회사와 17만 개 이상의 자회사를 갖고 있는 국제적인 독점체 즉 다국적 기업은 1990년에 대략 5조 5,000억 달러의 매출을 기록했다. 전 세계의 연간 수출 물량을 모두 합쳐봐야 4조 달러에 불과하다. 이 중 90퍼센트 이상이 선진국의 자본이며 상위 100대 다국적 기업의 총 자산은 1990년 당시 약 3조 200억 달러에 이르렀다. "5,000킬로미터나 떨어진 곳의 일을 동시에 처리하는 기업의 한 중역이 구매 또는 생산에 대한 지불을 통하여 국민 경제의 발전에 깊이 영향을 미치는 상황에서 어떻게 일개 국가의 정부가 경제 계획의 여러 영역에서 일어나는 위기에서 신뢰를 회복해갈 수 있겠는가?"라고 미국의 유엔 주재 대사를 지낸 조지 볼은 묻고 있다. 볼은 다국적인 것 또는 초국가적인 것으로 규정되는 거대한 콘체른이 오늘날 자본주의 세계 경제 체제 안에서 결정적인 요인이 되어버렸다고 생각했다.

콘체른은 수억 수천의 금액을 지배·관리하고 여러 나라의 자원과 자금을 무차별적으로 먹어치운 덕분에 몇몇 정부의 엉터리 같은 경제 정책을 좌절시켰다. 콘체른은 국내외 지사 사이에는 약간의 차이가 있음을 인정하지만 국가들 사이에 있는 국경선은 무시한다. 콘체른은 전 세계에서 이익을 뽑아내며 그들의 금고를 지배한다.

막강한 힘을 지닌 금융 그룹은 최소의 자기 자본으로 최대의 국제 자본을 마음대로 주무르고, 이익을 볼 수 있는 지역이면 어디든지 모두 정복하려고 한다.

자본의 최대 효과를 거두기 위해 자본은 자본주의 세계 경제의 여러 부문과 각 지역으로 배분된다. 본국은 그저 많은 투자 지역 가운데 하나로 간주될 뿐이다. 자본주의 세계 경제 전체가 그 영역이다. 이런 식으로 세계 곳곳에 더욱더 많은 생산 단위가 형성된다. 더욱 많은 특수한 생산을 위해 연속으로 생산지를 고르는 첫째 기준은 위치와 관련된 이용 가능성이다. 이를테면 제너럴 일렉트릭사의 부품은 몇 년 동안 싱가포르에서 개당 30센트로 조립되었는데 미국에서는 개당 3달러 40센트가 들었다. 국제적인 독점체들은 이렇게 임금이 상대적으로 낮은 나라들을 끊임없이 찾고 있다.

다음의 예는 미국의 다국적 기업들이 같은 양의 업무에 대해 미국의 본점에서 지불하는 임금 수준에 비해 외국의 자회사에서는 얼마나 적은 임금을 지불하는가를 보여준다.

70년대 말 미국의 많은 기업들이 유럽의 사업 중심지에 정착한 것도 같은 이유에서였다. 그러다가 미국과 유럽 국가 사이의 임금 격차가 거의 없어지고 또 서독과 벨기에 및 일본 등의 통화가 평가절상됨으로써 70년대 미국의 독점 상태를 어느정도 막을 수 있었다. 이것은 자본의 흐름을 역류시켰다.

곧 서유럽의 콘체른들이 대서양을 건너려는 요구가 점점 강해졌으며 한편으로 미국의 자국 시장 독점에 대한 비난 또한 점점 심해졌다. 독점은 경쟁을 막는 것 외에 아무런 쓸모가 없었다. 미국의 사무기기 콘체른 '버러프스'의 한 대표자는 다음과 같이 말했다. "우리가 해외에 진출함으로써 필립스, 지멘스, 올리베티에시, 불, 텔레푼켄 같은 회사들의 성장이 지연되었다. 우리가 그곳에 있지 않았다면 그들은 더 많은 수익을 올릴 수 있었을 것이고 오늘날에는 더 좋은 계산기와 부기용 기계 및 천공 카드 시스템이 나왔을 것이며 미국 시장에 그들의 상품이 범람했을 것이다."

오늘날 세력권의 재편성을 위한 투쟁은 제국주의 세력 자체의 중심부에서부터 격렬해지고 있다. 게다가 중심부에는 우수한 노동력이 존재하고 개발도상국보다 내부 구조가 더 잘 갖춰져 있으며 자본시장이 더 넓고 이익 대체 가능성도 더 높다. 뿐만 아니라 경제적으로 덜 발전한 나라들에 비해 정치적으로 안정되어 있어 자본 투자에 따른 위험도 훨씬 낮다.

다국적 기업은 세율이 낮은 곳에서 매매를 확대하여 세금을 절약하고 부가적으로 이익을 얻는다. 다국적 기업은 '세금의 오아시스'에서 그 중심 세력을 넓혀간다. 거대 독점기업은 '이자가 낮은 나라'에 투자했던 자본을 '이자가 높은 나라'로 빼돌려 국제적인 이자율 차액을 남기는 것으로도 그 세력을 확장한다.

영토의 분할에 버금가는 자본주의 세계 경제의 무역 시장 분할은 다국적 기업에 의해 결정된다. 이때 다국적 콘체른의 생산물은 더 이상 한 나라에 수출되는 것만이 아니라 다른 나라에 가 있는 수많은 해외 지사를 통해 판매된다. 이러한 '콘체른의 내부 무역'을 위해 '가격 대체제'가 이용된다. 이 제도로 콘체른의 해외 지사는 과도하게 높게 책정된 수출 가격과 낮은 수입 가격을 통해 벌어들인 막대한 이득을 자회사에서 모회사로 이전시킨다.

70년대 초 영국 독점 위원회는 스위스 제약 콘체른 '호프만 라 로쉐'의 자회사 '로쉐 프로덕트'가 어떻게 가격을 결정하는가를 연구하였다. 연구 결과 영국으로 수출되는 진정제 '발리움'에 모회사가 너무 높은 가격을 책정했다는 것이 밝혀졌다. '로쉐 프로덕트'는 이탈리아에서는 영국 돈 20파운드에 팔리는 '발리움'을 영국에서는 922파운드에 팔아 1966년에서 1972년 사이에 영국 돈으로 2,200만 파운드의 이익을 얻었다 그러나 세무 당국은 겨우 300만 파운드에 대해서만 파악하고 있었다. 1981년 3월 캐나다 언론은 '임페리얼 오일' '셸' '텍사코' '걸프 오일'과 같은 석유 회사들의 관계에 대해 보도했다. 이 회사들은 1958년부터 1973년 사이에 캐나다에서 생산된 석유와 라틴아메리카나 중동 부근에서 수입한 석유의 가격을 일부러 비싸게 책정했다. 그 결과 소비자들은 1,200만 달러나 더 지불해야 했다.

이렇게 뽑아낸 높은 이익은 콘체른 중심에 집중되고 해외 지사의 세금은 될 수 있는 대로 낮게 책정되었다. 콘체른의 국제적인 이익을 향한 끊임없는 욕망은 종종 정부의 경제 정책상의 목표와 충돌하였다. 그래서 갈등은 사라지지 않았다. 그들이 지닌 새로운 차원의 힘은 국가의 사명을 거스르는 국제적 독점을 가능하게 하였다.

국제적 독점체에게는 세금 포탈과 이익 추구뿐 아니라 여러 분야에서 계속적인 금융 조작과 통화 투기의 길이 열렸다. 거대한 산업 복합체이자 금융 복합체인 독점체는 은행과 마찬가지로 서로 다른 본위의 화폐를 금융 수단으로 소유했다. 그러한 화폐 자본은 투기 회사들을 위해 쓰였다. 투기성 자본의 유통은 독점 이익의 중요한 원천이 되었다. 미국의 석유 콘체른 '엑슨'은 1976년 일사분기 때 그저 시세 변동만을 이용해서 8,400만 달러의 수익을 올렸다. 물론 이것은 모두 합법적이었다.

모회사와 자회사 사이의 자금 유통은 굉장히 빠른 시간 안에 이루어졌다. 국제적 독점체들은 이미 80년대 초 단시간에 어디든지 보낼 수 있는 약 7,000억 달러의 자본을 이용했다. 이에 대해 한 신문은 다음과 같이 보도했다. 이 나라 저 나라를 떠도는 자본 부대의 지위관들은 각 시장에서 6,580억 달러나 되는 엄청난 액수의 돈을 관리한다. 이 자본은 아침에 뉴욕에서 싱가포르로 갔다가 거기서 다시 런던과 룩셈부르크로 보내지고 저녁에는 또다시 뉴욕으로 간다. 그리고 이런 장난이 아주 능숙하게 이루어진다면 그로부터 적지 않은 이익이 발생한다. 온 세계에 영향을 미치는 다국적 기업의 금융 담당 이사들이 이러한 자본을 엔화나 스위스 프랑 또는 마르크로 교환할 것인가 말 것인가, 교환한다면 언제 교환할 것인가 하는 문제들을 조절한다. 그들의 결정은 그들이 각 통화들을 어떻게 평가하느냐에 달려 있다. 그들은 가치가 떨어질 가능성이 있는 통화는 피한다. 반면 그들은 가치가 오른다고 예상되는 외국환은 구입하고자 한다. 그래서 그들은 갖가지 통화 위기를 더욱 부채질한다.

 사실 무분별한 세력 다툼을 벌이며 운동을 계속하고 있는 거대한 화폐 자본은 때때로 혼란을 불러일으키기도 한다. 그런 자본의 움직임은 예측할 수 없으므로 국제경제 관계를 불안정하게 만든다. 또 경제의 무정부 상태를 가중시키고 대금 결제에서 많은 차액을 남기면서 통화의 혼란을 심화시킨다. 이를테면 국제적 독점체가 통화의 가치를 상승시키지나 않았나 하는 의혹은 새로운 통화 전쟁의 신호가 될 수 있다. 자본은 자본주의의 통화를 지옥까지도 가져갈 수 있다. 자본 때문에 세계의 경제 체제와 통화 제도에는 완전히 새로운 종속 관계가 생겨난다. 고립된 개별 국가의 독립된 상업은 현재 존재하지 않고 또 앞으로도 존재할 수 없다.

MONEY $hock

2

투기 광풍과 시장의 붕괴

"도박은 삶이다. 우리는 도전하기도 하고 자신을 내맡기거나 극복하는 것 같다가도 결국 수수께끼가 되어버린다. 도박할 때 일어나는 그 비밀스러운 우연들에서 가장 가까이 삶을 느낀다."
— 요하네스 트렐로우

델라로크가 갑자기 약간 쉰 목소리로 싸움에 끼어들었다.

"위니베르셀 은행 주식을 내놓으시오! 위니베르셀 은행 주식을 내놔……!"

그래서 그는 몇 분 뒤에 위니베르셀 은행 주식을 수백만 프랑에 내놓았다. 이때 사람들이 그에게 대답했다. "시세가 떨어졌어."

"이천 사백에 파시오……. 이천 삼백에 파시오……. 얼마라고……? 오백, 육백……? 팔아요!"

도대체 그가 무어라고 말했는가? 무슨 일이 일어났는가? 도움을 기다렸는데 오히려 새로운 적이 근처에 나타났는가?

돌격할 때 밀어닥친, 예측도 할 수 없고 주저하지도 않는 장사꾼들의 압력 때문에 엄청난 소란이 일어났다.

그 순간 마조는 마치 죽음이 그의 얼굴을 스치는 듯한 기분이었다. 위니베르셀 은행의 파산으로 자신이 파멸할 것을 감지한 것이다. 그러나 짧게 콧수염을 기른 그의 잘 생긴 갈색 얼굴은 의중을 드러내지 않은 당당한 표정 그대로였다. 그는 자신이 받았던 마지막 주문에 주식을 사고서는 마치 혈기 있는 수탉처럼 소리를 냈다. 그 목소리는 어떤 일을 해냈을 때처럼 아주 날카롭게 울려 퍼졌다. 그의 건너편에 있는 그의 적수들, 광분하는 야코비와 뇌졸중 증세의 델라로크는 짐짓 태연을 가장했지만 점점 불안한 안색을 드러냈다. 왜냐하면 그들은 마조가 지금 큰 위험에 처해 있음을 보았기 때문이다. 완전히 망한 그가 주식 대금을 지불할 능력이 있을까? 그들은 발코니 난간의 벨벳을 두 손으로 꽉 움켜잡았다. 그들의 목소리는 직업적인 습관에서 나오는 투덜대는 투였지만 그들의 경직된 시선에는 돈이 엮어내는 드라마에 대한 두려움이 역력했다.

_ 에밀 졸라

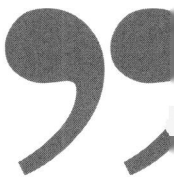

도박은 그 자체가 흥분이며 거의 병적이다. 돈 때문에 도박하는 사람은 반드시 재난을 겪게 된다. 도박에 미칠수록 이성을 발휘할 기회는 그만큼 적어진다. 그만두어야 할 때 판돈은 심술궂게 커지는 것이다. "도박은 삶이다. 우리는 도전하기도 하고 자신을 내맡기거나 극복하는 것 같다가도 결국 수수께끼가 되어버린다. 도박할 때 일어나는 그 비밀스러운 우연들에서 가장 가까이 삶을 느낀다."라고 요하네스 트렐로우가 말했다. 아무것도 잃을 것이 없는 상태라야 도박은 끝난다. 실패를 해보아야 도박벽을 고칠 수 있는 것이다. 그러고 나서야 모험에 대한 욕구가 없어지고 열정의 불길이 꺼진다. 그 불길은 육체를 태워버린다. 지갑만 비우는 것이 아니다. 희생이 엄청날 때가 많다. 그런 희생은 자포자기와 자기 파괴 따위로 나타날 수도 있다.

타키투스는 주사위놀이에서 모든 것을 잃은 후 마지막으로 던지는 주사위에 자유, 아내와 아이, 자신들의 신체 부위 등 모든 것을 걸었던 고대 게르만인들에 관해 보고하고 있다. "도박은 아주 내 흥미를 끌지."라고 푸슈킨은 그의 소설 《스페이드의 여왕(Pikovaya Drama)》에서 헤르만 장교의 입을 통해 말한다. "그렇지만 나는 불필요한 것을 얻으려는 기대로 필요한 것을 희생할 수는 없어." 그러나 이미 오래전부터 도박에 대한 생각이 그를 사로잡고 있었다. 그는 잠을 설치며 카드놀이, 돈뭉치 그리고 금화를 꿈꾸기 시작했다. 그는 큰 돈을 거는 도박을 했고 몇 번 따기도 했으나 결국에는 모두 잃고 말았다. "당신이 가진 퀸은 죽었어요." 라고 체칼린스키가 친절하게 말했다. 헤르만은 그의 돈만 잃은 것이 아니라 건강도 상실했다. "그는 오부코프 병원 17번 병실에 있는데 그 어떤 질문에도 대답을 하지 않으며 뭐라고 이상한 소리를 중얼거린다. 삼, 칠, 에이스! 삼, 칠, 퀸.!"

도스토예프스키의 중편 소설 《노름꾼》은 비스바덴과 바덴바덴 그리고 홈부르크의 도박 홀에서 재산을 잃었던 작가의 개인 체험을 바탕으로 하고 있다. 1871년 4월 28일 그는 아내에게 이렇게 썼다. "내게 굉장한 일이 일어났소. 거의 10년간 나를 괴롭혀왔던(내 형의 죽음으로 빚이 나를 압박했던 이후라고 표현하는 게 더 낫겠지) 그 비열한 광기 같은 것이 사라졌소. 나는 언제나 돈을 따는 꿈을 꾸어왔소. 진지하고 열정적이었소. 그러나 이제는 모든 게 다 지나갔소. 그게 마지막이었소. 안나, 이제 나의 두 손이 자유롭다는 걸 믿어주오. 도박이 나를 꽁꽁 묶었던 거요. 이제는 일만 생각하리다. 이전에 그랬던 것처럼 밤새 도박할 몽상에만 사로잡혀 있진 않을 것이오." 도스토예프스키는 그전에 수없이 도박하지 않겠다고 약속했으나 한 번도 지킬 수가 없었다. 이제야 행운이 현실로 되었다고 그의 아내 안나 그리고르예브나는 그녀의 《회상》에 쓰고 있다. "룰렛을 했던 것이 그의 마지막 도박이었지요."

주식, 어음, 은행 그리고 증권거래소 등이 생긴 이래 도박장에서만 돈을 따고 잃는 것이 아니다. 부동산 투기와 증권 투기는 룰렛 판에서의 도박과 다르지 않기 때문에 거기에도 일확천금을 얻거나 알거지가 될 가능성은 있는 것이다. 그래서 때로는 완전히 이성을 잃게 되기도 한다.

66 튤립 뿌리에 광분하다 99

네덜란드는 오늘날도 튤립 재배로 유명하다. 그러나 활짝 핀 튤립에 감탄하면서도 그 뿌리가 일찍이 수천 명의 이성을 잃게 만들고 네덜란드 경제를 극도의 혼란 상태로 몰고간 일이 있다는 사실을 아는 사람은 드물다.

1630년대 초반 네덜란드에서 일어난 일들은 투기 연구가에게는 아주 흥미로운 것이다. 튤립은 1554년에 아드리아노플(터키에 있는 에디르네 주의 옛 이름—옮긴이)에서 중부 유럽으로 건너왔는데, 애호가들 때문에 수요가 점점 커졌고 이에 따라 가격이 폭등하였다. 당시 튤립을 기르는 사람은 며칠이 지나면 그것을 훨씬 비싼 값에 팔 수 있었다.

투기 과열로 튤립 뿌리의 수요가 급증하고 가격이 치솟았다. 도시의 여관은 튤립 거래소로 바뀌었다. 사람들은 튤립을 정원에 심으려고 구하는 게 아니라 더 비싸게 팔기 위해 샀다. 꽃이 문제가 아니라 구입과 판매 사이에 생기는 차액이 문제였던 것이다. 사람들은 수중에 있지도 않은 튤립 뿌리를 팔았으며 전혀 갖고 싶지도 않으면서 구입하였다. 만일 가지각색의 종이 조각이나 당근 종자라도 그것으로 돈만 벌 수 있다면 그런 것도 사려 했을 것이다. 이렇게 달아오른 투기의 열기는 이성의 울타리를 태워버렸다. 그 투기의 불꽃이 타오를 때 달려든 사람들은 이익을 보게 된다. 그러나 팽팽히 부풀대로 부푼 기구가 터지기 전에 알아서 뛰어내리는 결단력을 갖지 못한 사람은 화를 입게 마련이다. 언젠가는 이런 순간이 오게 되는데 그 시기를 정확히 아는 사람은 아무도 없다. 그러는 사이에 튤립의 가격은 상상도 못할 정도까지 올랐다. 튤립 뿌리 하나가 차 한 대 또는 백마 두 마리를 포함한 마차 값과 맞먹었다. 튤립 뿌리 하나가 2,500굴덴이라는 사실은 전혀 이상한 일이 아니었고, 4,000~5,000 굴덴으로 지불되는 경우까지 있었다. 제 때에 판 몇몇 사람은 이익을 챙길 수 있었다. 몇 주만에 6만 굴덴을 벌었다는 남자도 있었다고 한다.

그러나 모두 돈을 벌 때 이례적으로 돈을 잃을 수도 있었다. 한 상선의 선원이 상인에게 물건을 배달했고 그에게서 싱싱한 청어 한 마리와 깡통 맥주 하나를 얻었다. 그 선원은 양파 한 개가 놓여진 걸 보고 생선에 곁들여 맛있게 먹었다. 그가 먹어치운 것은 바로 상인이 500굴덴에 구입했던 튤립 뿌리였다. 얼마나 비싼 아침식사인가!

그러나 1637년이 되면서 그동안 천정부지로 치솟던 튤립 뿌리의 가격이 계속 오를 가능성은 희박해졌다. 그때까지 그렇게 부족하던 튤립 뿌리의 공급량이 처음에는 조금씩 그리고 나중에는 점점 더 빨리 늘어났다. 가격은 떨어지고 모두가 갖고 있던 튤립을 내놓으려 하였다. 그러자 큰 소란이 일어났다. 현금이 필요해졌고 튤립을 사기 위해서 진 빚을 갚을 수가 없게 됐으며 새로 대부받는 것도 불가능해졌다. 결국 튤립 투기 붐은 돈과 신용의 위기 그리고 투기꾼의 몰락으로 끝나게 되었다.

네덜란드의 경제가 겪은 손실은 훨씬 컸다. 수공업자와 상인들이 튤립 투기를 위해 그들의 일터와 사무실을 내팽개쳤기 때문에 생산과 상업이 위태로워졌다. 네덜란드 경제가 이러한 충격에서 회복되는 데는 여러 해가 걸렸다.

66 경제를 마비시킨 주식 투자 99

18세기 초 프랑스의 국가 재정은 밑 빠진 독이나 마찬가지였다. 끊임없는 전쟁과 태양왕 루이 14세 시대의 광적인 사치가 프랑스의 재정을 바닥냈다. 1715년 왕이 사망할 당시 프랑스의 부채는 35억 리브르에 달했다.

그런데 1671년 스코틀랜드 금세공업자의 아들로 태어난 한 남자가 해결책이 있다고 나섰다. 그는 광적인 도박꾼이었는데 결투를 했다는 죄목으로 사형선고를 받았으나 10미터 높이에서 뛰어내려 탈출에 성공한 사람이었다. 존 로, 런던 사람들은 그를 '멋쟁이 로'라 불렀으나 영국인과 스코틀랜드인, 제누아 공화국과 사보이엔 공작은 그의 계획을 거절했다. 하지만 어린 나이로 왕위 계승자가 된 루이 15세를 위해 섭정으로 위임된 오를레앙 공작은 로의 아이디어가 맘에 들었다.

로는 신용 제도의 신봉자로 '신용의 발전은 인도의 발견과 비견될 만한 것'이라고 생각했다. 그는 신용이 복지와 고용을 증진시킬 수 있다고 생각

〈존 로〉, 슈미트로틀루프(Karl Schmidt-Rottluff, 1884~1976), 동판화, 드레스덴

했다. 그가 자신의 대담한 생각을 실현하고 주식을 팔아 돈을 벌기 시작했을 때 그는 자기 시대보다 150년을 앞서 있었다.

그러나 기본적으로 옳은 생각을 했던 로는 사람들에게 미래의 자본주의 상을 보여주기는 했지만 대담한 구상을 실현하는 데는 실패하였다. 그는 모든 투기가 안고 있는 위험을 무시했다. 투기는 처음부터 실패의 씨앗을 안고 있다.

프랑스에서의 로의 첫번째 성공은 단순히 기발한 착상에 의한 것이었다. 국왕이 보증한 금속 화폐 대신 종이 화폐가 발행되어 더 많은 양의 돈이 유통되었다. 왜냐하면 귀금속에 의한 보증이 있었기 때문이었다. 갑자기 국고에도 돈이 넘쳤다. 경제가 활기를 띠었다. 1716년 5월, 로는 은행권을 발행할 수 있는 주식은행 설립을 허가받았다.

그해 그는 더 큰 사업 즉 미시시피 근처 프랑스 식민지의 수탈과 뒷날 인도 및 중국과 하게 될 프랑스 식민지 무역에 기여할 회사의 설립에 착수하였다. 이는 엄청난 이익을 보장해주었고 회사의 주식에 대한 수요가 늘어나면서 주가가 상승하였다. 결국 투기가 미친 영향은 엄청난 것이었는데 모두가 아직 시작하지도 않은 사업의 주식을 구하는 데 혈안이 되었다. 막스 비르트(Max Wirth)가 《상업 공황의 역사》에 썼던 것처럼 '남녀노소와 지위의 고하를 막론하고 모두가 주식을 사기 위해 사무실 앞에서' 배를 곯아가며 압사당할 위험도 무릅쓰고 자기 이름으로 서명할 기회가 오기를 기다렸다. 위험스러운 호황을 제지시킬 수 있는 사람은 아무도 없었다. 로 회사의 본거지인 파리의 캉포아 거리에 투기바람이 불었다. '수많은 사람들이 금화를 은행권으로 바꾸기 위해서 그 사무실로 몰려 왔다.'고 러시아인 여행객 니콜라이 카람진은 기록하고 있다. '하인들 심지어는 학자들까지도 행운을 낚으려는 무리들 속에 끼어들었다.'고 메르시에르는 그의 《파리의 묘사》에서 전한다.

어느 누구도 주식의 실제적인 가치나 식민지에서 약탈한 부의 의미에 대해 의문을 던지지 않았다. 오로지 주식 시세에만 관심이 있었다. 500리브르짜리 주식이 1,000으로 다시 5,000으로 그리고 1만으로 심지어는 1만 5,000으로까지 올랐다. 그것은 튤립과 마찬가지였다. 어느 정도까지 올라갈지는 아무도 몰랐다. 언제 하락세로 접어들게 될지 예측할 수도 없었다. 그때까지는 모두가 이익을 볼 수 있었던 것이다. 꾸준히 오르는 주식 시세 때문에 주식을 살 은행권이 더 많이 필요해졌다. 주식의 범람과 주식 가격의 급속한 상승은 화폐 인플레이션을 야기했다. 로가 펼친 재정 정책의 마력은 그의 은행이 수백만 리브르의 은행권을 발행하여 주식 대금을 지불함으로써 다시 수백만 리브르의 새로운 주식에 투자할 수 있다는 점이다. 주가가 올라가는 동안 그가 펼친 경제 정책의 영향력과 명성도 점점 커갔다. 로가 거래소에 나타나면 군중들은 "로 각하가 오셨다!"고 소리쳤다. 그는 학술원 회원이 되었고 그의 고향에서는 그를 명예시민으로 치켜세웠다. 1720년 1월 5일, 그는 재정장관의 고문으로 임명되었다. 그러나 바로 이때 그가 세웠던 공중누각이 흔들리기 시작했다.

로의 500리브르짜리 주식의 가격은 1만 8,000리브르까지 치솟았다! 그런 시세는 인도와의 식민지 무역이나 미시시피 강가의 원시림에서 거둘 수 있는 이익과는 성격이 크게 달랐다. 로 회사가 거둬들인 돈의 극히 일부만이 배와 상품에 투자되었고 그 돈의 대부분은 국채에 투자되었다. 로는 국채를 매입함으로써 거의 모든 국가의 부채를 부담하였는데 이 때문에 그는 세금 인상권을 갖게 되었다. 한편 주가가 폭등했기 때문에 로가 약속했던 40퍼센트의 배당을 지불한다고 해도, 주식 시세가 워낙 높았으므로 실제로는 겨우 1.1퍼센트의 이윤에 해당할 뿐이었다.

따라서 주식을 소유하거나 새로운 주식을 얻어도 그것은 더 이상 이익이 되지 않았다. 그렇다면 이제 무엇을 할 수 있겠는가? "구매하는 것이다! 살 수 있는 모든 것을……. 이를 테면 보석, 가구, 융단, 말, 토지와 가옥 따위를 말이다."

주가는 이렇게 하락세로 돌아섰다. 화폐가 과잉되기 시작한 것이다. 모든 것이 엄청나게 비싸졌다. 이전에 15프랑 했던 물건이 이제는 125프랑이나 되었다. 임금에 의존하는 국민들은 굶주림의 고통을 당했다. 졸부들은 사치 속에서 뒹굴면서 금, 은, 보석, 값비싼 가구 및 외제 물건을 사들였다. 로는 당시의 사태를 인정하지 않으려 했지만 주식 소유자와 화폐 소유자들은 자신들이 갖고 있던 그 무가치한 종이조각을 처분하려고 몰려들었다. 공급과 수요의 균형은 깨어졌다. 동전과 귀금속의 교환을 금지했지만 아무런 도움이 되지 않았다. 가택 수색과 귀금속의 압수로 사태를 수습할 수는 없었다. 수많은 법령도 혼란을 제어하지 못했다. 이미 금속 화폐로 교환할 수 없게 된 은행권은 1720년 10월 10일부터는 공신력을 잃어버렸다. 로 회사의 500리브르짜리 주식이 40리브르까지 떨어졌다.

이제 사람들은 로를 비난했다. 결국 로는 모든 지위에서 쫓겨났다. 1729년 3월 그는 베네디히의 어느 결핵 요양소에서 숨을 거두었다.

로의 정책으로 말미암아 프랑스는 별 가치 없는 종이조각으로 국채를 갚을 수 있었다. 파산으로 인해 가장 큰 피해를 입은 사람들은 로 회사의 주식을 소유한 사람들이었는데 그 가운데는 자신의 전 재산을 투자한 귀족들도 있었다. 애써 모은 돈을 로의 주식에 투자했던 수공업자, 상인, 하인과 농부 또한 손해를 봤다. 상업과 생산에 필수적인 자본을 주식으로 쏠리게 함으로써 로 회사에 대한 투기도 튤립 열풍처럼 상업과 생산을 마비시켰다.

66 주식 파는 유령 회사 99

옥스퍼드 경은 1711년에 '남태평양 상사'를 설립했는데 이 상사는 당시 아직 미개척지였던 남태평양의 여러 지역과 무역 거래를 하고 있었다. 7년 뒤에는 영국 국왕이 이 상사의 총수가 되어 사랑하는 신하들의 사업을 도와주었다. 국가 부채는 주식으로 지불될 수 있었다. 따라서 프랑스에서 존 로가 그랬던 것처럼 영국에서도 옥스퍼드 경이 자신의 회사 이름으로 국가의 부채를 떠맡았다. 영국의 부채는 1691년에 이미 300만 파운드가 훨씬 넘었고 오랜 전쟁 때문에 1713년에는 5,370만 파운드나 되었다.

국채를 인수하기 위해 그 상사는 750파운드라는 엄청난 액수의 돈을 기부했는데, 그 대신 사업 자금을 조달하기 위해 1720년에 주식을 발행하기 시작했다. 이제 유령회사에 대한 투기가 시작되었다. 4월에는 400이었던 시세가 5월에는 500으로 올랐고 몇 주 지나지 않아 최고점인 1,100에 도달했다. 그러나 8월에 이르자 시세가 많이 내려갔고 그 달 하순에는 750을 기록했다. 매우 많은 배당금을 약정했으나 계속되는 하락을 막을 수는 없었다. 9월 29일에 남태평양 상사의 주식 시세는 120이 되었다.

자신의 모든 재산을 남태평양 상사의 주식에 투자한 상인 한 사람이 주식 시세가 1,000에 이르자 그것을 매각하기 위해 그 도시로 왔다. 그가 도착했을 때 주식은 900으로 떨어졌다. 그는 주식 시세가 오를 때까지 기다리기로 결심했다. 주식 시세가 또 떨어졌지만 그는 그것을 계속 가지고 있기로 했다. 결국 그는 몰락하고 말았다.

수천 명의 노동자가 거리로 몰려나왔고 가게는 문을 닫았으며 공장은 한동안 마비되었다. 국민들은 남태평양 상사의 사장을 처형하라고 요구했다. 국왕의 총애는 아무런 소용이 없었다.

남태평양 상사에 대한 투기 바람과 더불어 영국에서는 회사 설립 열풍이 일어났다. 수많은 회사들이 허황된 이익을 약속하며 투기의 대상이 되는 종이조각을 사람들에게 팔았다. 어떤 회사들은 새로운 무기를 개발하여 전쟁에 일대 혁신을 일으킬 수 있다고 떠들었다. 또 어떤 회사는 난파선 조각과 이국 해변의 해난 구조물을 팔려고 했다. 소금물을 달게 만든다거나 미숙아를 위한 병원을 설립하겠다고 하거나 수은을 금속으로 바꾸겠다거나 새로운 변소 청소 방법을 개발할 것이라고 약속하는 유령 회사들이 생겨났다. 하인의 실수로 손해를 입게 된 경우 손해배상을 받을 수 있다고 선전하기도 했다. 그리고 사람의 머리카락으로 장사하려는 사람들도 있었다.

주식이나 증서를 팔기 위한 상상력은 끝도 없었다. 어떤 사람은 신문을 통해 다음과 같이 새로운 계획을 광고했다. '사업 목적은 나중에 알려드리겠습니다만 확실하고 믿을 만한 사업입니다. 200만을 투자하실 분.' 이런 광고에도 돈을 내놓는 투자자가 있을 정도였다. 이러한 '허황된 사업'의 주식 투기에도 큰손들이 참여했다. 영국의 황태자와 웨일스의 왕자도 불법적으로 설립된 회사의 이사가 되었다. 남태평양 상사는 법으로 경쟁을 못하게 함으로써 자기 주식으로 자본을 끌어들이려 했지만 헛수고였다. 허황된 사업들이 여기저기서 고개를 들어 남태평양 주식의 하락을 더 이상 막을 수 없게 되자 결국 많은 사람들이 파산했다.

_ 버터 때문에 자본까지 날리다

사람들은 존 로나 남태평양 상사와 같은 소동이 결코 다시는 일어나지 않으리라고 믿었지만 그것은 잘못된 생각이었다. 1720년 영국과 프랑스에서 일어났던 그 사건들은 결코 투기의 끝이 아니라 투기가 일상화되는 시작에 해당했다.

1823년 당시 스페인과 포르투갈의 식민지였던 중남미 국가들이 독립하자 영국의 산업에 새로운 시장이 열렸다. 기회는 투기를 불러 일으켰다. 철도의 건설이나 조명을 위한 가스 생산과 석탄과 광석의 채굴 또는 조선소와 증기선 및 운하 건설처럼 현실적인 토대가 단단한 수많은 사업과 더불어, 또다시 환상적인 투자 계획들이 새롭게 등장했다. '왕자, 귀족, 정치가, 관리, 변호사, 의사, 성직자, 철학자, 시인, 주부 할 것 없이 모두가 이름만 내건 사업에 자기 재산을 투자하기 위해 거래소로 몰려왔다.'고 러시아의 경제학자 투간바라노프스키(Mikhail Ivanovich Tugan-Baranovskii, 1865~1919)는 전한다.

버터 회사의 경우도 여기에 해당한다. 부에노스아이레스 주민들에게 버터가 부족하자 라플라타 강 유역에 아주 싼 젖소와 수분이 풍부한 목초가 있다는 사실에 착안하여 버터 회사가 몇 개 생겨났다. 버터 회사는 자본을 모은 뒤에 젖을 짜는 스코틀랜드 소녀들을 아르헨티나로 불러들였다. 그러나 예기치 못한 어려움이 그 소녀들을 기다리고 있었다. '의자에 앉아 얌전한 소젖을 짜던 그들을 기다린 것은 감히 누구도 가까이 갈 수 없으며 젖 짜는 일은 도저히 엄두도 못낼 만큼 크고 무서워 보이는 야생 동물들이었다. 그러나 가우코우인들이 그 젖소들을 잡아서 가축 끈으로 다리를 묶자 소들은 온순해졌고 마침내 부에노스아이레스의 상점에도 버터가 충분히 공급되었다.' 라고 막스 비르트는 쓰고 있다.

젖소를 묶어 놓음으로써 일단 한 고비를 넘겼지만 또 다른 문제가 생겼다. 생산품이 운반되는 과정에서 버터가 변질된 데다 부에노스아이레스의 주민들이 버터보다는 기름을 더 좋아한다는 사실이 뒤늦게 확인된 것이다. 결국 버터 회사는 자기네 자본까지 모두 날리게 되었고 버터 회사의 주식 가격은 형편없이 떨어졌다.

자본주의 사회에서 나타나는 드라마 같은 투기나 주식 공황, 은행의 파산 그리고 무엇보다도 과잉생산으로 인한 공황 등의 문제들에 비하면 버터 사태 정도는 그다지 심각한 축에 들지도 못한다.

〝 세계를 뒤흔든 '검은 금요일' 〞

파리의 주식 은행인 크레디 모빌리에는 과거 존 로가 써먹었던 방식을 그대로 다시 답습했다. 이 은행은 1852년 에밀 페레르와 이삭 페레르 형제가 나폴레옹 3세의 후원을 받아 설립한 투기은행으로, 이로써 누구나 그리고 어디서나 투기할 수 있는 새로운 방식의 은행 시대가 도래되었다. 이 은행은 아직도 투기 은행의 모범으로 꼽히고 있다. 언론 매수, 선전 경쟁, 고액 배당금 지급 등의 수단을 통해 투기꾼들을 자극하면 주식 시세도 조정된다. 크레디 모빌리에 은행은 이러한 방법으로 주식 시세를 1,800퍼센트나 올려

놓았다. 1855년에 그 은행은 47퍼센트의 주식 배당금을 지불했다. 물론 이는 실질이윤이 아니라 투매와 시세 차익으로 생긴 것이다. 은행은 대규모의 산업 건설 계획을 세웠으며 나중에는 국가와 손잡기도 하였다.

페레르 형제의 은행은 유럽을 가로질러 동양까지 확장되는 철도 사업의 자금 공급에도 참여했다. 외국에도 지부가 설립되었다. 그러나 꼬리가 길면 밟히는 법이다. 크레디 모빌리에 은행에게는 은행업과 철도업에 있어서 사업상의 경쟁자가 있었던 것이다. 1866~67년의 경제 공황과 그에 따른 거래 시세의 하락 속에서 크레디 모빌리에 은행은 로트쉴트가(家)의 도전을 받았다.

그 이후 주식 거래소와 은행의 파산은 자본주의 경제에서 지속적으로 나타나는 현상이 되어갔다. 그러한 파산은 점차로 과잉생산 공황의 특징이 되어갔다. 유령 회사 시대의 투기 열풍, 1873년 빈의 거래소 붕괴, 같은 해 베를린에서의 투기 열풍, 1882년 교황의 축복도 아무 소용이 없었던 유니온 제너럴사의 파산, 제1차 세계대전 이후의 대공황, 1929년 뉴욕 거래소의 '검은 금요일' 등 투기 사건은 끝이 없었다.

사람들은 뉴욕 거래소에서 시세가 폭락했던 1929년 10월의 '검은 금요일' 사건을 지금도 기억한다. 유가 증권의 시세가 떨어지기 시작하자 엄청난 혼란이 일어났다. 1929년 10월 24일에는 1,280만 주의 주식이 매각되었고 5일 뒤에는 주식 거래소 및 보조 거래소에서 2,200만 주의 주식이 매각되었다. 그 주일의 마지막 하루에만 뉴욕 거래소에서 시세 차익에 의한 손실은 적어도 250억 달러에 달했다. 유사 이래 가장 큰 거래소가 파산한 것이다.

『신자유신문(Neue Freie Presse)』은 절망과 분노의 폭발 그리고 도처에 만연한 절망에 대해 보도했다. 어제까지만 해도 백만장자였던 사람들이 자신들이 지닌 호화 자동차와 값비싼 장식품들을 팔겠다는 신문 광고를 앞다퉈 냈다. 뉴욕의 전당포 업자는 쏟아져 나오는 물건을 감당할 수가 없어서 점포를 더 크게 늘렸다. 특히 극장가와 맨해튼은 돈을 구하려는 인파로 발 디딜 틈이 없었다. 위니베르셀 은행의 파산은 온 도시를 흔들 정도의 엄청난 지진이었다. 더 이상 그 어떤 것도 안정된 사업으로 보이지 않았고 매일 새로운 파산 소식이 들려왔다. 은행들은 차례차례 파산해갔다.

엄청난 세계적 경제 공황이 발생한 것이다. 이러한 경제 공황은 바이러스처럼 모든 자본주의 국가에 널리 퍼져갔다. 그러나 500억 내지 600억 때문에 수백만의 '소시민'을 가난하게 만들었던 뉴욕 거래소의 사건이 경제 공황을 일으킨 것은 결코 아니다. 그것은 단지 공황의 압력이 주식 거래에 영향을 미친 것에 불과했다.

과거의 번영에 열광했던 정치가와 경제 전문가 또는 은행가들은 생산과 시장 사이의 모순이 최고점에 이르렀다는 사실을 알아내지 못했거나 아니면 외면하려 했다. 소동이 일어나기 불과 몇 달 전까지 미국 대통령 후버는 빈곤과 실업이 곧 사라질 것이라고 주장할 정도였다.

그러나 이제 수백만의 노동자가 거리로 내몰려 실업자는 미국에서만 1,700만 명, 독일에서는 800만 명이나 되었다. 미국의 경우 계속 직장을 갖고 있던 사람들도 임금이 평균의 34~40퍼센트 수준으로 줄어들었다. 미국의 여러 도시에서는 잠잘 곳 없는 수만 명의 사람들이 남녀노소를 불문하고 땅굴이나 빈민 대피소 등에서 살았다. 농민들도 몰락하였고 모두들 공장 때문에 걱정이었다.

생산은 유례가 없을 정도로 축소되었다. 1932년을 기준으로 독일의 산업 생산은 1928년에 비해 58퍼센트로 떨어졌다. 가난과 빈곤이 거리를 휩쓸었지만 같은 시기에 미국과 아프리카에서는 면화가 과잉생산되었다. 브라질에서는 팔리지 않는 커피를 태워야 했고 아르헨티나에서는 옥수수를 불살랐다. 기계는 멈췄고 공장시설들은 방치되었으며 창고에는 상품들이 산더

미처럼 쌓여 있었다. 이러한 소동은 생산의 팽창과 소비자의 제한된 구매력 사이의 균형이 급격하게 파괴되었기 때문이다. 대중은 자기 스스로 생산한 그 수많은 것들을 살 수 없었다. 대공황을 보고 프레드 올스너(Fred Oelsner)는 지난 세기의 가장 큰 위기는 이에 비하면 부드러운 봄비에 불과했다고 기록했다.

〝 은행의 도산으로 사라진 시민의 돈 〞

1974년 6월 27일자 신문을 펼치다가 '검은 수요일' 사건을 접한 수많은 소액 예금자들은 얼마나 놀랐을까? 독일 내에서 가장 이름 있는 은행 가운데 하나였고 지점이 31개나 되던 퀼른의 헤어슈타트 은행이 바로 전날 도산한 것이다. 불과 몇 달 전까지만 해도 이 은행은 많은 이윤을 남긴 모범적인 대차대조표를 제시했다. 이 은행이 '대차대조표를 속여 작성하고' 있었다는 사실은 그 누구도 몰랐다. 명랑한 얼굴로 '우리 아빠는 왕이랍니다. 헤어슈타트 은행에 저축하시니까요!'라고 말하는 광고의 귀여운 소년을 의심했어야 했을까.

퀼른 시의 축제 준비 위원회 이사진이며 재정 담당이기도 했던 이 은행장은 도시의 축제가 라인 강변에서 열리면 만족스럽고 즐거운 행사가 될 수 있을지 근심했었다. 그런데 이렇게 시민들의 즐거움에 대해 걱정하는 인간이 어떻게 투기 사건에 가담하고 대차대조표를 위조하는 사기꾼이라고 의심할 수 있을까?

그런데도 이 유명한 금고에는 11억 9,455만 5,105마르크 75페니히가 비어버린 아주 커다란 구멍이 나 있었고 은행 창구들은 문은 닫아야만 했다. 격분한 고객들이 이 은행 본점 앞에 모여들기 시작했다. 위태위태한 상황이었다. 3만 5,000명이 넘는 채권자들이 하룻밤 사이 그들의 예금액을 몽땅 잃어버렸다. 헤어슈타트 은행의 경영자들이 이 예금들을 횡령한 것이다. 이들 예금 가운데는 노후를 위해 평생 열심히 일한 사람들의 전 재산도 들어 있었다. 이제 그들은 아무것도 의지할 것이 없게 되었다. 그들의 돈은 모두 사라져버린 것이다. 과연 그 돈은 어디로 사라져버린 것일까?

_ 달러와 함께 추락한 은행가

헤어슈타트 은행은 거만한 태도로 모든 것들을 감추어왔다. 사실 그 은행은 오래전부터 재정 압박을 받아왔고 이익금은 그다지 많지 않았다. 그래서 다른 은행들이 톡톡히 재미를 본 그 엄청난 사업에 손을 댄 것이다. 환율의 시세 차익을 노리는 외환업무는 당시 상도덕에 비춰볼 때 그다지 정당한 것은 아니었다. 그러나 그다지 어려운 것도 아니었다. 고객의 돈을 갖고 외환 시세의 변동을 조심스럽게 관찰하다가 가장 적절한 시기에 낙찰하면 순식간에 수백만 마르크를 벌어들이는 것이다. 즉 좋은 시기에 사들였다가 분위기가 고조되면 다시 내다 팔아야 했다. 달러에 대한 마르크의 환율이 1년 만에 떨어졌다는 사실 이를 테면 1달러당 3.5마르크에서 3마르크로 교환된다는 사실을 알고도 수익성 높은 외환업무를 하지 않을 사람은 없을 것이다.

외환업무에는 무엇보다 막대한 현금이 동원되어야 하는데 은행에게 이런 것은 문제도 아니었다. 비록 은행의 재산은 아니지만 은행이 관리하는 수백만 마르크가 있으니 이 돈으로 '사업'을 할 수 있기 때문이다. 만일 어떤 투기꾼이 100만 달러를 가지고 절상이 예상되는 독일 마르크를 1달러당 3.5마르크의 환시세로 구입한다면 그는 350만 마르크를 손에 쥐게 된다. 환율이 1달러당 3마르크로 변동된 뒤에(그것이 마르크화의 절상이든 아니면 달러화의 절하든 간에) 350만 마르크를 가진 소유자는 이것으로 116만 6,666달러를 살 수 있게 된다. 그는 자신의 돈을 그저 두 번 교환함으로써 대략 17만 달러의 수익을 얻는 것이다.

헤어슈타트 은행의 재정 전문가들은 달러의 시세 변동으로 이득을 보려 했다. 그들은 평범한 사업으로는 1년 동안 아무도 벌어들이지 못할 막대한 돈을 가지고 주저없이 위험한 돈놀이를 했던 것이다.

헤어슈타트 은행의 외환업무 담당자는 다니 다텔이었다. 그는 외환업무팀 직원들과 함께 일했다. 이들의 왼쪽 책상 위에는 달러를 매각하려는 런던 또는 뉴욕의 동업자들과 연결된 전화가 놓여 있었고 오른쪽에는 함부르크나 로마 또는 도쿄의 달러를 구입하려는 측과 연결된 전화가 있었다. 텔레타이프가 중요한 외환 거래소의 최근 외환 시세를 알려주면 곧장 믿을 수 없을 정도의 막대한 사업 결정이 쏟아져나왔다. 가격이 결정되면 거래가 성립된다. 곧이어 텔레타이프가 이 거래의 인준을 통보해오는데 그런 뒤에 이 계약의 완료를 업무 조사표에 기재하면 끝난 것이다. 모든 일이 이렇게 간단하게 처리되었다. 하지만 이 일이 잘못될 것이라는 것을 아무도 알 수 없었다.

이들 외환 업무의 수완가들이 큰 실수를 저지른 것이다. 그들은 1973년 말 계속 하락하고 있던 달러에 투자했는데 이는 완전히 잘못된 판단이었다. 그래서 그들은 이 일에서 예상되는 적자를 메우기 위해 달러가 다시 안정되고 환율이 오를 경우에 이익을 얻을 수 있도록 역거래를 성사시켰던 것이다. 그들은 달러가 마치 떠오르는 태양처럼 다시금 시세를 회복할 것이라고 확신했기 때문에 이제껏 그들이 판매했던 액수보다 훨씬 많은 막대한 액수의 달러를 구입했다. 그런데도 달러는 그 투기꾼들에게 호의를 베풀지 않았다. 달러 환율은 회복되지 않았고 오히려 계속 하락하기만 했다. 이제와서 손을 떼고 다른 일을 시작하기에는 너무 늦어버렸다.

이제 쾰른의 재정 전문가들은 완전히 망해버린 것이다. 그렇지만 이 정도에서 끝난 게 아니다. 노름이나 포커 따위는 모두 사기와 마찬가지다. 그들은 외환 거래에서 발생하는 손실을 철저히 비밀에 부쳤다. 모든 손실에도 불구하고 자기 몫을 챙기기 시작한 것이다. 이미 끝난 외환 거래가 조작된 환율에 맞춰 거래 중인 것처럼 꾸며졌다. 이런 사기극은 취리히의 에코 은행과 공모하여 진행되었다.

그리고 방대한 양의 환거래 업무들이 장부에 기록되지 않았고 수십억 마르크에 이르는 거래들은 컴퓨터의 '삭제 버튼'으로 행방이 묘연해졌다. 왜냐하면 늘 그렇듯이 관계자들은 은행을 위해서라기보다는 바로 자신들의 이익을 위해 이 수익성 높은 외환업무에 몰두했기 때문이다. 그래서 많은 액수가 스위스나 룩셈부르크의 가공 인물들에게 흘러들어갔다. 8,000만 프랑이 넘는 돈이 스위스의 은행으로 들어갔다.

_ 금융 사건의 피해자와 가해자

이 '불쌍한 투기꾼들'에 대해 신문들은 다른 경우와 마찬가지로 동정적인 논조를 보였다. 논평들은 이런 종류의 다른 사건들을 다룰 때와 마찬가지로 상투적인 어조였다. 그래서 『쾰르너 슈타트안차이거(Kölner Stadtanzeiger)』는 이반 헤어슈타트가 머지않아 빈털터리가 될 것이며 그의 아들에게 물려줄 재산도 다 날릴 것이라고 보도했다. 또 『엑스프레스(Express)』는 집달리가 은행장의 집에서 저당 잡을 만한 것을 찾지 못했다는 슬픈 소식을 전하기도 했다.

언론들은 파산자들이 이미 이전에 많은 이익을 거두어 감춰두었다는 사실을 모른 척하고 있었다. 그들 파산자들의 대차대조표에 의하면—이 장부 역시 숫자를 낮춰서 기록하고 있겠지만—헤어슈타트는 1973년 한 해에만 은행의 이익에서 개인적으로 106만 마르크나 되는 돈을 착복했다고 한다. 그는 파산을 예견하자 자기 어머니와 세 자녀 앞으로 된 계좌들을 모두 정리했다. 그러면 다른 사람들은 어떻게 했을까? 다니 다텔은 헤어슈타트 은행 본사에만 350만 마르크의 금괴를 예치해 놓았고 열 군데나 되는 곳에 금괴를 보관해 놓았으며 그것들은 모두 1,250만 마르크어치는 될 것이라고 발라프와 엥겔만이 밝혀냈다. 그리고 이 은행의 대주주인 게를링은 파산되기 직전에 아주 좋은 돈벌이를 할 수 있었다. 그는 곧 파산할 이 은행의 부동산을 매각하였다. 물론 그것을 사들인 것이다. 처음에는 별개의 다른 사업처럼 보였지만 파산 뒤에는 모두 같은 사업임이 드러났는데 게를링은 그의 보험회사 콘체른 가운데 한 보험회사를 통해 금을 사들임으로써 100만 마르크의 이익을 얻으며, 이 거래를 통해 자신이 이 은행을 빨리 양도받을 수 있었다. 100만 마르크를 벌기 위해 게를링은 전화로 몇 마디 했을 뿐이다.

  게를링, 헤어슈타트, 다텔 등 파산한 투기꾼들은 사실상 손해를 본 것이 없다. 그들이 날려버린 돈은 모두 고객의 돈이었다. 다시 말하면 헤어슈타트 은행에 수억 마르크를 예금했던 예금주들만 모든 손해를 뒤집어썼던 것이다. 비록 예금주들이 실제로 예금을 잃어버린 것은 아니지만 은행의 손실을 메우느라고 그들이 예금 당시 기대했던 이자는 거의 돌아오지 않았다.

  결국 손실은 국가 재정이 부담했고 다시 모든 납세자들에게 전가되었다. 투기꾼들은 손실에 대해 아무런 책임도 지지 않았다. 그들은 모든 간사한 계획을 총동원해서 그들이 원한 것을 이룬 셈이다. 운이 없어 외환 거래에는 실패했지만 아무튼 자신의 재산을 잃어버린 것은 아니었다. 손해는 예금주와 납세자들이 뒤집어썼고 이 금융 사건에서 사기를 당한 것도 이들이었다. 그러나 사기꾼들은 상류사회의 일원이었다. 은행가들이나 재벌 총수들은 경제 성장과 사회 복지에 기여했다는 공로를 인정받는 소위 '자유기업주의'의 추종자들이었다. 어느 누가 이 떠들썩한 파산에 형사상의 처벌이 뒤따라야 한다고 주장할 것인가?

_ 관련자들은 어떻게 이 사건을 모면했는가

투기꾼들이 재판을 받게 되기까지는 5년의 세월이 흘렀다. 1979년 5월 23일에야 비로소 재판관 호르스트 뢰첸이 독일의 '법제사상 가장 방대한 경제 범죄 공판'을 열었다. 그는 이 재판을 헤어슈타트와 다른 7명의 동업자들을 재판하는 것이라고 규정했다. 재판관이 어떤 식으로 재판을 진행했든 간에 판결은 결국 형식뿐인 재판을 더욱 재미있게 해줄 뿐이었다.

불법적인 외환 거래를 시인한 한스 게를링은 재판이 시작될 때부터 피고인 명단에서 빠져 있었다. 이 백만장자를 피고석에 앉혀야 한다는 요구를 법률의 힘으로 무시해버린 것이다.

그러나 그가 증인으로 소환됨으로써 재판에 관련된 모든 논란은 일단락되었다. 1983년 6월 게를링은 법정의 명령을 따르는 대신 의학박사 피회페가 써준 건강 진단서를 보내왔다. 나중에 가택 수색을 한 검사와 경찰 측의 보고에 따르면 그가 심장발작으로 투병 중이라는 진단은 "현실적으로 도저히 불가능한 진단"이라는 것이었다. 게를링의 변호사는 텔레타이프를 통해 소환 중지를 요청해왔다. 변호사는 자신의 의뢰인인 게를링이 비록 이사회나 간부 회의 등에는 익숙하지만 법정 안에서 종종 '언성을 높이는' 증인 심문은 그에게 위협적이며 건강에 좋지 못하다고 주장했다. 그리고 은행이 도산하는 바람에 많은 자본을 투자했던 게를링은 큰 손해를 입고 '깊은 마음의 고통을 받고' 있다는 것이었다. 그래서 그가 대중 앞에 나서는 것은 아직 부담이 되리라는 것이었다.

그 외에도 처음부터 피고석에 앉아 있어야 할 많은 사람들이 빠져 있었다. 그 가운데 외환 거래 담당자인 다니 다텔만 자기 죄의 대가를 받았다. '정력적이고 사랑스러운 친구'로 불렸던 그가 갑자기 병이 들었던 것이다. 정신과 의사는 그가 악성 정신병에 걸려 '우울증, 만성 노이로제 그리고 구금성 정신병의 초기 단계'에 놓여 있다고 진단했다. 또 고소장만 1,200여 페이지에 달하는 방대한 이 사건의 재판에 앞서 판사와 변호사는 헤어슈타트의 기소에 대해 1주일 동안이나 논의했고 결국 그의 심장병을 구실로 그에 대한 심리를 기각했다. 헤어슈타트의 주치의는 그가 심근경색에 걸릴 가능성이 있다고 보고했다. 그래서 아주 건강한 은행장은 쾰른 교외에 있는 그의 호화판 별장으로 돌아갔다.

결국 재판은 주범들이 모두 빠진 채 진행되었다. 3년에 걸친 재판 과정 동안 눈에 보이는 결과라고는 아무것도 없었다. 원래의 주된 재판은 속행되지 못했다. 다만 편파적인 고소와 감정적인 판결 등의 문제들만 다뤄졌다. 16명이나 되는 막강한 변호사들은 재판장 뢰첸의 사퇴를 요구했다. 뢰첸은 뒤셀도르프의 공인회계사에게 헤어슈타트 은행이 맺은 계약들에 대한 감사를 의뢰했는데 이 감사를 통해 많은 계약들이 게를링에게 유리하게 체결되었다는 사실이 밝혀졌다. 한편 재판부 중 에게르트 판사는 편파적인 판결을 내린다는 혐의로 검찰 측에 의해 고소당했다. 그는 피고인들과 정기적으로 가진 테니스 시합에서 재판상의 비밀을 누설했다.

이 재판의 주심리는 이런저런 속임수로 교묘하게 연기되었다. 피고인들이 비싼 대가를 지불한 은행 측 변호사들은 자신들의 재능을 유감없이 입증해 보였다. 변호사들의 목표는 현실적으로 그다지 불가능한 건 아니었다. 1984년 6월 26일까지만 판결을 지연하면 되기 때문이었다. 그때가 되면 은행이 도산한 지 꼭 10년이 되고 이 사건은 공소시효가 만료되어 독일 법에 따라 사기나 횡령에 대한 어떤 소환 요구도 모두 사면되기 때문이었다. 그러나 공소시효를 얼마 남기지 않아 헤어슈타트는 느닷없이 속죄하겠다고 나섰다. 그는 1984년 2월에 4년 6개월의 금고형에 처해졌다. 비록 그가 카프리 섬에서 해수욕을 즐기는 모습이 사람들의 눈에 띄기는 했지만 서류상으로 일흔 살이 넘은 중환자인 그에게는 어떤 처벌도 가할 수 없었다.

그러는 동안 이 재판과 관련해서 아주 깜짝 놀랄 만한 일들이 세상에 알려졌다. 1981년 11월에 『한델스블라트』는 다음과 같이 보도했다. '전후 독일에서 가장 큰 은행 도산 사건이었던 쾰른의 헤어슈타트 사건 재판에 계류 중인 6명의 피고인들에게 기뻐할 만한 일이 생겼다. 3년 반에 걸친 이 거대한 사건의 재판 과정에 쾰른 지방법정의 제16형사 대법정은 이들이 맡긴 500만 마르크 이상의 보석금과 몰수했던 이들의 공민권을 모두 되돌려주라고 판결했다.'

_ 예금자를 기만한 은행과 법정

그러나 법정은 이런 모험적인 외환 투기로 인해 죄 없이 손해를 봐야 했던 예금자들에게는 전혀 호의를 베풀지 않았다. 예금자들은 자신들의 권리를 위해서는 싸워야 한다는 것을 깨달았다. 그래서 그들은 '헤어슈타트 은행 예금자들의 이익 단체'를 결성하였고 독일 정부를 고소했다. 그들은 은행감독원이 관리 의무를 소홀히 했다고 비난했다. 쾰른 은행 사건이 터지기 전부터 이미 많은 문제를 안고 있었던 것이 분명한데도 감독관이 예금자들의 이익을 위해 적절한 조치를 취하지 않았다고 주장했다.

본의 지방법원은 1976년 5월에 은행감독원이 개별 예금자들에 대한 직무유기죄를 저지른 것은 아니라는 견해를 표명했다. 따라서 손해배상 청구는 기각되었다. 1년 뒤에 속개된 항소심에서 쾰른의 고등법원도 이 견해를 계속 견지했다. 그러나 2년 뒤 재개된 연방재판소 심리에서는 은행감독원이 은행의 예금자들에 대해 손해배상 책임이 있다고 판결하였다. 이 심리는 쾰른의 고등법원으로 다시 보내졌다. 그러나 헤어슈타트 예금자들이 고소한 이후 6년이 흘러서야 1981년에 '증거조사'가 시작되었다. 다침내 배심원들은 이 고소가 완전히 기각되었다는 결정을 통보했다. 헤어슈타트 은행의 예금주들은 또 다시 기회를 잃은 것이다. 그것은 은행감독원이 직무유기죄를 저질렀다는 것을 예금자들이 입증하는 데 실패했기 때문이었다. 헤어슈타트 은행의 외환 거래의 부당성을 알고 있었던 곳은 오로지 연방은행뿐이었지만, 연방은행은 감독의 의무가 없었다. 그래서 연방은행은 어떤 책임도 추궁받지 않았다. 은행감독원은 헤어슈타트 은행이 몹시 '돈에 쪼들리는' 상황이라는 것을 알고 있었지만 일단 헤어슈타트의 변명을 믿었으며 다른 한편으로는 공인회계사에게 이 은행의 외환 거래 업무를 관찰하라고 위임했을 뿐이었다.

결국 많은 사람들이 이 사건에 대해 잘 알고 있었지만 아무런 효과적인 조치도 취하지 않았다. 그것은 단지 그런 일들이 법적으로 전혀 문제가 되지 않기 때문이었다.

은행의 파산에서 시작해서 재판의 파탄으로 끝난 이 거대한 실패작에 대한 책임은 불성실한 은행가와 돈에 눈먼 투기꾼, 줏대 없는 재판관과 영리한 변호사들에게 있었다. 헤어슈타트 사건처럼 떠들썩한 경우를 제외하곤 회사가 도산하는 사건들은 이제 일상의 일이 되어버렸다. 쾰른에 있는 이 은행을 둘러싼 스캔들은 모든 사람들에게 누가 승자이고 누가 패자인가를 명백하게 보여주었다.

환전업이나 은행 및 신용 제도들이 발달할수록 가장 거대한 도박이나 사기가 될 가능성도 커진다. 따라서 가격이 오르는 물건을 사들이는 사람의 '놀라운 판단력'이 칭찬받으리라는 것은 확실하다. 그리고 똑같은 이유에서 사들인 물건의 값이 떨어지면 '건전한 이성이 완전히 결여되었다.'고 비난받으리라는 것도 확실하다.

이에 대한 적절한 처방을 한 사람이 있다. 그 이름이 지금도 미국 굴지의 은행 이름으로 사용되고 있는 J. P. 모건(John Pierpont Morgan, 1837~1913)이다. 그는 한 친구로부터 '연합철강'의 주식을 매각하는 것이 어떨까 하는 문의를 받았을 때 "아주 좋은 생각인데! 팔아버리게!"라고 대답했었다.

그 뒤 그 친구가 또다시 이렇게 물었다. "나는 그 주식을 파는 대신 오히려 매입하기로 마음먹었네! 자네 생각은 어떤가?" 그러자 모건은 다음과 같이 대답했다. "아주 훌륭해. 그 생각은 더 좋은 생각이구먼." 주식 투자란 항상 성공과 실패의 가능성을 안고 있는 것이며 성공의 해답은 아무도 모른다.

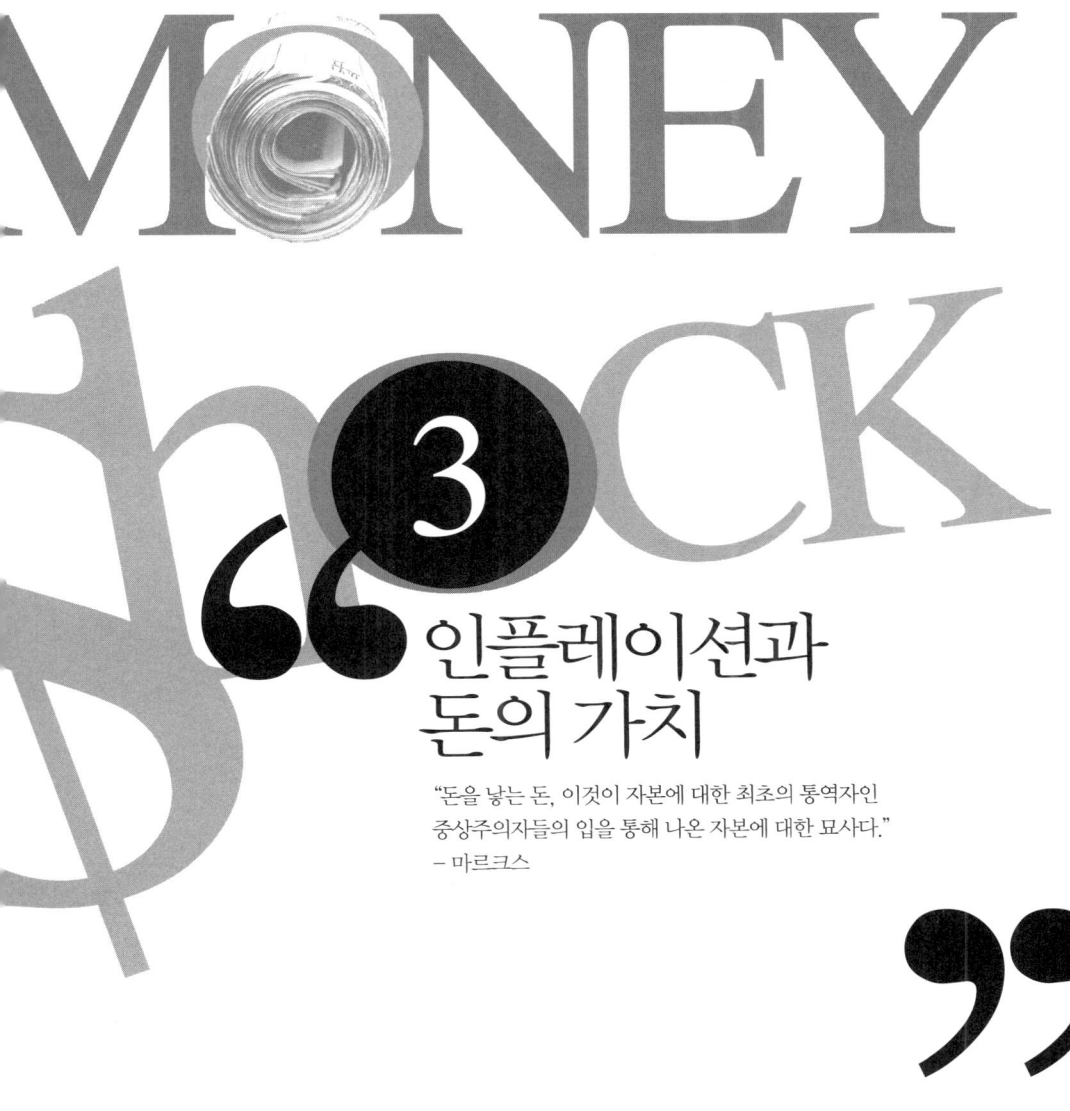

MONEY Shock

3
인플레이션과 돈의 가치

"돈을 낳는 돈, 이것이 자본에 대한 최초의 통역자인 중상주의자들의 입을 통해 나온 자본에 대한 묘사다."
– 마르크스

　　　　　두 명의 여행자가 사막에서 길을 잃고 헤매고 있었다. 양식도 다 떨어져 기진맥진하고 있을 때 그들은 우연히 대상(隊商)들이 지나간 길을 발견했다. 허기진 그들은 그 길을 따라 기다시피 걷다가 길 위에 놓인 큰 자루를 발견했다. 그들 중 힘이 더 센 사람이 자루를 열었다. 그러나 그는 기쁨의 환호 대신 실망스런 탄식을 뱉어냈다. 그 자루에는 금이 가득 차 있었던 것이다. 정상적인 조건이라면 이 금은 거대한 부를 의미했을 것이다. 그러나 사람이 전혀 살지 않고 금으로 아무것도 살 수 없는 사막에서 금이란 사막의 모래만큼이나 쓸모없는 것이었다.

_ 아라비아 동화에서

💬 돈의 가치에 대한 몇 가지 오해

화폐의 본질은 수많은 사람들에게 늘 커다란 수수께끼 같은 문제였다. 화폐의 형태들이 다양하기 때문에 그 본질이 은폐되어왔고, 끊임없이 형태를 바꿔 사람들을 어리둥절하게 만들었다. 가격 변동과 금의 과잉, 지폐의 증대, 심각한 화폐 부족 등과 같은 현상들은 '화폐를 지니면 많은 것을 얻는다. 화폐는 곧 부 그 자체이다.' 라는 우리의 단순한 믿음에 대해 다시 생각하도록 했다. 앞쪽에 있는 아라비아 동화는 그런 믿음의 오류를 그 어떤 학문적인 글보다 더 잘 지적해주고 있다.

일반적 등가물로서 화폐는 다른 모든 상품의 가치를 표현할 수 있는 수단이다. 그러나 상품의 가치를 측정할 수 있으려면 화폐 자체가 측정될 수 있는 성질을 지녀야 한다는 절대적인 전제를 충족시켜야 한다. 이는 화폐가 다른 상품과 마찬가지로 상품의 공통적 속성을 지녀야 한다는 것을 의미한다. 따라서 오직 화폐상품만이 '완전한' 화폐일 수 있으며 그 상품의 가치는 생산에 투하된 사회적 필요노동시간에 의해 규정된다.

하찮은 종이 조각이나 단순한 숫자들로 가치를 측정할 수 있으므로 화폐상품과 화폐를 분리시킬 수 있다는 가정은 근거가 빈약하다. 계산상의 수치는 결코 추상적인 인간노동의 가치를 측정할 수 없으며 다만 가치를 상징하고 표현할 수 있을 뿐이다. 계산상의 수치나 가격인 숫자는 이미 측정된 결과물일 뿐이다. 물론 가격은 비교될 수 있다.

자연의 등가물에서 금화, 은화를 거쳐 상업어음, 신용화폐, 국가가 발행하는 지폐, 장부상의 화폐에 이르기까지 화폐 형태는 다양하게 변화되어 왔지만 이것이 화폐의 본질까지 변화시킨 것은 아니다. 법적 권위를 부여받은 종이 조각이나 장부상의 숫자만 있다면 더 이상 화폐상품은 필요없을 것이라는 생각은 그저 가상일 뿐이다. 실제로 직접적인 상품의 유통과정에서는 화폐상품이 불필요해졌지만 사적 상품 생산체계를 유지하는 데도 불필요해진 것은 아니다. 사적 생산체계에서 화폐상품(금)의 유통이 이루어지지 않고 그 대리자만을 사용한다고 해서 더 이상 화폐상품이 아무런 역할을 하지 않는 것은 아니다. 화폐상품은 상품경제의 '대부'로 배후에서 가치를 측정하고 보존하며 필요한 경우에는 불균형을 수정하는 역할을 한다.

그 자체는 아무런 가치가 없으면서도 금이 하듯이 가격을 형성하는 지폐는 여전히 화폐상품의 대리인이다. 지폐는 화폐상품과 분리될 수 없으며 또한 독립적으로 화폐의 모든 기능을 수행할 수도 없다. 지폐를 화폐상품과 일정 비율로 교환할 의무가 없는 경우에도 사정은 마찬가지다. 지폐의 숫자에는 가치를 측정하는 데 절대적으로 필요한 전제 즉 가치가 결여되어 있다. 따라서 지폐의 숫자는 그에 상응하는 화폐상품인 금의 무게와 가치를 대변한다.

예나 지금이나 가치를 측정하는 일은 화폐상품 자체의 과제이지 결코 화폐상품의 대리인에게 떠넘길 문제가 아니다. 그러나 현실에서는 화폐의 대리자인 지폐가 교환을 중개하며 그 이름으로 가격이 형성되고 계산되기 때문에 이런 사실이 은폐되는 것이다. 그래서 화폐의 종류가 다양해지고 화폐의 질이 떨어지는 그런 시대에는 특히 화폐상품의 양을 표현하는 안정된 계산 단위가 요구된다.

북부 이탈리아와 네덜란드, 독일의 도시들에서는 '방코(Banco)' 단위가 이런 역할을 하였다. 방코는 다만 적은 양만이 발행되었으나 화폐상품의 가치를 측정하는 기능을 제대로 수행했으며 화폐의 가치 하락으로 인한 손실을 막았다. 이를테면 함부르크 지로 은행의 방코 마르크(1619년)는 8.66g의 순은으로 계산되었다. 금화나 은으로 예금한 것은 방코 마르크로 환산되었고 예금된 양에 따라 순은으로 지불이 보장되었다. 또한 달러, 프랑, 마르크, 파운드 스털링과 같은 대표적 지폐들도 화폐상품을 그대로 수량화한 것이다. 이 지폐들은 금의 무게와 그 가치에 대해 새로운 이름을 붙인 것이며 화폐상품의 중량 척도(그램, 온스 등)를 그대로 대신하고 있을 뿐이다.

어쨌든 지폐는 화폐상품이 어느 정도로 유통되느냐에 따라 화폐상품의 가치를 대표한다. 따라서 이러한 대표 관계는 준비된 금과는 아무 상관이 없다. 또한 중앙은행과 '국제통화기금'의 금고에 옥수수 한 톨만큼의 금이 있는지는 가치척도의 기능 면에서는 중요하지 않다. 나아가 태환지폐의 유통 규모는 화폐상품의 가치를 상징적으로 표현하고 있다. 다시 말해 보다 많은 양의 지폐가 발행될수록 일정한 지폐 액수보다 적은 화폐상품의 가치를 상징하며 지폐의 양이 적어질수록 일정한 지폐 액수가 보다 많은 화폐상품의 가치를 상징한다.

따라서 화폐는 가치를 측정하고 상품을 유통시키는 특수한 상품이며 지불수단이자 가치 저장의 수단이다. 화폐상품의 유통수단의 기능은 여러 화폐 상징물이 대신하기 때문에 가치척도의 기능을 수행할 경우에도 구체적으로 모습을 드러낼 필요는 없는 것이다.

쥐똥으로 인도 후추를 살 수 있는 능력

화폐는 단지 화폐상품에 종속된 역할을 하는 것에 불과한데도 중세의 이론가들은 어째서 화폐를 부의 화신이나 또 바람직한 목표라고 생각할 수 있었을까? 이른바 '통화주의자' 또는 '중상주의자'라고 불리는 사람들은 '부, 그것은 곧 화폐다.'라고 신앙고백함으로써 수백 년 동안 인간의 사고를 지배해온 화폐에 대한 복음을 선포하였다.

금에 대한 탐욕은 모든 사람들로 하여금 황금의 성배를 찾아 해외로 나가도록 내몰았다. 화폐에 대한 열망은 쉽게 가라앉을 수 있는 것이 아니었다. 물가의 상승이 그런 열망을 더욱 부추겼다. 초기 자본주의의 경제 체제는 귀족의 지위를 매우 불안하게 만들었으며 대봉건영주들도 몇몇 대화폐 자본가들의 도움을 빌어 비로소 권위를 유지할 수 있었다. 상품 생산이 점차 자연경제를 몰아냈으며 국내 시장과 세계 시장의 중요성이 증대되었다. 화폐를 가져야만 사치품들을 구입할 수 있었기 때문에 화폐에 대한 봉건영주들의 요구는 더욱 늘어갔다.

상품경제가 뚜렷하게 확립될수록 금에 대한 요구는 더욱 강해졌다. 그러나 다른 한편 상품 생산이 보편화되지 못하고 여전히 자연경제가 더 지배적이었기 때문에 화폐를 획득하기는 그만큼 어려웠다. 따라서 '부, 그것은 곧 화폐다.'라는 생각은 더욱 굳어졌다.

초기 자본주의에서는 상품 생산 형태가 아직 미약했기 때문에 자본가들은 봉건계급과의 동맹에 의존했다. 화폐와 자본을 벌 만한 수익성 있는 투자대상이 많지 않았기 때문에 자본가들은 봉건영주로 하여금 그들의 화폐를 이용하게 만들었다. 그러나 그 용도에 대해서는 자본가들이 간섭할 수 없었기 때문에 채무자인 귀족이 몰락하면 그들 역시 파산의 위험에 놓이게 되었다. 어쨌든 그 시점에는 봉건주의와 자본주의가 서로를 필요로 하는 것처럼 보였다. 화폐가 양자 사이의 유대를 결속시켰다. 그러나 동시에 화폐는 이러한 유대를 파괴하였다.

이런 상황에서 화폐를 추구하는 것은 당연했다. 오로지 화폐만이 상품생산을 계속 발전시키고 교환을 확대시키며 상업을 촉진하고 세계 시장을 형성할 수 있었다. 단순상품생산의 관점에서 '좀도 슬지 않고 녹도 슬지 않는 영원한 부를 형성하는 것'은 중요했다. 화폐와 더불어 자본주의 생산의 중요한 전제조건이 형성된다.

"화폐를 낳은 화폐, 이것이 자본에 대한 최초의 통역자인 중상주의자들의 입을 통해 나온 자본에 대한 묘사다."라고 마르크스는 말한 바 있다. 화폐는 이제부터 그저 축적되기만 하는 것이 아니라 다시금 유통과정에 들어간다. 그 유일한 목적은 화폐를 증식하기 위한 것이다. 기술, 협업, 생산, 상업의 급속한 성장은 이러한 목적이 가져온 빛나는 '부수적 성과'다. 화폐에 의한 화폐 증식은 자본주의의 촉진이라는 '역사적 사명'을 수행했다. 화폐는 그동안 해온 종속적 역할에서 벗어나기 시작했다. 화폐는 목적 그 자체가 되었다. 이제 끊임없이 화폐를 증식시키는 일이 관건이 된 것이다.

부르주아계급의 중심지인 런던에서 커다란 영향력을 행사하던 토마스 먼(Thomas Mun, 1571~1641)을 당시 사람들은 재능 있는 뛰어난 상인이자 '상술가'라고 칭찬하였다. 그는 단시일 내에 부자가 되었으며 확고한 명성을 얻었다. 그는 1615년에 동인도회사의 중역으로 발탁되었다. 토마스 먼은 중상주의 사상의 대표작인 《외국무역에 의한 영국의 재화(England's Treasure by Foreign Trade, 1664)》를 저술하기도 했다. 그에 의하면 중상주의의 근본 사상은 화폐-금-은이 곧 부라는 것이다. 이러한 부는 외국과의 무역을 통해 증대된다. 따라서 수출 초과라는 분명한 목표가 대두되었다. 더 비싸게 팔기 위해 사들이는 것은 진정한 중상주의의 신조였다. 민중들은 입을 모아 빈정거린다. "쥐똥으로 인도 후추를 살 수 있는 상인보다 더 훌륭한 상인은 없다." 생산과 수출을 통해 교묘하게 파는 것, 이것이 부를 낳는 근본 미덕이었다.

_ 부는 곧 화폐 축적이라는 믿음의 한계

그러나 화폐 자체를 부와 동일시하는 것은 오류다. 화폐란 단지 현실적인 부를 반영할 뿐이다. 풍부한 물질적인 재화는 있으나 건강-교육-문화와 같은 비물질적인 요소가 없다면 화폐는 완전히 무의미하며 인간의 욕구를 충족시켜줄 수 없다.

그렇지만 상품경제가 발전된 사회에서는 부에 이르는 길을 열어주는 화폐가 최고의 지위를 차지한다. 자본주의 사회에서는 모든 것이 화폐의 증식을 중심으로 전개된다. 실제로 더 많은 화폐는 더 안락한 생활을 보장해준다.

단적으로 수백만 톤의 금과 귀금속이 있더라도 상품 하나 없이 그저 헐벗고 굶주리고 병든 사람들만 사는 사회라면 가난한 사회라고 할 것이다. 반면 금과 진주가 없더라도 다양한 욕구를 충족시켜줄 상품이 풍부한 사회는 부유한 사회일 것이다. 물론 이것은 극단적인 대비이고 불완전한 예다.

상품 생산 과정에서 화폐는 부의 한 측면 곧 가치척도라는 측면을 보여준다. 따라서 부의 가치척도인 화폐는 물질적인 부가 늘어나는 만큼만 의미를 갖는다. 그러나 자본주의 사회는 모든 것을 반대로 돌려놓는 재주를 부린다. 이를테면 실제적인 부가 아니라 가치를 표현하는 화폐를 사용하거나 증대시키기 위해 노력하는 것이다. 전쟁 준비는 화폐를 위해 부를 무의미하게 소비하는 가장 분명한 실례이다.

그런데도 이처럼 잘못된 부의 개념은 역사적으로 정당화되었고 그것이 옳았던 시대도 있었다. 자본주의 '초창기'에는 봉건적 토지 소유가 권력이었으며 많은 토지와 가축이 부를 표현했다. '부, 그것은 곧 화폐다.'라는 말은 자연경제로부터 화폐를 갈망하는 상품경제로 이행하는 것을 반영하고 있을 뿐이다. 왜냐하면 그 당시는 상품 생산이 아직 낮은 수준의 단계였기 때문이다. '부, 그것은 곧 화폐다.'라는 말은 잉여가치와 화폐 증식에 대한 신생 부르주아계급의 관심을 보여준다.

그러므로 당시에 그런 오류는 오히려 진보적인 것이었고 축복이 가득 한 것이었다. 왜냐하면 이는 단순히 고통스러운 원시의 축적 과정을 반영할 뿐 아니라 새로운 자본주의 사회의 탄생을 촉진시켰기 때문이다.

이 과정은 산업과 해군력 및 상업의 발전을 부를 증대시키는 가장 중요한 수단으로 여겼던 영국 같은 곳에서 더 급속히 진척되었다. 농부가 땅에서 옥수수를 키우는 것처럼 상인은 국경을 넘나들면서 화폐를 창조해야 하고 외국의 상품을 사들여 곧바로 혹은 가공한 뒤에 이익을 붙여 다시 팔아야 한다. 이런 과정에서 국가는 보다 많은 화폐를 비축하기 마련이다. 화폐의 획득만이 문제라면 무역의 차액으로 생긴 흑자는 좋은 징조일 것이다. 실제로 무역 흑자는 화폐를 증대시키고 생산을 촉진시키는 경향이 있다. 무역 흑자는 초기 자본주의 경제의 목표로 설정되었고 그 목표는 달성되었다.

그러나 이 시대에 타당했다고 하여 모든 시대에 타당한 것은 아니다. 상품 수출 대신 주로 자본 수출이 이루어지는 독점자본주의로 이행하면서 사정은 달라졌다. 갈수록 자본 수출은 경제적 능력의 지표가 되었다. 외국에 투자하는 것은 투자를 저해하는 국내 문제를 잠정적으로 해결하는 방식일 수도 있다.

한편 무역 흑자가 국내의 화폐량을 증대시켜 인플레이션을 가져올 가능성이 높다는 것도 간과해서는 안 된다. 수입보다 수출이 더 많다는 것은 결국 소비의 제한과 복지의 포기를 의미할 수 있다. 또 다른 나라와의 무역에서 계속 흑자를 얻는다면 상대 국가는 심각한 지불 위기에 빠질 수도 있다. 이러한 지불 위기는 국제적인 경제 마찰과 정치적 불화를 끊임없이 일으키는 원인이 된다. 더욱이 모든 나라가 흑자를 얻을 수는 없다. 한 나라의 흑자는 결국 다른 나라의 적자다. 따라서 다른 나라를 희생시켜 국가의 부를 증대하려는 것은 상대국을 영원히 채무국으로 만들려는 것과 같다.

〝 1조 원을 가진 가난뱅이 〞

러시아의 표트르 1세(Pyotr I, 1672~1725) 당시 농부가 토지와 가축 또는 마구간을 구입하려면 그저 몇 루블만 있으면 되었다. 그러나 대부분의 농부들은 이런 돈 몇 푼조차 없어서 결국 빌려야만 했다.

'페드카는 작년에 60루블을 벌었다. 그는 새집을 설계하고, 마구와 새 쟁기를 사고 싶었다. 또 종자도 필요했다……. 그는 37루블 50코페이카를 빌렸다.' 빌린 돈을 갚지 못할 경우에는 심하게 매를 맞았다. "그들은 어젯밤부터 두들겨 맞았어요. 두 명의 하인이 한 명씩 맡아 마구 두들겨 팼죠. 주인님이 하인들에게 가차 없이 때리라고 명령했기 때문이죠."라고 셍카가 대답했다.'

_ 톨스토이, 《표트르 1세》

가난뱅이가 하루에 수백만 루블을 벌 때도 있었다. 하루의 수입을 손수레에 실어 날라야 할 지경이었다. 그러나 그 많은 돈으로도 굶주리지 않을 만큼의 음식을 살 수는 없었다. 도대체 어떻게 된 일인가? 어째서 1년에 60루블을 벌 때나 하루에 수백만 루블을 벌 때나 여전히 굶주려야 하는가 라는 문제는 많은 사람들에게 풀리지 않는 의문이었다.

그것은 구매력과 가치척도의 문제다. 화폐상품의 경우 화폐의 상품 구매력은 화폐상품의 가치 크기에 달려 있다. 다시 말해 화폐상품의 가치가 높을수록 더 많은 양의 가치를 구입할 수 있다.

지폐나 주화와 같은 화폐상징물의 경우 화폐상징물과 화폐상품 사이의 교환 비율에 따라 그 상품 구매력이 결정된다. 따라서 단위지폐가 대리하는 화폐상품의 가치가 작을수록 이 화폐 단위의 상품 구매력은 더욱 작아진다. 그리고 그 역도 성립한다. 대규모의 인플레이션은 '주화의 평가절하나 지폐를 발행함으로써 국가의 부가 증대될 수 있다는 가정이 얼마나 잘못된 것인가'를 증명해 준다.

_ 1달러 대 4조 2,000억 마르크

　1923년 7월 22일 런던의 일간지 『데일리 메일』의 베를린 통신원은 편집자에게 다음과 같은 기사를 보냈다. '어제 한 카페에서 1만 4,000마르크하던 햄 샌드위치가 오늘 2만 4,000마르크에 팔리는 것을 보고 깜짝 놀랐다.' 이 기사는 지폐의 마력과 은행권의 기적이라는 상투적 관념이 무너진 당시의 대규모 인플레이션 상황을 보여준다. 물가는 아주 빠르게 아찔할 정도까지 치솟았다.

　1923년 10월 말 『뉴욕 타임스』에 다음과 같은 기사가 실렸다. 베를린의 어느 작은 식당에서 한 외국인이 1달러짜리 지폐를 흔들어 보이면서 식단표에 있는 음식들을 1달러만큼 달라고 했다.

　그런데 식단표의 음식이 모두 나왔고 그는 배가 너무 불러 더 이상 먹을 수 없을 지경이 되었다. 그만 돌아가려고 일어서는데 웨이터가 수프 한 접시와 정식 요리를 더 가져다주면서 공손히 말했다. "방금 달러 값이 이 음식 값만큼 또 올랐습니다."

　11월 15일에는 빵 1파운드를 800억 마르크에 겨우 살 수 있었고 고기 1파운드를 구입하려면 9,000억 마르크를, 또 맥주 한 잔에는 2,080억 마르크를 내야 했다. 이런 상황에서 마르크를 자기 손에 움켜쥐고 있으려는 사람은 바보였다. 이렇듯 빠른 속도로 가치가 하락하는 시기에 현금을 갖고 있으려는 사람은 아무도 없었고 또 그럴 수도 없었다. 아무도 은행에 예금하지 않았고 수표로 지불하기도 어려웠다. 왜냐하면 수표를 받아 현금으로 바꾸는 사이에 틀림없이 화폐의 구매력이 더 떨어질 것이기 때문이었다. 따라서 은행과 정부는 모든 대금을 현금으로 지불해야 했다.

　1923년 12월에는 임금과 보수를 일당으로 지불해야 했다. 누구라고 할 것 없이 사람들은 빨래 바구니와 손수레 또는 유모차에 돈을 가득 담아 가지고 이 돈을 쓰기 위해 재빨리 가게로 몰려갔다. 하루에 물가가 거의 두 배씩 뛰어올랐다. 인쇄기가 빠른 속도로 돌아갔다. 새로 찍은 화폐는 차로 수송되었다. 얼마 되지 않아 가장 가난한 노동자조차도 1조 마르크를 소유하게 되었다. 그러나 그는 그 돈으로 아무것도 살 수 없었다.

미국의 신문들은 독일에 널리 퍼진 이 새로운 질병에 대해 날마다 보도했다. 독일 의사들은 이 새로운 질병을 '영(zero)의 광란 혹은 숫자의 광란'이라고 불렀다. 천문학적인 숫자들을 더하고 빼고 나누려는 사람들의 노력은 수포로 돌아갔다. 그러나 '끝도 없는 숫자들을 계속 적어야 한다는 불길한 느낌만 없다면 대부분의 일상생활은 거의 정상적이었다.'

_ 통화량 증가를 부추긴 전쟁

1923년 말 독일제국 은행장 쇼트는 "엄청난 양의 지폐가 발행되자 마르크화를 평가절하하고 화폐를 개혁하라는 요구가 일었다. …… 화폐량의 규모가 너무 엄청나서 그것 자체가 하나의 거대 산업을 만들어냈다."고 진단하였다. 화폐를 찍어낼 수 있는 모든 인쇄소가 가동되어야 했다. 133개의 인쇄소에서 날마다 엄청난 양의 화폐를 찍어냈다. 인플레이션이 인쇄 산업을 확대하고 활성화했던 것이다. 화폐 생산자가 새로 더 높은 액수의 지폐를 찍어내도 수요를 맞출 수 없어 생산이 중단되곤 했다. 모두 합쳐 3,877×

제1차 세계대전 이후 독일은 베르사이유 강화조약에 따른 엄청난 배상금 때문에 화폐를 많이 발행하게 되고 이는 인플레이션을 유발하는 계기가 되었다. 당시 상황을 반영하는 1조 마르크 은화.

1018마르크의 '가치'에 해당하는 100억짜리 은행권들이 발행되었다. 게다가 29개 공장에서 4만 개의 인쇄판이 공급되었다. 지폐 용지는 1대 당 40칸짜리 화물 열차 40대를 채우고도 남을 양인 1,730만킬로그램이었다.

제1차 세계대전이 발발했을 때 독일은 12억 5,000만 마르크를 금으로 처리했다. 거기에 슈판다우의 율리우스 탑에서 거둔 전쟁 준비금을 보탰다. 1914년 여름, 전쟁 준비금은 대략 2억 500만 마르크에 달했다. 전쟁 첫 주에 제국 은행은 현금 잔고를 22억 금마르크로 올릴 수 있었다. 당시 유통되던 70억 4,050만 마르크의 3분의 1 정도가 금으로 확보되었던 것이다. 하지만 바로 그 즈음에 인플레이션이 시작되었다. 전쟁 첫해부터 이미 현금 유통이 늘어나기 시작하였고 1923년에는 유례를 찾아볼 수 없을 정도에 이르렀다. 1918년 말에 통화량은 이미 전쟁 이전의 5배나 증가했다. 1914년에 1달러의 가격은 4.2마르크에 불과했으나 1920년 2월에는 99마르크에 달했다.

다시 1923년 1월 11일에 1만 450마르크를 기록하고 7월 1일에는 16만 마르크로 치솟았다. 1923년 8월 제국 은행장인 하벤슈타인은 당당한 어조로 "이제 제국 은행의 지폐 인쇄기는 날마다 20조 마르크씩 발행하여 다음 주에는 46조씩을 발행할 수 있을 것이다."라고 발표했다. 달러 시세는 1923년 10월 1일까지 2,420억 마르크로 치솟았다. 11월 20일에는 1달러를 얻으려면 4조 2,000억 마르크를 가져야 했다.

10월 1일에는 500억 마르크짜리 제국 은행권이 아직 70마르크의 가치로 계산되었지만, 일주일 뒤에는 겨우 5금페니히의 가치밖에 없었다. 그런데도 태환 가능성이 있다는 허구가 계속 유포되었다. 심지어 인플레이션이 절정에 달해 100조 마르크 이상의 제국 은행권이 인쇄되었던 1923년 10월 26일에는 우스꽝스럽게도 '베를린의 제국 중앙금고는 은행권을 예입하는 사람에게 100조 마르크를 지불합니다.'라는 고시가 붙었다.

11월 20일자로 제국 마르크는 더 이상 지불수단으로 통용되지 않았다. 그

독일의 인플레이션과 지폐 압축기

리하여 인플레이션 소동이 끝났다. 이 소동은 매우 갑작스럽게 끝났다. 하긴 그럴 수밖에 없었다. 날마다 지불 의무를 이행하는 데 필요한 화폐를 이제 더 이상 운반할 수조차 없었기 때문이었다. 가장 큰 명목 가치를 지닌 은행권인 100조 마르크는 여전히 인쇄되었지만 더 이상 유통되지는 않았다. 새로운 통화인 렌텐마르크가 만들어졌다. 구 화폐 1조 마르크가 1렌텐마르크로 교환되었다. 렌텐마르크는 산업용 토지로 보증했지만 그것은 물론 형식뿐이었다. 새로운 통화인 렌텐마르크를 실제로 토지와 교환할 수 있다고 믿는 독일인이 있었다면 그는 아마 웃음거리가 됐을 것이다.

_ **부자의 인플레이션과 가난한 자의 인플레이션**

1923년의 엄청난 인플레이션은 1914년의 전쟁을 준비한 사람들의 권력욕과 이윤 추구에서 비롯되었다. 자금 조달이 매우 어려웠던 이전의 모든 전쟁들과 달리 1914년의 전쟁에는 자금 조달이 전혀 문제되지 않았다. 전쟁자금의 조달보다는 노동력의 공급 및 군수품의 원료 공급과 전쟁 물자의 운송이 훨씬 어려웠다. 은행의 금에 대한 태환의 의무는 완전히 파기되었다. 조세와 전쟁 공과금 그리고 자본시장에서 조달할 수 없는 것은 차관을 통해 조달했다. 국가는 중앙은행으로부터 자금을 차용하였다. 그리하여 지폐의 유통량이 급격히 팽창했으나 전쟁 자금의 조달 문제는 해결되었다. 전쟁 전에는 주화가 평가절하되었으나 이제는 지폐 인쇄기가 활발하게 가동되었다. 1914년에서 1918년 사이에 독일에서는 국가 지출의 13.7퍼센트만이 세금 수입으로 충당되었다. 나머지는 금의 보증 없이 추가 발행된 지폐로 채워졌다.

전쟁이 끝난 뒤에도 상황은 마찬가지였다. 전쟁 자금 때문에 발생한 문제는 전쟁 뒤로 미뤄졌다. 게다가 국채도 지불해야만 했다. 전쟁터에서 소모된 민중의 재산은 보상받아 마땅했다.

따라서 전쟁 뒤에도 지폐 인쇄기는 계속 가동되었다. 국가 재원을 충당하기 위해 지폐 인쇄기는 점점 더 활발하게 가동되었으며 국내외 부채를 갚기 위해 계속 화폐가 발행되었다. 1920년에 제국산업동맹의 의장 대변인인 펠릭스 도이치는 심지어 '크게 눈에 띄지 않을 만큼 완만하게 인플레이션을 지속시키자.'고 주장했다. 왜냐하면 인플레이션은 노동자의 실질임금을 감소시키고 재벌의 이윤을 증대시키며 수출업자를 도와주기 때문이었다. 나아가 제국 마르크의 '가치'가 심하게 하락할수록 외국 통화에 대한 열망은 더 커진다. 손쉽게 자국 통화를 절하시킴으로써 경쟁 상대국에게 손해를 입힐 수 있었다. 따라서 루르 지방의 실력자인 후고 스티네스(Hugo Stinnes, 1870~1924)는 1922년 발터 라테나우(Walther Rathenau, 1867~1922)가 인플레이션을 막기 위해 마르크화의 가치를 고정시키려 하자 "고정된 마르크는 국가적 불행이다."라고 주장했다. 또 같은 해에 제국 은행도 마르크화의 가치를 고정하는 것을 거부하였다. 마르크화의 안정 문제는 '전쟁 배상 문제가 만족스럽게 해결될 경우'에 한해 고려할 수 있다는 것이었다.

1923년 초 독일 금융 자본가들이 전쟁 배상의 지불을 정지하겠다는 선언을 하자 프랑스 수상 푸앵카레는 독일 루르 지방을 점령했다. 이에 '저항'하기 위한 자금 조달은 다시 인플레이션의 속도를 높였다. 인플레이션으로 인한 경제 붕괴의 여러 원인들을 살펴보면 어떤 이해 관계에서 인플레이션이 발생하며 동시에 누가 폭리를 취하게 되는가가 분명하게 드러난다.

물가가 로켓처럼 치솟아 오를 때는 국제 투기꾼들이 나타나기 마련이다. 인플레이션 속에서도 그들은 오히려 떼돈을 벌었다. 10년도 안 되는 사이에 노동자의 실질임금이 거의 절반 가까이 떨어지고 재벌은 큰 이윤을 얻었다.

재벌들은 하루가 멀다 하고 계속 가치가 떨어지는 지폐로 세금을 냈다. 마찬가지로 외상 거래 대금이나 대부금도 화폐로 갚았는데 갚을 때의 화폐 가치는 빌릴 때보다 훨씬 낮은 것이었다. 이제 그 돈을 돌려받아야 아무것도 살 수 없으므로 몇몇 채권자들은 화폐를 받지 않으려고 채무자를 피해 다녔다. 그러나 제국 은행의 계산에 따르면 1923년 후반기 동안 재벌들이 '가치가 하락한' 마르크 지폐로 제국 은행의 대부금을 상환하여 벌어들인 인플레이션 수익은 약 8억 금마르크에 달했다고 한다.

후고 스티네스는 동화에나 나올 만큼의 많은 돈을 벌었다. 1914년 그가 가지고 있던 약 1억 금마르크의 재산을 인플레이션은 10억 금마르크로 불려주었다. 그는 파산하는 기업의 공장들을 사들였다. 스티네스의 지배 아래 들어온 지멘스, 라인, 엘베, 슈케르트 연합은 독일에서는 결코 찾아볼 수 없을 만큼 큰 재벌 집단이었다. 1918년의 패전으로 더 이상 부유한 석탄, 철광 제왕의 지위를 누리지 못할 것 같던 페터 크뢰크너는 인플레이션이 끝났을 무렵 이전보다 더 부자가 되었다.

재벌 이외에도 많은 사람들이 인플레이션의 혜택을 누렸다. 부유한 사업가들과 금융가들은 사람들이 모아둔 돈이 바닥나자 굶어 죽지 않으려고 내놓은 엄청난 양의 기계, 설비, 도구, 주택, 회화, 장식품과 귀중한 유물 따위를 구입했다. 그처럼 닥치는 대로 팔아치웠는데도 노동자나 봉급생활자 그리고 공무원은 생활필수품마저 부족했다. 프로이센의 24개 행정구역 주민들 가운데 거의 절반이 영양실조 상태였다.

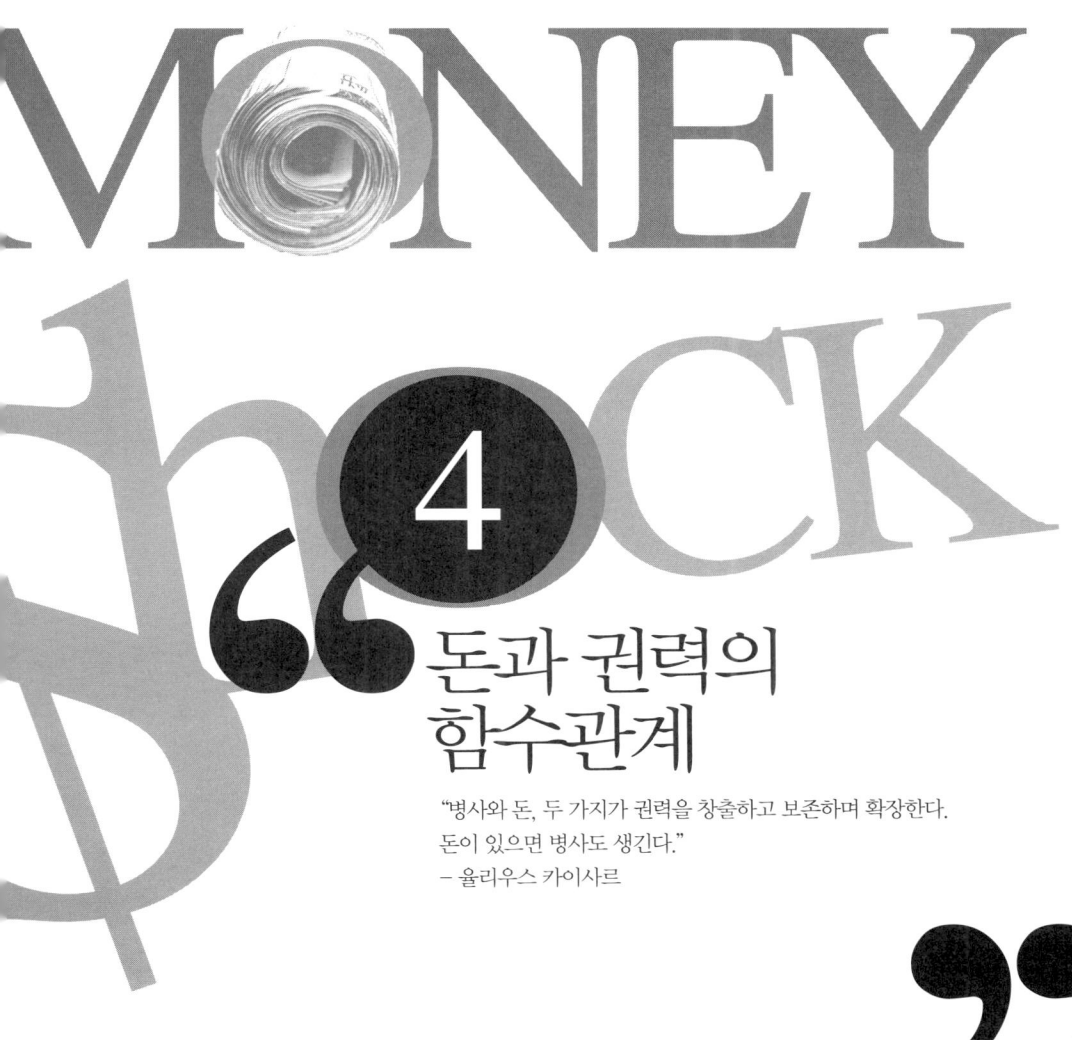

MONEY SHOCK

4

"돈과 권력의 함수관계"

"병사와 돈, 두 가지가 권력을 창출하고 보존하며 확장한다.
돈이 있으면 병사도 생긴다."
– 율리우스 카이사르

그는 2년 전까지만 해도 종신 집정관직을 최고의 명예로 여겼었다. 그러나 성공의 날개를 달고 순탄하게 출세의 길을 달리자 여기서 만족할 수는 없었다. 그는 그저 시민들 중 가장 높은 시민이 아니라 황제의 왕관을 쓰고 싶은 강렬한 욕망을 갖게 되었다. 그는 신민의 주인이자 통치자가 되고 싶었다. 그러나 카이사르가 되려는 자는 안토니우스를 필요로 한다.

비록 푸셰(Joseph Fouché, 1758~1820)는 오랫동안 브루투스의 역할을 해왔지만 2년 동안의 망명 생활로 정치에서 격리되어 있었고 권력에 굶주려 있었다. 돈과 특혜에 대한 약속들이 미끼 역할을 하면 무력하기 짝이 없는 원로원에서 자진해서 황제의 왕관을 찾아내 바칠 것이다.

마침내 세상 사람들은 진기한 광경을 목격하게 되었다. 즉 자코뱅 당원 클럽의 전 대표와 현 푸셰 각하께서 원로원 복도에서 서로 의미심장하게 악수를 교환하고 바짝 붙어서서 귀엣말을 주고받더니 의기투합하여 '지도자가 타계한 후에도 반란자들의 희망을 꺾어버릴 수 있는 제도를 수립하여 정부를 지속하길 신민들이 원한다.'고 제안한 것이다. 결국 그 핵심은 종신 집정관인 보나파르트를 세습 황제 나폴레옹으로 바꾸려는 의도다. 보나파르트에게 '그의 사업을 완성시켜 불후의 것이 되도록' 요청하는 원로원의 비굴한 청원문은 아마 푸셰의 펜(피로 쓴 것 같은 효과를 내기 위해 올리브 기름을 썼다)에서 나왔을 것이다.

지체없이 보답이 왔다. 일찍이 시민 집정관 보나파르트가 시민 푸셰를 장관에 임명했던 것처럼 망명 2년 뒤인 1804년에 나폴레옹 황제 폐하는 원로원 의원인 푸셰 각하를 다시 장관에 임명했던 것이다.

_ 스테판 츠바이크, 《조제프 푸셰》

『 백만장자의 금고가 정치를 지배하다 』

　1982년 독일의 직물 수출업자 대표단은 자신들이 주최한 회의에 온 홍콩의 저널리스트에게 홍콩달러로 100달러가 든 봉투를 건네주었다. 이 '주목할 만한 일' 때문에 여러 신문은 그 회의에서 서독 총영사가 한 연설에 각별한 관심을 보였다.

　독일 대표단은 홍콩의 실업계가 '서독제 상품을 더 많이 구입하는 것이 유익하다.'고 생각해주기를 바랐다. 아마 뇌물이 없었다면 일이 성사되기 어렵거나 또는 전혀 기대할 수 없었을 것이다. 그러나 무역의 성공 여부가 달린 모임에 그저 평범한 사람들이 초청되지는 않는다는 것쯤은 누구나 알 것이다. 권위, 지위, 권력 그리고 권세 역시 돈으로만 획득할 수 있다. 돈 없는 정치적 출세란 생각할 수 없다.

　바실리 골리친 제후는 1687~1689년에 성과 없는 크림전쟁에 참가했다. 책임감 없는 군사령관 사모이로비치가 파면된 뒤에 코사크 기병 대장 이반 마체파가 제후의 막사에 들어와 말했다.

　"저희는 막강한 차르의 충실한 신하들입니다. 지난해 저는 어려운 시기를 대비해 폴타바 근처의 비밀 장소에 수천 루블의 금화를 묻었습니다. 저희는 단순한 군인들입니다. 엄청난 부를 위해 죽는 것은 두렵지 않습니다. 우리가 정말 두려워하는 것은 밀고자나 얼간이가 군사령관의 지휘봉을 갖게 되는 것입니다."

　다음날 마체파는 새로운 군사령관으로 임명되었다. 그리고 바로 그날 네 명의 코자크 병사가 금이 담긴 흙 묻은 통을 골리친 제후의 막사로 가져왔다.

　필리포스 2세(Philippos Ⅱ, 기원전 359~336 재위)는 그리스 북쪽의 산악지대에 있는 마케도니아를 이끌고 에게 해의 지배자가 되었다. 이를 위해 그는 '황금 유혹의 기술'을 이용했다. 그는 트라키아를 정벌함으로써 막대한 양의 금과 은을 손에 넣었다. 필리피카라고 불리는 금화를 팔아 거대한 함대를 만들었고 계속되는 전쟁의 재정을 충당했다. 그가 권력을 유지할 수 있었던 가장 큰 이유는 노련한 외교정책과 사람들을 매수하는 능력 때문이었다. 돈으로 모든 그리스 도시국가들의 비밀 정보를 사들였고, 저술가의 입을 통해 국민이 자신을 인정하도록 만들었다.

극작가 베르톨트 브레히트(Bertolt Brecht, 1898~1956)는 "권력은 돈을 쓰는 자가 갖기 마련이다."라고 말했다. 1970년대 중반 서독에서는 59명의 전직 장관들이 200개가 넘는 회사의 중역 자리를 차지하고 있었다. 그들이 이러한 직책을 차지한 것은 여러 회사가 국가의 수주를 받거나 국가의 지원을 받는 등 이해관계가 얽혀 있기 때문이었다. 정치인에게 부수입으로 들어오는 '아주 작은 떡고물 수준의 뇌물'도 결코 무시할 수 없었다. 일단 뇌물을 받은 정치인은 청탁을 받아들이기 마련이다.

정치가들의 이름은 바뀌지만 모든 것은 이전과 마찬가지의 원칙에 따른다. 즉 돈과 권력은 상부상조하게 마련이다. 사실 세계 도처의 어느 자본주의 사회에서도 상황은 마찬가지다. 정치권력을 쥔 자는 경제적으로 영향을 미치고 돈을 얻는다. 마찬가지로 재산을 가진 자만이 그 재산의 정치적 영향력 덕분에 더 많은 재산을 모을 수 있다.

백만장자의 금고는 미국의 정부 관료들을 지배한다. 그들 대부분은 자신들이 받는 연봉만으로 살아가지 않는다. 그들은 정부가 주는 급여 말고도 상당한 액수를 챙긴다. 중앙정보부 국장 윌리엄 케이시는 매년 83만 3,000달러, 고등검찰청 검사장 윌리엄 프렌치 스미스는 51만 달러, 국무장관 조지 슐츠는 120만 달러, 국방장관 캐스퍼 와인버거는 100만 달러, 재무장관 도널드 리건은 81만 4,000달러, 상무장관 맬컴 볼드리지는 170만 달러, 노동장관 레이먼드 도노반은 38만 8,000달러, 건설장관 사무엘 퍼스는 9만

7,000달러를 벌어들였다.

그들은 각기 80만 달러에서 500만 달러 상당의 주식과 채권을 소유하고 있다. 권력이 커질수록 더 많은 돈이 따라온다. 부패, 사기, 기만, 매수 등은 정치권력의 '기본 요소'들이다.

1980년 미국 대통령 선거 당시 레이건에게는 수천 명의 은행가, 철강업계의 대표, 석유와 가스 독점 재벌, 자동차 생산업자, 조선업계의 유력자, 항공 회사 소유주, 전기-전자 장비 제조업자 등이 선거 자금을 대주었다. 20세기에 들어와 처음으로 대통령 진영은 텍사스와 캘리포니아 금융자본의 지배를 받게 되었다. 레이건은 거대한 금융자본에 대한 감사의 표시로 대부분의 정부관리를 캘리포니아에서 발탁하여 워싱턴으로 데려왔다. 단지 세 명의 각료 즉 슐츠 국무장관, 와인버거 국방장관, 데이비스 동력차관만이 워싱턴에 있는 세계적인 건설 재벌 출신이었을 뿐이다. 그 밖의 장관들은 로스앤젤레스 출신의 석유-자동차 관련 백만장자들이었다. 레이건은 그 친구들이 부를 더 축적할 수 있도록 배려했다.

'노르망디의 상인들은 부유해질수록 자기 재산의 일부가 다른 사람의 손으로 넘어갈 때 고통을 느낀다.' 모파상(Guy de Maupassant, 1850~1893)의 이 말은 돈으로 권력을 사려는 사람들에게도 역시 적용된다. 더 큰 권력과 더 많은 돈이 돌아오지 않는다면 자본가들이 돈을 쓸 리가 없다. 그들은 힘을 얻기 위해 자신에게 적합한 이데올로기까지 사들인다. 그들과 거래할 이데올로기 생산자들은 충분하게 있다.

유다는 은화 30냥에 예수를 배반했다. 부자들은 자신의 부를 지켜주고 늘려주며 자신의 행위를 보호해주고 양심까지 달래주는 마음에 드는 충복을 돈으로 산다. '정치지도자들은 뇌물을 받기 위해 정치를 하고 성직자들은 보수를 받기 위해 설교를 하며 예언자들은 돈을 벌기 위해 예언을 한다. 그러면서도 그들은 "주님이 우리 가운데에 있지 않은가? 우리에게 불행이 닥

쳐올 리가 없다."고 지껄이고 있다.' 예언자 미가(Micah)는 이기적인 자선 활동을 그렇게 묘사했다.

『 돈에서 나온 카이사르의 권력 』

그는 민첩하고 교활했다. 그러나 기록에는 그가 온화하고 너그러운 사람이라고 쓰여 있다. 그는 어떤 일에나 신속하게 대처했고 용감하며 현명했다는 것이다. 그러나 실제로 그는 불손하고 독재적이며 잔인하기도 했다. 차림새는 사치스러웠고 대머리를 부끄럽게 여겨 항상 월계관을 쓰고 있었다. 그는 탐욕으로 사원을 도둑질했으며 도시를 폐허로 만들었다. 그는 결정적인 순간에 전투가 치열한 곳으로 돌진했고 용맹을 보여 병사들과 장교들의 사기를 북돋았다.

그는 날쌔고 무자비하게 적을 향해 돌진했다. 그는 '귀부인들'과 사치를 좋아했으며 '그의 생애 유일한 오점이지만' 젊은 시절에는 니코메데스 왕을 좋아했다. 그는 권력에 대해서 어떤 환상도 품고 있지 않았다. 그는 "병사와 돈, 두 가지가 권력을 창출하고 보존하며 확장한다. 돈이 있으면 병사도 생긴다."고 말했다. 여러 세대를 거치면서 사람들은 누구나 그를 탁월한 총지휘관, 현명한 정치가, 다방면에 뛰어난 천재라고 생각했다. 그는 시대를 초월해서 명성을 떨쳤고 역사상 최고의 평가를 받았다. 로마의 통치자 율리우스 카이사르가 바로 그 사람이다.

그를 둘러싼 많은 전설이 있지만 정치가로서 그의 위대함은 의심할 나위가 없다. 관직을 사고팔거나 개인의 치부에 관직을 이용하는 것이 일상화된 곳에서는 권력을 얻으려면 돈이 필요하다. 집정관이 되려면 그전에 재무관, 감찰관, 호민관 등의 관직들을 두루 거쳐야 했다. 카이사르는 돈을 물 쓰듯

현명한 정치가이며 탁월한 군인이었던 카이사르는 뛰어난 웅변술로 사람의 인심을 얻는 탁월한 능력과 돈을 빌리는 데 천부의 소질이 있었다.

함으로써 인기를 모으려고 했다. 반대자들은 적어도 그가 재산을 다 써 버리면 그 모든 것이 수포가 될 것이라 예상했다. 그러나 그런 희망은 헛된 것이었다. 카이사르에게 자금이 모자랄 리 없었다. 어느 시대에나 귀족 출신의 젊은 남자들이 으레 그렇듯이, 빚을 낼 수 있고 빚 때문에 쪼들리는 일 없이 살아갈 수 있는 능력 면에서 그는 아주 뛰어났다.

카이사르는 재무관 시절에 이미 1만 3,000탈렌트(약 800만 데나르)나 되는 빚이 있었지만 화려하게 생활했다. 감찰관 시절 그는 사재를 들여 공화당과 주피터 신전을 새롭게 꾸몄다. 그리고 순은제 무기와 갑옷으로 무장한 320명의 검투사들이 힘을 겨루는 호화로운 경기를 벌였다. 그 호화로움과 웅대함은 그 이전의 어느 누구도 따라올 수 없었다. 그는 전 시민에게 인정받고 명성을 얻었다. 카이사르는 집정관직을 얻기 위해 또다시 수백만 데나르의 선거 비용을 지출해야 했다. 갈리아 정복 후에야 그는 채무를 해결하고 막대한 재산을 모을 수 있었다. 그는 아주 많은 금을 로마로 가져와서 파운드 단위로 팔았다. 카이사르는 게르만인들과 싸우는 동안 로마의 정치권에서 소외되지 않으려고 애썼다. 그가 갈리아에 머물고 있을 때 많은 사람들이 로마에서 그를 찾아왔다. 거기에 대해 로마의 전기작가 플루타르코스(Plutarchos, 46?~120?)는 이렇게 쓰고 있다. '그는 모든 사람들에게 원하는 것을 주었고 그들이 떠날 때에는 많은 선물과 그보다 더 큰 희망을 안겨 보냈다. 카이사르는 시민들의 무기로 적들을 굴복시키는 한편 적들의 돈으로 시민들을 정복했다.'

갈리아 정복 뒤 그는 10년 임기로 독재관에 취임했고 4년 뒤에 집정관이 되기까지 꾸준하게 준비했다. 그는 원로원 의원에게만 돈을 준 것이 아니라 영향력 있는 모든 사람들에게 선물 공세를 퍼부었다. 그는 심지어 영향력 있는 주인의 총애를 받는 노예에게도 선물 공세를 했다. 또 화려한 건축물, 향연, 유희 등을 끊임없이 만들어서 로마 사람들이 항상 자신을 기억할 수 있도록 하는 일도 소홀히 하지 않았다. 그의 적수들은 수수방관할 수밖에 없었다.

〞 사치와 전쟁이 삼킨 황제의 금화 〞

왕과 황제 하면 막대한 부를 연상하지만 사실 그들은 항상 재정적으로 궁핍에 시달렸다. 사치스러운 궁전과 전쟁은 만족할 줄 모르는 괴물처럼 막대한 비용을 삼켜버렸다. 톨스토이는 "삶은 정치다. 그리고 정치는 금과 명성이다."라고 썼다.

13세기 말 이탈리아와 독일에서는 무역업, 고리대금업, 금융업으로 매우 부유한 가문들이 생겨났다. 이미 1300년경에 이탈리아의 은행가 프레스코발디, 바르디, 페루치는 교황의 신자가 되었다. 그들은 영국과 프랑스 왕들의 재정을 뒷받침해주고 사제와 제후들에게 돈을 대주었다. 1339년 영국의 에드워드 3세는 바르디와 페루치에게 한 왕국에 맞먹는 31만 5,000파운드 스털링 또는 135만 5,000골드 굴덴이라는 엄청난 빚을 졌다. 전쟁에서 다 날린 그는 도저히 빚을 갚을 수가 없었다. 그는 돈을 대준 이탈리아인들을 무시해버렸다. 이 때문에 이탈리아에서 일어난 파산사태에 대해 그는 전혀 걱정하지 않았다.

_ 교황을 만들고 황제를 만들기도 하는 돈의 위력

메디치의 조상들은 향료 상인이었다. 조반니 디 메디치는 15세기 초 교황의 재정 담당자로 임명되었다. 덕분에 그는 금융업과 무역거래를 유럽의 여러 나라로 확장할 수 있었고 아들인 코시모(1389년 출생)와 로렌초(1394년 출생)에게 막대한 재산을 물려줄 수 있었다.

코시모는 자신의 정치적 영향력을 키우는 데 그것을 이용했다. 그는 뇌물을 써서 정적들을 자기편으로 끌어들였다. 자신을 위협하는 가문들에게 높은 세금을 부과해서 억압했다. 그는 결국 반역자로 몰려 체포되었지만 재판소와 관청의 관리들을 매수하는 데는 4주밖에 걸리지 않았다. 그리하여 사형 판결이 아니라 '10년간 추방'이라는 판결이 내려졌지만 코시모는 불과 1년 만에 돌아올 수 있었다. 이런 놀라운 일들은 역시 돈의 힘으로만 가능한 것이다. 코시모는 1434년부터 피렌체 시를 통치하게 된다. 마키아벨리는 그에게 빚지지 않은 시민이 거의 없다고 썼다. 나폴리 및 베네치아와의 전쟁, 세금 징수, 다른 사람들이 코시모를 위해 매달려야 했던 더러운 장사, 이 모든 것 덕분에 그의 권력은 탄탄해졌다. 권력에 힘입어 그는 이탈리아의 정치만이 아니라 유럽의 다른 나라들과의 관계에도 영향을 미쳤다.

막시밀리안 1세(Maximilian I, 1493~1519 재위)의 손자인 신성로마제국의 황제, 카를 5세(Karl V, 1519~1556 재위).

코시모는 사치스러운 장례식을 사절했다. 그렇지만 지금 그의 묘지에는 '조국의 아버지'라고 쓰인 화려한 기념비가 서 있다. 그 다음 세대에서도 메디치 가문은 교황을 재정적으로 지원함으로써 서로의 관계를 더욱 돈독히 할 수 있었다. 마침내 1513년 메디치 가문출신의 조반니 메디치는 교황 레오 10세(1512~1521 재위)가 되었다.

이탈리아의 극작가인 피에트로 아레티노(Pietro Aretino, 1492~1556)의 번뜩이는 풍자는 유럽의 내로라하는 사람들을 떨게 만들었다. 그는 자신의 사정권에 들어온 모든 사람들에 대해 혹평을 가했다. 날카로운 필치로 당시 권력자들 사이에 만연된 위선, 부도덕, 부패 등을 비꼬았다. 구두수선공의 아들인 그는 일찍이 레오 10세의 교황청으로 들어갔다. 그는 많은 돈을 벌었기 때문에 제후처럼 살 수 있었다. 그에게 돈을 준 사람들은 그의 신랄한 풍자에 겁을 내는 자들이었다. 그는 진실의 폭로를 두려워하는 권력자의 심리를 이용해서 입을 다물어주는 대가로 돈을 벌어들였다.

그에게 돈을 대준 사람들 중에는 16세기에 경제적으로 가장 세력이 컸던 아우크스부르크의 상인 푸거(Jakob Fugger)가 있다. 그의 집에서 떠들썩한 향연이 베풀어지면 백작, 남작 거기다 황제까지 들락거렸다. 그들은 '정치를 좌지우지하는 사람들'이었고 거기 올 만한 충분한 이유가 있었다. 부자였던 야코프 푸거는 작센의 합스부르크 가문이 원한 대로 오스트리아-헝가리 결혼 계획이 성사되도록 하였는데 그 결혼을 통해 권력자들은 세력을 크게 늘렸다.

오스트리아와 헝가리의 두 왕가가 결혼하는 두 쌍의 결혼식이 1515년 빈 의회에서 거행되었다. 헝가리의 왕위 계승자인 루트비히는 막시밀리안의 손녀인 마리아와 결혼했다. 작센의 왕이 된 막시밀리안은 당시 56세의 나이로 12세밖에 안 되는 헝가리의 안나 공주와 결혼했다. 막시밀리안의 권력과 명예욕 때문에 이 결혼을 성사시키는 데 엄청난 돈이 들어갔다. 그는 1507

⟨대부호 야코프 푸거⟩, 알브레히트 뒤러(Albrecht Dürer, 1471~1528) 작품.

년 야코프 푸거에게 현금을 받고 키르쉬베르크 백작령과 바이센보른 영지를 주었다. 대부호 푸거는 총 20만 9,000굴덴을 들여서 1508년 2월 4일 막시밀리안 1세에게 황제의 왕관을 씌어주었다. 황제와 상인 사이에 돈으로 이어진 연대는 끊임없이 계속되었다.

그러나 가장 눈길을 끄는 사건은 두말 할 나위 없이 막시밀리안의 손자가 1519년에 신성로마제국의 황제로 선출되도록 푸거가 자금을 대준 일이었다. 푸거는 투표권이 있는 사람들을 돈으로 매수했다. 대주교, 궁중과 변경의 태수들, 주교, 기사, 외교관, 수많은 중재자들이 푸거의 돈에 넘어가지 않을 수 없었다. 많은 사람들이 프랑스의 왕에 대한 선거권을 푸거가 주는 돈과 맞바꾸었다.

투표는 형식적인 것에 불과했다. 1520년 10월 23일 카를은 교황에게서

4 돈과 권력의 함수관계   109

'신의 선택을 받은 로마 황제'라는 칭호를 얻었다. 실질적으로 황제를 만든 것은 푸거 가문이었다. 이러한 정치적 술수에는 100만 골드 굴덴의 비용이 들었다. 대부분의 돈이 푸거의 금고에서 나왔다. 얼마 후 카를의 형제인 오스트리아의 페르디난트 대공도 왕위에 올랐고 마침내 황제의 자리에 오르는 기쁨을 누렸다.

새로운 황제에게서 받은 채무 증서로 푸거는 티롤의 은화 주조소, 슈바츠의 은광과 동광, 스페인의 생산지 등에서 계속 수입을 거둬들였다. 그러나 1523년에 스페인에서 들어오던 은화가 끊기고 티롤에서 운반되던 은의 양도 줄어들자 푸거는 카를 황제에게 편지를 썼다.

'황제 폐하께서 제 도움이 없었다면 로마의 왕관을 손에 넣을 수 없었다는 것은 모든 사람들이 알고 있는 사실입니다 …….' 이 편지는 푸거의 자신만만한 태도를 엿보게 해준다. 푸거 가문은 이처럼 감히 황제에게 경고할 수 있었다.

그러자 피레네 반도 광산의 수은과 주석 등의 새로운 수익이 돌아왔고 푸거는 황제 즉위에 들었던 비용을 만회할 수 있었을 뿐 아니라 더 많은 이윤을 거뒀다. 그러나 왕과 제후들은 항상 수입보다 지출이 많았다. 황제 선출, 전쟁 비용, 궁중 유지 등 비생산적인 목적들 때문에 계속 자금이 필요했다. 푸거는 그런 자금을 대지 않을 수 없었다. 그러므로 푸거 가문에게 황제 선출 자체가 재산을 늘릴 수 있는 좋은 기회는 아니었을 것이다. 다만 대규모 사업을 벌일 때 동반자의 왕관이 문제였던 것이다. 즉 금융자본가와 상업자본가의 운명은 왕관과 아주 밀접한 관계가 있었다. 지배자의 몰락은 필연적으로 자본가의 운명에 영향을 미쳤다. 그러나 푸거 가문은 결코 거리로 나앉지 않았다. 그들은 막시밀리안 1세와 카를 5세 없이도 살아갈 수 있었으나 황제들은 푸거 가문 없이는 도저히 존립할 수 없었다.

교황의 욕망을 채우는 금고 속의 금화

요한 테첼(Johann Tetzel, 1465?~1519)은 도미니크회의 수도사였지만 결코 경건하지 못했다. 그는 종교를 이용해 '허위 보증서'를 팔아먹는 장사를 벌였다. 그는 신의 가르침이나 신자들의 평안에는 관심이 없었다. 지옥으로 가게 될 부패한 로마 교황청의 물욕을 채우기 위해 온갖 뻔뻔스러운 짓을 저지른 그의 악평은 자자했다.

교황에게 바치는 헌금, 십자군 원정을 위해 헌납된 조세, 교회의 재산과 십일조 헌금으로 얻는 수익 등으로 교황청은 수백 년 동안 호사를 누리게

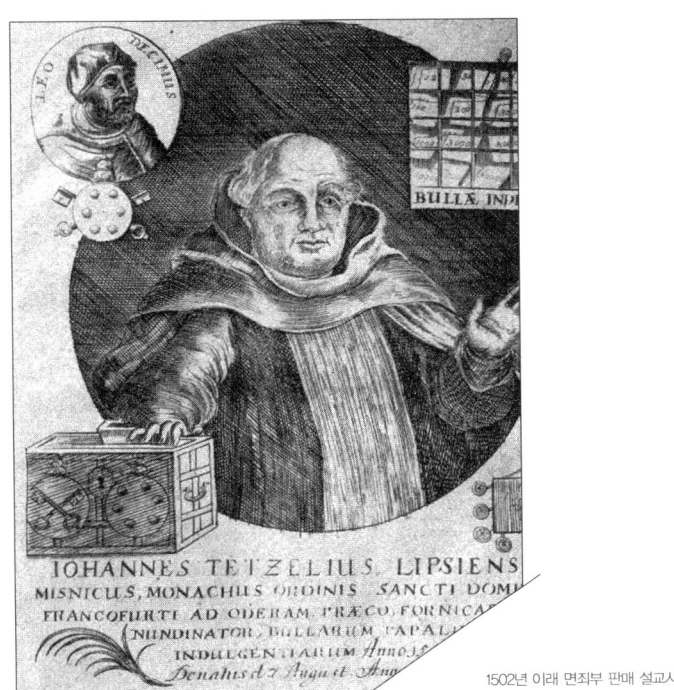

1502년 이래 면죄부 판매 설교사로 명성이 높았던 요한 테첼.

되었다. 그것도 모자라서 15세기부터는 바티칸의 위임을 받은 수도사들이 곳곳을 돌아다니면서 돈을 받고 죄 많은 시민들에게 면죄부를 쥐어주었다. 면죄부 판매는 날로 번창했다.

그때 테첼은 한스 작스(Hans Sachs, 1494~1576)의 시 〈비텐베르크의 나이팅게일〉의 한 구절을 뇌며 다녔다고 한다. "금화가 상자 속에서 쩔렁거릴 때 영혼은 천국으로 승천하는도다." 비텐베르크의 나이팅게일은 루터를 가리키는 말이다. 루터의 선배 얀 후스(Jan Hus, 1371~1415)는 처형당할 때 이런 말을 남겼다. "그대들은 한 마리의 거위(후스는 체코어로 거위를 뜻한다)를 불태우지만 내가 타고 남은 재에서는 한 마리의 나이팅게일이 날아오를 것이다." 그에 빗댄 민중들은 "돈이 상자 속에서 쩔렁거릴 때, 영혼은 지옥불에서 껑충껑충 뛰고 있다."고 비웃었다.

'신의 뜻'에 따른다는 비열한 면죄부 장사는 '성년(聖年)'을 기점으로 시작된다. 원래 1세기에 한 번 거행되던 이 기념 축제는 뒤에 25년마다 거행되었다. 면죄를 원하는 사람들은 성년이 되면 돈으로 속죄될 수 있었다. 로마 순례 여행경비가 교황의 금고 속으로 들어가면 면죄될 수 있었다. 그러나 그 돈도 교황의 사치스런 욕망을 채워주기에는 모자랐다. 뒤이어 교황의 자리에 오른 사람들은 모두 사치에 젖은 귀족들이었다. 물론 그들은 몸에 밴 사치와 방탕을 조금도 포기하려 하지 않았다. 그래서 돈이 있어야 했다. 교황직은 돈을 솟구치게 하는 원천이었다.

_ 돈으로 죄를 사하다

프란체스코회의 수도사인 요하네스 피올리는 당시 신을 대면한다는 교황의 행각을 폭로하는 기록을 남겼다. 어느 날 교황이 말을 타고 들판을 가로질러 가고 있을 때 한 나이 많은 여자 거지가 그에게 다가와 신의 이름으로 1실링을 구걸했다. 그는 "그건 안 돼, 너무 많아."라고 말했다. 그 여인은

《면죄부 상인》, 작가 미상, 목판화, 16세기

"그렇다면 1블라스파르트(은화)를 주십시오."라고 말했다. 그는 또 다시 "안 돼."라고 말했다. 그러자 그 여인은 "저에게 성호를 그어 주십시오."라고 말했다. 그는 그 여인에게 성호를 그어주었다. 그때 그 여인이 말했다 "만일 당신이 저를 위해 성호를 긋는 데 조금이라도 돈이 든다면 당신은 성호를 긋지 않았을 것입니다."

15세기경 교황은 돈을 많이 바치는 사람에게 교회의 관직을 주는 것이 옳다고 생각했다. 그 사람이 가진 성경에 관한 지식은 전혀 문제가 되지 않았다. 다만 돈 그것도 많은 돈이 있어야 했다. 돈만 있다면 주교, 대주교 그리고 추기경 자리까지 살 수 있었다.

독일 전역에서 면죄부를 팔던 설교자들은 푸거 가문의 출납 담당자들과 동업을 했다. 이미 1476년부터 푸거 가문은 면죄부 장사에 관여하고 있었다. 처음에 알프스 산맥과 이탈리아 북부를 거쳐 로마로 돈 궤짝을 운송했지

4 돈과 권력의 함수관계   113

만 나중에는 어음 거래 방식을 택했으며 교황이 '죄의 구매'에 대한 수익을 요구해오면 푸거 가문은 로마 은행에서 지불해주었다. 푸거 가문은 면죄부 장사로 벌어들인 순이익의 절반에서 운임과 비용을 제한 나머지를 로마에 있는 지부를 통해 교황에게 보냈다. 나머지 반은 대주교의 수중으로 들어갔으나 대주교는 빚을 갚기 위해 이 돈을 다시 푸거 가문에 넘겨주었다. 신자들은 면죄부를 사면 영혼을 구제받는다고 확신했고 푸거 가문과 교회는 면죄부로 많은 돈을 벌 수 있었다.

얀 후스는 이미 1405년의 종교회의 연설에서 '면죄부 장사꾼들과 면죄부 판매 수도사들'에게 유죄 판결을 내렸다. 그들이 '기적을 사칭하고 기만적인 감언이설로 민중의 고혈을 빨았다.'는 것이다.

마틴 루터가 1517년 10월 31일에 비텐베르크에서 공표했던 「교황의 면죄권을 반박하는 95개 항의 테제」는 테첼, 푸거 가문, 황제, 교황을 분노하게 하는 것으로 끝난 것은 아니었다. 면죄부 장사에 대한 루터의 비판으로 '모든 도시를 소용돌이로 몰아갔고 전 제국을 뒤흔들어 놓았던' 광범위한 종교개혁 운동이 시작되었다.

66 전쟁을 부르는 돈, 돈을 부르는 전쟁 99

전쟁을 하려면 적어도 세 가지가 필요하다. 첫째도 돈, 둘째도 돈, 셋째도 돈이다.

황제와 왕들은 대개 그럴듯하게 전쟁의 시작을 알리는 법이다. 기원전 49년에 카이사르가 "주사위는 던져졌다."고 말하면서 루비콘 강을 건넜을 때 그것은 내전의 시작을 의미했다. 전쟁을 하려면 돈이 필요했다. 카이사르는 로마 국고의 문을 부수고 그의 정적들이 남겨둔 것을 수중에 넣음으로써 전쟁 자금을 마련했다.

푸거 가문은 왕과 황제의 생활비는 물론 그들이 수행하는 전쟁비용까지 책임졌다. 그러나 그것은 자선이 아니었다. 황제 카를 5세는 1521년에서 1544년까지 프랑스 왕과 네 차례나 전쟁을 벌였고 1572년에는 교황청을 약탈했다. 푸거 가문은 그에게 계속 돈과 왕위를 주었다. 로마의 푸거 은행은 독일 용병들의 노획물을 받아주었고 신성로마제국의 모든 도시에서 그 값을 지불해주었다. 약탈된 귀중품들이 어느 정도 푸거 가문의 소유가 되었는지, 이런 사업으로 벌어들인 이윤이 어느 정도나 되는지에 대해서는 아무도 모른다.

농민 전쟁 당시 야코프 푸거는 독일 농민들을 진압하는 데 25만 굴덴이 넘는 돈을 알베르크 노르덴에게 주었다. 이 돈이 없었다면 제후들은 병사들과 무기를 모으기 어려웠을지 모른다. 푸거 가문은 '혁명의 사형 집행인' 역할을 자임한 것이다.

농민의 봉기가 잔혹하게 진압되던 바로 그 해, 카를 5세는 푸거 가문의 도움에 대한 감사의 표시로 4년 동안 엄청난 수익을 올릴 수 있는 이권을 주었다. 결국 농민의 피는 푸거 가문의 금과 은이 되었다.

_ 별장에서 이루어진 은밀한 협정

1933년 1월 4일 수요일이었다. 검은 승용차가 쾰른 시외의 한 집 앞에 섰다. 저명인사들의 별장 지대인 이곳 린덴탈에는 쾰른 시 슈타인 은행의 대주주 쿠르트 폰 슈뢰더가 살고 있었다. 차에서 내린 사람은 이마를 덮은 머리카락과 우스꽝스런 콧수염 그리고 짧은 다리의 왜소한 사내였다. 그는 바로 국가사회주의 독일 노동당의 당수인 아돌프 히틀러였다. 그는 세 명의 수행원과 함께 서둘러 별장의 현관으로 들어갔다. 잠시 후 두번째 차에서 전 제국수상이었던 프란츠 폰 파펜이 내려 그 별장으로 들어섰다. 이날의 회합은 12년 뒤 폐허로 몰락해버릴 운명의 '천년 제국' 수상으로 히틀러를 임명하기 위해 준비된 것이었다. 대자본과 나치스 도당들이 동맹을 맺은 것이다.

1932년 11월 6일의 국회의원 선거에서 히틀러의 나치스는 뜻밖에 패배를 당했다. 7월 선거 당시보다 훨씬 적은 200만 명의 유권자만이 나치스에 표를 던졌다. 반면 독일 공산당에 표를 던진 사람은 600만 명쯤 되었다. 독일 독점자본을 불안하게 만드는 신호였다. 결국 조용히 히틀러를 권력에 앉히려던 본래의 계획이 불가피하게 수정될 수밖에 없었고 마침내 대공세로 나가게 된 것이다.

1933년 1월 30일 오후에 발행된 호외에는 85세의 대통령 힌덴부르크 원수가 히틀러를 수상에 임명하고 파펜을 부수상의 자리에 앉혔다는 기사가 실렸다. 크루프 철강의 전 간부이자 '은빛 여우'라 불린 후겐베르크와 슈탈헬름 젤테도 새로 구성된 내각에 들어왔다. 은행가 슈뢰더의 별장에서 이루어진 은밀한 협정이 현실에 모습을 드러낸 것이다. 그 뒤 "그들은 독일을 다시 알아볼 수 없을 것이다!"라는 약속은 곧 증명되었다.

오늘날에도 일부 역사 기록과 저널리즘은 히틀러를 수상의 자리에 앉힌 것은 수백만 유권자의 의사였다고 믿도록 만들고 있다. 1932년 11월의 선거가 끝난 후 경제계의 총수들이 힌덴부르크에게 히틀러를 수상에 임명하라고 요구했다는 사실은 누구도 언급하지 않았다. 샤하트, 슈뢰더, 라인하르트, 아이히호른, 비트호에프트, 헬퍼리히, 보에르만, 로서테르크, 메르크, 헥커, 칼크로이트 백작, 티센 등 여러 사람들이 그런 청원서를 썼다. 로이쉬(하니엘 콘체른), 뵈글러(통합 철강 공장), 슈프링고룸(호에쉬 콘체른) 등 루르 지방의 총수들은 '정치적으로 직접 나서려고' 하지는 않았다. 그 대신 교활한 은행장이자 광산 경영자인 라인하르트가 적극적으로 활동할 수 있도록 뒤에서 밀어주었다. 크롬, 지멘스, 하니엘 등도 마찬가지다. 라인하르트를 내세운 것은 효과가 있었다. 독일 실업가들은 라인하르트에게 수천 에이커나 되는 땅을 선물로 주었다. 이 선물은 세금을 면제해준 데 대한 감사의 표시로 이해되었다.

독점기업들은 포악한 정복자 히틀러를 수상직에 앉히는 것만으로 만족하지 않았다. 독점기업들은 수상에게 계속 돈을 대주었다. 오늘날의 언론은 조심스럽게 금품 제공자, 은밀한 거래, 기부금이 있었다고 언급하지만 거기 관련된 사람들의 이름에 대해서는 입을 다물고 있다. 그렇게 함으로써 세계 지배의 전쟁으로 나선 것은 오직 히틀러 한 사람이고 당시의 엄청난 파국에 대한 책임은 히틀러에게 돌아갔다. 그러나 나치스에게 권력을 주어 파멸의 길을 가도록 한 것이 독일 금융자본의 돈이었다는 사실을 숨길 수는 없다. 대자본은 제1차 세계대전에서 패배했을 때도 '얌전히' 뒤로 물러나면서 그들의 협조자였던 왕가를 제물로 바쳤다.

베일에 싸인 투기꾼이자 약 1,000여 개 회사의 소유자인 후고 스티네스는 나치스에게 최초로 돈을 댄 사람들 중 하나다. 1927년 8월에는 광산 공업계의 에밀 키르도르프가 나치스에 가입해서 10만 제국마르크(1924~1948년까지 독일 화폐 단위)를 기부했다. 그의 제안으로 14개의 중공업 기업이 나치스를 후원하는 단체를 결성했다. 1930년에는 석탄 1톤마다 7페니히의 부가세를 징수하여 나치스의 재정을 충당했다. 나치스와 거기 관련된 파시스트 조직은 독일 기업들로부터 엄청난 돈을 받았다. 강철업계를 지배하던 튀센은 후에 "나는 히틀러에게 돈을 주었다."고 고백했다. 1932년 1월 27일 히틀러가 뒤셀도르프의 기업가 클럽에서 "마르크스주의를 근절시키고 전쟁 준비 계획을 세우겠다."고 굳게 약속하자 흥분한 프리츠 튀센은 회합이 끝날 때 "히틀러 각하 만세!"를 외쳤다.

쾰른의 은행가 별장에서 있었던 음모 이후 나치스 수뇌부와 경제계 총수들 사이에는 더 많은 협정들이 체결됐고 새로운 재정적 지원이 늘어났다.

루르 지방의 기업가들은 당의 재정을 떠맡았다. 슈타인 은행의 특별 계좌에는 국가사회주의 독일노동당을 위해 수백만 제국마르크가 예금되었다. 1933년 1월 16일, 괴벨스는 당의 재정 상태가 '하루가 다르게 늘어나자' 기뻐서 어쩔 줄 몰랐다.

히틀러가 정권을 잡은 후 독일 경제계는 기부금 형식을 빌려 더 노골적으로 돈을 지원했다. 그 돈은 1933년 3월 5일의 선거 자금으로 사용되었다. 그리고 전쟁 준비와 전쟁 자금으로도 사용되었다. 그 돈이 들어 있는 단지는 아무리 써도 바닥나지 않는 황금단지였다. 프랑스 소설가인 로맹 롤랑은 이렇게 썼다. '전쟁이 시작되자 사람들은 전쟁에 순응하게 되었고, 자신이 갖고 있는 모든 것을 갖다 바쳤다. 피가 흐르고 돈이 흘렀다. 그러나 아무도 그것을 막으려 하지 않았다.'

히틀러가 1929년 자신의 친한 동료인 하인리히 히믈러를 친위대 책임자로 임명했을 당시 친위대는 정확히 280명의 남자들로 구성되어 있었다. 그 숫자는 너무 부족했다. 또 그들에게는 무기가 필요했다. 독일 실업계에 조직되어 있던 '후원협회'는 친위대의 무장을 위해 자금을 동원했다. 강철업계의 거부이자 은행가인 슈뢰더, 플리크 박사, 염색업 콘체른이 속해 있던 후원협회는 엄청난 돈을 친위대에 헌납했다. 그 대가로 친위대는 수천 명의 죄수를 염색업 콘체른에 '헐값'으로 넘겨주었는데 이 죄수들은 죽을 때까지 강제노역에 시달리거나 실험 대상으로 소모되었다.

친위대는 독일 독점자본의 자금을 바탕으로 나날이 커갔다. 나치스가 독일을 지배하기 시작했을 때 친위대에는 이미 5만 2천 명의 '충성심이 아주 강한 선택받은 광신자'들이 있었다. 친위대는 독일 독점자본의 자금으로 게슈타포의 고문실과 강제수용소의 처형장, 집단수용소의 가스실과 소각로에서 '아리안족의 선교' 활동을 벌였다.

😝 돈으로 사들인 민주주의 😝

게티스버그 연설에서 에이브러햄 링컨은 '국민을 위한, 국민에 의한, 국민의 정치'를 맹세했다. 오늘날도 미국의 통치자들은 미국이야말로 국민들 손에 주권이 있는 '대표적인 민주주의' 나라라고 끊임없이 주장한다. 그러나 이런 꿈 같은 이야기는 실제로는 정치적 권위를 높이는 데 이용될 뿐이다.

누가 선거에 출마할 것인가는 돈과 영향력이 결정한다. 소도시의 시장 자리든 주지사 자리든 아니면 워싱턴의 대통령 자리든 모두 엄청난 돈이 들어간다. 어떤 사람이 후보가 되려고 마냥 기다리고 있다면 그것은 헛된 짓이다. 관직에 진출하려는 사람은 같은 야망을 지닌 사람들과 힘겨운 싸움을 벌여야만 한다. 그래서 미국의 작가 조셉 헬러(Joseph Heller, 1923~1999)는 소설 《금 같은 재산(Good as Gold)》에서 이렇게 적고 있다. '그런 경우 사람들에게는 친구가 없고 단지 이해 관계와 명예욕만 있다.'

후보자가 어떤 정치적 견해를 지니고 있다고 해도 그것은 부차적 역할을 할 뿐이다. 선거전에서는 공약을 내걸지만 선거가 끝난 뒤 부유한 기부자들의 이익을 돌보게 되면 국민과의 약속은 잊어버리게 된다. 정치가로서 현명함이나 통찰력은 거의 문제가 되지 않는다. 중요한 것은 국민을 교묘하게 속일 수 있고 국민 앞에서 능숙한 '사교가'가 되는 것이다. 일요일마다 교회에 나가는 친절한 가장, 충실한 남편, 스포츠 경기에서 활약하는 주인공으로 모습을 드러내는 것이 중요하다. 대통령이 영웅의 풍모를 갖추지 못했다면 적어도 제럴드 포드처럼 축구를 한 경험이 있거나 로널드 레이건처럼 은막에서 연발식 권총을 휘두른 영웅으로 묘사될 필요가 있다. 테오도르 드라이저(Theodore Dreiser, 1871~1945)는 그의 저서 《거인(The Titan)》에서 국민들은 '한 사회 내에서 이렇게 강하고 지적이면서 양심 있는 사람들이 나서서 모든 질서를 세운다면 만족하게 마련이다. 어쩌면 그것이 민주주의의 의미일지도 모른다.'고 했다.

_ 정치가를 움직인 시카고의 보스

1976년 12월 23일, 시카고의 한 성당에는 수천 명의 사람들이 운집해 있었다. 그 중에는 이제 막 당선된 지미 카터 대통령과 록펠러 전 부통령, 케네디 상원의원, 럼스펠드 국방장관 그리고 그 밖에 고위 인사들이 포함되어 있었는데 모두들 모자를 벗어 경의를 표하고 있었다. 그들은 75세의 나이로 세상을 뜬 리처드 데일리에게 마지막 경의를 표하기 위해 거기 모였다. 고인은 알 카포네의 제국이었던 미국 제2의 도시 시카고를 20년간 통치해왔다. 그의 전기를 쓴 미국의 신문기자 마이크 로이코는 세계에서 '가장 민주적인' 나라의 정치인들이 권력을 잡기 위해 보여준 뻔뻔스러움, 사기, 부패, 탈법적 활동 등을 나열하여 그를 신랄하게 묘사했다.

데일리의 출발도 처음에는 평범했다. 그는 변호사 자격증을 따기 위해 애썼다(미국 정치인의 약 80퍼센트는 법학을 공부했다). 그는 21세에 이미 민주당 당직에 기용되었다. 그는 자신이 원하는 당 사무직에서 경쟁자들을 몰아내는 데 계속 성공함으로써 51세에 쿡의 세력권에 있던 민주당 지도부의 의장으로 선출되었다. 1953년의 일이었다.

이제 그는 거대한 도시 시카고 시장이 되기 위해 전력을 다했다. 그때 그는 당의 보스로서 당의 금고를 통제할 수 있었다. 대개 계약을 따내려는 사업가들이 당에 가장 많은 액수를 바쳤다. 데일리가 입안한 건설 계획으로 그 사업가들은 수십억의 돈을 벌었고 그 중 수백만 달러는 당 금고 속으로 들어왔다. 돈으로 매수된 노동조합 지도자들은 그의 선거전을 도와주었다.

1956년 2월 22일, 예비 선거의 투표가 시작되었다. 투표에 참가한 흑인들은 칠면조 새끼를 선물로 받았고 어떤 선거구의 애주가들은 투표 뒤 포도주를 한 병씩 받았다. 데일리의 승리는 분명했다. 그렇지만 본선거의 공화당 후보자들인 로버트 미리엄과 르로이는 '기표 조작의 명수 루이'로 시카고에서 이름난 한 남자가 투표소에서 미리엄에 기표된 것을 지우고 대신 데일리의 이름에 기표하는 장면을 촬영했다. 스캔들은 완벽했다. 조사를 피하려는 건 무의미했다.

그러나 허스트가 발행하던 『아메리칸』 신문은 투표 조작 보도에서 데일리를 옹호했다. 미리엄은 그 신문이 민주당의 입장을 선전한다고 비난했다. 데일리가 자신과 당원들이 당시 판매가 저조했던 그 신문을 구독하겠다고 『아메리칸』의 편집장에게 약속했다는 소문이 퍼졌다.

데일리는 오히려 상대방에 대한 엄청난 비방을 퍼부어 선거전을 유리하게 이끌어갔다. 시카고의 시장이 된 그는 인기를 얻는 일에는 능통했다. 문제는 돈이었다. 권력을 유지하는 데 도움도 위협도 되지 않는 사람들에게서 돈을 받아내어 정치적 영향력이 큰 사람들에게 줄 수 있는 능력이 필요했다. 그는 '당신이 내게 준다면 나도 당신에게 주겠다.'는 신조에 충실했다. 데일리는 시내 중심부의 강철, 유리, 시멘트 사업의 부문 계획을 지원했고 빈민 지역에 대해서는 거의 아무 조치도 취하지 않았다. 그 도시의 영향력 있는 실업인들과 이름 있던 명사들은 4년 후(1959년) 그의 재선에 찬성했다. 그 사람들 중에는 새로 건설된 오헤어 공항에 비행기를 취항하기로 되어 있는 항공회사의 사장, 데일리 덕분에 새로 주차장을 얻게 된 무역회사 소유자, 도시재개발이라는 이름으로 학교 주변의 흑인 거주지를 철거할 수 있었던 시카고 대학의 총장 등이 들어 있었다.

"우리 부부는 선거가 끝난 뒤 케네디 대통령에게 백악관으로 초대받은 최초의 부부였다."며 데일리는 자랑했다. 그러나 그 이유는 간단하다. 데일리는 선거인단의 투표를 좌지우지할 수 있었기 때문이다. 그는 존 F. 케네디에게 일리노이 주의 표를 '몰아줌'으로써 선거에서 이길 수 있도록 도와주었다. '대통령 제조자'였던 그의 관심은 시카고에 유리한 법안을 통과시키고 워싱턴의 원조를 받아내는 데 있었다. 같은 이유로 데일리 시장은 후에 카터를 지지했다.

_ 선거와 돈과 정치인의 삼각관계

70년대 초 미국의 대부호 멜랜 스케이프는 닉슨(Richard Milhours Nixon, 1913~1994) 대통령에게 선거 자금으로 100만 달러를 기부했다. 당시 닉슨은 독점 기업들로부터 선거 기부금으로 5,000만 달러가 넘는 돈을 받은 것으로 추측된다. 그 당시 닉슨이 돈이 없었던 것은 아니다. 그러나 첫째 독점 기업들은 자신들이 지지하는 후보가 승리하는 시기를 날카롭게 포착해낸다. 둘째 선거에는 거액의 돈이 든다. 1982년 20초짜리 텔레비전 광고에 약 6,000달러가 들었다. 그리고 설문 조사 한 번에 1만 달러가 든다. 대통령 자리에 야심을 갖고 있는 후보자가 스크린을 통해 1시간 정도 광고를 하려면 100만 달러 이상을 들여야 한다.

별로 부유하지 못한 정치가들에게는 수백만 달러를 대줄 '기구'가 만들어진다. 해리 트루먼(Harry S. Truman, 1884~1972)은 정치권에 몸담기 전 기성복 사업을 하다가 파산했는데 다행히 그에게는 미주리 지역 민주당 보스인 마이크 펜더 개스트라는 친구가 있었다. 그의 도움으로 트루먼은 정치에 입문할 수 있었다. 1964년 당시 변호사였던 닉슨은 부유한 공화당원 100명이 낸 '정치 경험이 없는 의원 후보자를 찾습니다'란 광고문을 읽고 그를 통해 행운을 잡았다.

그렇지만 위르겐 쿠친스키(Jürgen Kuczynski, 1904~1997)가 『벨트뷔네(Weltbühne)』에 썼던 것처럼 '기억에 남을 만한 낙선'도 되풀이된다. 예를 들면 클레멘츠는 텍사스 주지사 자리를 얻으려고 1982년 11월 선거에서

정치인의 야심과 그와 결탁한 돈의 힘이 작용하는 사건들은 선거전에서 가장 흔하게 목격된다. 선거 과정에서 뇌물과 부정부패 그리고 조작된 언론 등은 늘 풍자의 대상이었고 누구도 의심하지 않는 공공연한 사실이 되어왔다.

1,180만 달러를 썼지만 당선되지 못했다. 쿠친스키는 다음과 같이 비판했다. '그것을 믿어서는 안 된다. 주지사, 상원의원, 하원의원 등의 후보자로 나섰던 18명의 대부호 중 3분의 2 이상이 떨어졌다. 놀라운 일이다. 미국 사람들이 갑자기 대부호들에 대해 분노를 느꼈단 말인가? 관직에 있거나 또는 새로운 자리를 차지하려는 정치가들이 그저 돈을 많이 갖고 있다고 일을 성사시킬 수 있는 것은 아니다. 주변의 관계를 단단히 하고 영향력이 큰 친

4 돈과 권력의 함수관계 123

구들을 사귀며 막후 활동에 개입하는 데 그 돈을 이용해야 한다. 그것을 가장 성공적으로 해내는 사람이 행운을 잡게 된다.'

〝 자본과 권력의 결탁 〞

'칼라불레(Kalabule)'라는 말을 들어본 적이 있나? 이 말은 가나어로 매수, 뇌물 제공, 부패를 뜻한다. 칼라불레는 매판 자본가계급과 영향력이 막강한 정부 관리들의 협력 방식을 적절하게 표현하고 있다. 1981년 12월 제리 롤링스는 가나의 국가 원수로 권력을 잡은 뒤, 수입권 허가로 뇌물을 받거나 정부와의 계약에 돈을 받는 등 관직을 개인의 부 축적에 이용하는 부패한 엘리트와 대결하기 시작한다. 롤링스는 "나는 내 아이들이 부패와 빈곤, 지배욕이 없는 가나에서 자라나기를 원합니다."라고 말했는데 이것은 그의 소원일 뿐만 아니라 가나 국민 대부분의 소원이었다.

권력을 둘러싼 속고 속이는 '생존 경쟁'은 단지 '폭력을 쓰는 자가 왕의 권좌를 차지하고 나머지 사람들은 원시림에서 사는 미개한 지역'에서만 벌어지는 일이 아니다. 정치적으로 '뒤처진 세계'의 통치 방식에 대해 분노하고 비판하는 서유럽과 미국의 재벌은 부끄러움을 알아야 한다. 그들 자신도 다르지 않다. 미국의 워터게이트와 독일의 플리크 사건은 '서구 문명사회'에서 폭로된 가장 볼 만하고 극에 달한 정치적 사건일 것이다.

_ 독일 최대의 뇌물 스캔들

사건의 종말은 틀에 박힌 범죄 영화처럼 왔다. '독일 산업의 진주'라고 할 수 있는 플리크 회사 사무실에서 평범한 검은 색 서류 가방이 검찰청 직원의 눈에 띄었다. 가방에는 열쇠 하나만이 들어 있었다. 그러나 그 열쇠는 그

건물의 어떤 문에도 맞지 않았다. 마침내 드레스덴 은행의 뒤셀도르프 지점에서 그 불가사의한 열쇠로 열리는 금고가 발견되었다. 금고에는 보통의 장부가 있었다. 장부에는 플리크 콘체른이 비밀 금고에 숨겼다가 연방의회를 대표하는 네 개 정당의 정치가들에게 준 뇌물 액수가 기록되어 있었다.

회사의 창립자이자 대표자인 프리드리히 플리크(Friedrich Flick, 1882~1972)는 나치스 아래에서 군수 산업에 적극 가담했었다. 그는 재산의 75퍼센트 정도를 몰수당했지만 그 후 1952년부터 다시 번창하기 시작했다. 바이에른 훈장을 받은 그의 아들 프리드리히 칼은 두 명의 개인 경호원을 거느리고 두 조카와 함께 야금, 강철, 화학, 자동차 등의 분야에 300개가 넘는 회사를 소유한 서독에서 가장 큰 그룹을 경영하고 있다. 그곳에서 4만 5,000명의 근로자들이 철판, 화장지, 폭약, 비누, 기관차, 사냥 기구 등을 생산하고 있다. 매출은 60억 마르크(1973년)에서 140억 마르크(1982년)로 늘어났다.

거대한 플리크 제국에는 하나의 전통이 있다. 플리크 1세는 제1차 세계대전 당시 황제의 군대에 무기를 제공했다. 또 그는 히틀러가 등장할 수 있도록 도와준 사람들 중 하나로 히믈러 친위대를 후원했고 독일 경제를 '아리안화' 함으로써 돈을 벌었다. 미국 법정은 그에게 전쟁 범죄란 죄목으로 7년형을 선고했다. 그렇지만 그는 겨우 3년만 복역했다. 전쟁이 끝나자 콘체른 금고 속의 플리크의 돈은 다시 정치가들 주머니 속으로 흘러들어갔다. 플리크 가문은 정치적으로 바이에른의 기독교 사회주의 동맹(CSU)과 가장 가까웠다. 하지만 그들은 단지 이 정당 하나가 아니라 네 개 정당을 이용할 만큼 교활했다.

독일의 법률에 따르면 1년에 2만 마르크 이상을 정당에 기부하는 사람들은 명단을 공개하도록 되어 있다. 게다가 공식적인 기부금에는 세금이 부과된다. 그러나 '공인 단체'에 기부할 경우에는 위 두 조항이 면제된다. 플리크 외에 약 700여 개의 기업들이 정당에 기부금을 냈고 검찰청은 이들의 뇌물에 대해서도 조사했다. 당 경비는 이런 기부금으로 충당되었는데 선거용 소책자 인쇄 비용이 허위로 기재되거나 하지도 않은 광고비를 당 기관지가 벌어들인 것으로 되어 있었다.

그렇지만 플리크는 또 다른 방법을 생각해냈다. 콘체른의 중역 브라우히치는 원장부의 계원인 딜에게서 상당한 액수의 돈을 받고 영수증을 써 주었다. 딜은 그 영수증 뒷면에 관계된 정치가들의 이름을 연필로 기록했다. 브라우히치는 현금을 봉투에 넣어 사람들에게 건네주고 영수증은 받지 않았다. 그렇게 사람들은 비밀리에 돈을 받을 수 있었다.

딜의 기록에 따르면 플리크는 자신의 '특별 금고'를 다음과 같은 방식으로 위장했다. 즉 그가 가톨릭의 선교 사업에 규칙적으로 많은 돈을 기부한다는 식이었다. 이런 일은 완전히 공식적으로 이루어질 수 있었다. 왜냐하면 연방 법률에 따라 이런 지출의 51퍼센트는 면세되기 때문이다. 단지 흥미로운 것은 돈이 실제로 어떤 경로를 취했는가 하는 점이다. 기부금의 10퍼센트를 선교사들이 받았고 당시 기독교 민주 동맹(CDU)에 속해 있으면서 그 일을 중개했던 발터 뢰르가 10퍼센트를 받았다. 그리고 80퍼센트는 사라졌다. 그것은 비합법적으로 플리크에게 되돌아왔다. 콘체른이 10년 동안 천주교에 기부했던 1,000만 마르크 중 800만 마르크가 사실상 특별 금고 속으로 되돌아갔다. 그리하여 '자유롭고 민주적인' 그 재벌은 엄청난 돈을 숨길 수 있었다. 그 돈은 어떤 대차대조표에도 나타나지 않았고 따라서 세금이 부과되지도 않았다.

_ '애국심'의 엄청난 대가

플리크 기업의 경영자인 브라우히치는 오직 애국심에서 이런 엄청난 금액을 지불했다고 말한다. 이제는 겸손한 사람들이 모범이 되는 시대이므로 남의 눈에 띄지 않게 헌신적으로 사회를 위해 일했다는 것이다. 그렇지만 왜 그렇게 했을까? 플리크와 그 주위 사람들은 자기가 지출한 것에 대해서는 반드시 보답이 따르리라는 것을 알았기 때문이다.

브라우히치는 자신의 고용주에게 이렇게 썼다. '저는 지방 의회와 노동조합 내의 호의적인 사람들에게 특별히 신경을 쓰는 것이 기업을 위해 무척 중요한 일이므로 과소평가해서는 안 된다고 생각합니다. 어떤 조치가 꼭 필요할 경우 그들의 영향력은 그 일을 통과될 수 있게 합니다.' 플리크 콘체른은 많은 돈을 들여 정부와 야당의 정책 방향에 직접적인 영향력을 행사하려고 했다. 다른 사람들도 마찬가지였다. 자본가는 돈을 벌어들일 수 있을 때만 돈을 쓰는 법이다.

플리크 회사는 1975년 22억 마르크 상당의 벤츠 주식을 처분했다. 이 주식의 액면가는 약 3,400만 마르크였다. 매각으로 벌어들인 순이익은 19억 마르크였다. 법에 의하면 그런 매각에는 많은 세금이 부과되어야 한다. 표준으로 세금을 매길 경우 약 12억 마르크가 국고에 들어가게 되니 재무장관이 기뻐할 일이다. 그렇지만 소득세법에는 유보 조항이 있다. '연방 상공장관이 연방 재정장관과 주 정부가 지정한 관리와 협력하여 증권의 매각에서 생기는 이윤이 국민 경제를 활성화하고 경제계의 기업 구조를 개선하는 데 도움이 됨을 증명' 한다면 주식 매각에서 생기는 이윤에 세금이 면제될 수 있다고 한다. 바로 이 때문에 자본가는 결정권이 있는 정치가들을 설득해야 한다. 우리가 보았던 것처럼 정치가들은 돈에 의해 설득된다.

또 플리크는 '추진할 가치가 있는' 사업에 손을 댔다. 해외의 화학 공장에 8억 마르크를 투자하여 다시 세금이 면제되었다. 공금으로 귀속될 뻔한 4억 5,000만 마르크가 콘체른의 금고 안에 남겨졌다. 플리크는 또 다른 7억 마르크를 계열 기업의 현대화와 게를링 보험회사 등 다른 회사들의 주식을 사들이는 데 썼다. 이런 식으로 1975년에서 1981년까지 세금을 한 푼도 내지 않고 15억 마르크를 '유용' 한 것이다. 이 모든 일은 실업자가 150만 명이나 되던 시기에 일어났다. 국고에는 실업 문제를 타개해나갈 돈이 없었다. 콘체른으로 들어간 돈은 아마 수십 억에 달할 것이다. '수입이 중간 정도의 평범한 선거권자인 국민들은 도대체 이러한 상황을 어떻게 받아들여야 하는가?'라고 함부르크의 『차이트(Zeit)』지는 의문을 제기했다. "그들은 단지 허리띠를 졸라맬 수밖에 없는가? 정치가들이 끊임없이 말하는 것처럼 국민들은 정당 민주주의의 진정한 주권자인가?"

MONEY $hock

5
"부자와 가난한 자"

"사람들은 조국을 위해 죽는다고 생각하지만 실은
기업가들을 위해 죽는 것이다."
- 아나톨 프랑스

식탁 장식대 위에 놋쇠로 된 코린트산 나귀 상이 세워져 있다. 나귀 등에는 밝은 색 올리브와 짙은 색 올리브가 담긴 주머니가 걸려 있다. 가장자리마다 트리말키오의 이름과 은의 무게가 새겨진 작은 접시에는 향료를 뿌린 맛있는 고기 요리가 담겨 있다. 우리가 아직 전채 요리를 먹고 있을 때 마치 알을 품은 듯 날개를 펼친 모양의 목각 암탉 한 마리가 들어왔다. 두 노예가 경쾌한 음악에 맞춰 둥지를 뒤져서 알을 찾아내 손님들에게 나눠 주었다. …… 그 뒤로 흑인 두 명이 작은 가죽 주머니를 가지고 와서 우리의 손 위로 포도주를 따랐다. …… 정교하게 석고로 장식한 '오피미우스년(年)에 만들어진, 100년 된 팔레르노산 포도주' 항아리가 옮겨져 왔다.

둥근 식탁에는 열두 개의 별자리가 새겨져 있었다. 양자리에는 양 완두콩, 황소자리에는 쇠고기 덩어리, 쌍둥이자리에는 고환과 신장, 게자리에는 화환, 사자자리에는 아프리카산 무화과, 처녀자리에는 암퇘지의 자궁, 천칭자리에는 케이크와 과자, 전갈자리에는 바다생선, 사수자리에는 토끼, 산양자리에는 가재, 물병자리에는 거위, 물고기자리에는 물고기 두 마리…… 노예 넷이 격렬한 춤을 추며 식탁 장식대 윗부분을 떼어냈다. 그러자 살찐 닭과 돼지의 젖가슴 그리고 페가수스처럼 보이도록 깃털로 장식된 토끼가 나타났다. 장식대 모퉁이에 있는 네 개의 작은 조각상에서 흘러나오는 소스가 생선을 덮어 마치 물고기가 연못 속을 헤엄치고 있는 것 같았다.

트리말키오는 팔꿈치를 괴고 편하게 누워 "이 포도주를 음미해보시지요. 믿지 않으시겠지만 제게 즐거운 건 식사뿐입니다……."라고 말했다. 음식 쟁반이 또 하나 들어왔다. 양쪽 송곳니에 종려가지로 만든 작은 바구니 두 개가 걸려 있는 멧돼지였는데 각각 카리오트산, 테바산 대추야자가 담겨 있었고 과자로 만든 새끼 돼지들이 마치 젖꼭지에 달려드는 듯한 모습으로 멧돼지 둘레에 놓여 있었다……. 그제서야 비로소 우리는 음식을 미처 반도 먹지 않았다는 것을 알아차렸다. _ 페트로니우스, 《사티리콘》

〝 얼마만큼 있어야 부자인가 〞

　앞의 이야기는 폭군 네로의 궁정에서 미식가로 알려진 페트로니우스가 트리말키오의 향연을 묘사한 《트리말키오의 향연》 중 일부만을 발췌한 것이다. 로마시대에는 노예들이 힘들게 거둬들인 수확물과 스페인 지방의 금은 광산에서 목숨을 바쳐 캐낸 귀금속들이, 사치스런 연회나 가재도구, 노예 숫자, 값비싼 장식품들로 지위를 과시하는 노예주들의 탐욕스러운 제단에 바쳐졌다. 부유한 로마인들에게는 변태적인 성적 유희와 마찬가지로 사람들이 서로 죽이거나 야수의 먹이가 되는 경기인 '키르켄세스(Circencess)'도 일상적인 것이었다.

　신이 멸망의 형벌을 내렸다고 《구약》에 기록된 부유하고 타락한 니네베(고대 아시리아의 수도) 사람들은 로마인의 선배 격이었다. 그 도시는 2,500년간 사막의 모래에 묻혀 있었다. 아시리아와 마찬가지로 노예의 노동과 죽음 위에서 향락을 추구한 로마인들의 사치는 국가의 기둥을 침식하여 마침내 붕괴에 이르게 했다.

　그러나 고대 로마가 몰락한 지 1000년 만에 저 멀리 남아메리카 볼리비아에서도 로마의 사치가 재현되었다. 은이 풍부한 세로 리코 지역의 포토 시에서는 800만 명 이상의 인디오들이 스페인 광산주인 이달고와 그란덴의 사치 때문에 목숨을 잃었다.

　부자들의 개인 장부의 액수는 매일 수만 혹은 수십만씩 늘어나며 어쩌다 수백만씩 늘기도 한다. 그들은 자기 돈이든 남의 돈이든 그저 돈을 중심으로 돌고 돈다. 마치 이기적이고 자기 중심적인 경제 동물들 같다. 그들에게 있어서 돈이란 심장의 박동이고 본능이다. 그들은 합법적이거나 반합법적

〈퇴폐기의 로마인들(The Romans of Decadence)〉, 토마스 쿠튀르(Thomas Couture, 1815~1879), 1847, 파리, 오르세이 미술관

으로 또는 비합법적으로 돈 벌 궁리를 한다. 국제적으로 연결된 그들의 조직체는 전혀 돈을 들이지 않고도 산더미 같은 돈을 긁어모은다.

그들은 아침 식사 후 다시 침대에 들어가 위스키 잔이나 비우고 있어도 아무 문제가 없을 만큼 많은 돈을 갖고 있다. 그러면서 오늘은 어떤 식당에서 점심 식사를 즐길까, 수영을 식사 전에 할까 후에 할까 생각하는 게 고작이다. 매년 그들은 최고급 휴양지의 시끌벅적한 망년회 잔치로 한해를 시작한다. 2~3월에는 사육제를 즐기고 스키를 탄다. 보통 돈을 가장 많이 쓰는 계절은 여름이며 가을에는 파리, 라스베이거스, 몬테 카를로 등지에서 사람들과 만나는 데 돈을 쓴다. 연주회의 초연과 대규모 야간 연주회 관람은 그들의 연중 계획에서 빠지지 않는다. 이 바쁜 사람들은 성탄절에는 잘 알려진 겨울 휴양지에서 다음 해를 시작하기 위해 휴식을 취한다.

_ 자기 재산이 얼마인지 아는 이는 진짜 부자가 아니다

그들의 이름은 그다지 알려져 있지 않다. 그 '위대한 가문'의 이름을 말할 때 사람들의 목소리에는 경외심이 담겨 있다. 그들은 소수의 제한된 사람들

미국의 금융업자이며 대부호인 모건(John Pierpont Morgan, 1867~1943)의 1930년 당시 모습

로 수십억 또는 수조를 지닌 재산가다. 몇천 명밖에 안 되는 그들은 결혼 등 다양한 방식으로 결합하여 친인척 관계를 맺고 있는 한 가족이다. 그들은 국내 또는 국제 무대에서 엄청난 금융 활동을 한다.

록펠러, 뒤퐁, 멜런, 포드, 게티, 케네디, 레이놀즈, 피트칸, 레만, 해리먼, 모건과 같은 이름은 미국에서는 부 또는 권력과 같은 의미로 통한다. 영국에서는 바클레이, 스카버러, 해밀턴, 로스차일드, 래저드, 슈뢰더, 오펜하이머가 그런 이름들이다. 지멘스, 플리크, 튀센, 하니엘, 헹켈, 스티네스, 클뢰크너, 슈툼, 크반트, 발트하우젠, 오펜하임, 그룬디히, 크루프는 독일 거대 자본의 소유주들이다. 네덜란드에서는 필립스, 프랑스에서는 로스차일드, 푸조 등을 거명할 수 있다.

'대독일제국'은 붕괴했으나 제국의 지지자들은 남아 있다. 일찍이 제1차 세계대전 전의 옛 금융 귀족과 자본 귀족은 오늘날까지 손끝 하나 다치지

1934년 롱 아일랜드(Long Island)에 있는 모건의 거주지 전경.

모건의 요트 '콘세어(Corsair)', 1936년.

5 부자와 가난한 자

않았다. 그 당시 이미 최고의 부자였던 가문들은 대부분 제1, 2차 세계대전을 통해 더 강력하고 부유해졌을 뿐 아니라 현재도 여전히 독일의 정치와 경제를 조종하고 있다. 엥겔만(Bernt Engelmann)은 그들의 과거와 현재를 검토한 결과 "대부분 이미 지나간 몇 세기 동안 농지 몰수, 착취, 고리대금, 화폐 위조, 뇌물로 사취한 독점권, 군대 납품 등 봉건주의적 착취를 세련화시킨 방법들로 재산을 모은 구시대의 금융 귀족과 권력 귀족의 후계자들이 여전히 엄청난 부와 권력을 쥐고 있다."고 말했다.

슈프링거, 플리크, 호르텐, 딜, 카르크 등 비교적 젊은 억만장자 클럽의 회원, 과거 프로이센 귀족원과 바이에른 제국 의회에서 세습된 의석을 지녔던 귀족의 후계자, 루르와 자르 지방의 초기 대공업가의 후예 그리고 나폴레옹의 대륙 봉쇄령 때 커피와 면화를 밀수해 거부가 된 한자동맹의 후손들이 독일 연방의 우두머리가 되었다.

거기에는 왕가에서 출생한 왕자, 공주, 남작, 후작, 공작 등 지배가문의 후예들도 포함되었다. 과거 봉건시대의 유물인 그 귀족 후손들은 상속받은 재산과 조상들의 돈을 갖고 고위직과 특권을 누리게 되었다. 그들의 역사는 돈의 역사와 뗄 수 없다. 그들은 사람들이 자신들에게 갖는 경외심과 경탄이 자신들의 현명함 때문이라는 생각에서 벗어나지 못하고 있다.

한 거물급 은행가는 "만약 졸지에 100만 마르크가 생기면 무슨 일을 하겠는가?"라는 질문을 받고, "절약해야겠지요."라고 대답한 바 있다. 어떤 사람이 자신의 돈을 헤아릴 수 있다면 그는 진짜 부자가 아니라고 록펠러는 생각했다고 한다. 분명한 것은 이런 사람들의 생활 척도는 독특하다는 것이다. 그들은 소실 위험은 적고 증식의 안정성이 큰 곳에 자신의 돈을 투자한다. 그들은 돈을 나누어 투자함으로써 투자 위험을 줄이고 이윤을 늘린다. 그들의 돈은 끊임없이 돌아다닌다. 그들은 밀가루를 생산하고 경주마를 사육하며 호화판 호텔을 짓고 관광 사업에도 자금을 댄다. 그들은 껌도 생산하고 생명보험 중개 사업을 벌이며 세계에 여행 시설을 만들고 담배 농장에 투자하고 자동차를 빌려주고 비행기를 띄우고 오대양에 배를 띄우고 오락 시설을 경영하는 등의 일을 동시에 하는 기업의 우두머리들이다. 어디든 그들의 돈이 돌아다니고 있다. 중세시대의 '후추 가루 상인(소매상인)'은 이제 더 이상 은행가나 석유 생산자, 기계 공장 소유자 혹은 상점 소유자가 아니다. 그들은 이 모든 것을 동시에 한다.

폭스바겐 주식회사가 자동차뿐만 아니라 사무기기도 만들어내고 컴퓨터 산업에도 손을 대고 있다는 것은 아마 많은 사람들이 알고 있을 것이다. 그러나 바로 그 회사가 브라질 북부 아마존 분지에 거의 14만 헥타르에 달하는 목장을 경영한다는 사실을 아는 사람이 있을까? 매년 그 목장에서 나오는 소 2만 7,000마리가 쇠고기 장조림으로 가공된다. 이익만 많다면 폭스바겐 주식회사는 매년 거리로 내보내는 자동차보다 더 많은 소를 도살장에 보낼 것이다.

철강 산업으로 알려진 슈툼 일가는 오래전부터 자회사와 지주 회사들을 앞세워 주유소를 세우고 정수기를 만들고 라인 강에 다리를 놓았다. 그들은 조선소에서 동력선과 각종 배를 건조하고 항만 시설을 설비하며 도수로와 안테나 탑을 세운다. 50개가 넘는 콘체른 회사가 나사, 윤활유, 연료를 거래하고 쟁기를 만들고 합성수지 제품을 만들고 인쇄업을 한다. 이 모든 사업에 그 가문 소유의 은행이 자금을 대출해주고 있다.

'푸딩 왕자' 외트커의 제국 또한 과자와 빵 위에서 건설된 것만은 아니다. "당시에는 선박 제조업이 특히 대부 조건이 유리했기 때문에 외트커는 자신의 푸딩과 빵으로 벌어들인 수익을 세무서에 세금으로 내기보다는 차라리 자금을 선박업에 대기로 했다. 배와 화물은 보험에 가입해야 하므로 외트커는 보험회사 '콘도르'를 설립했다. 또 높은 대부 이자와 사용료에 화가 난 그는 람페 은행을 인수하여 자신의 은행으로 만들었다. 그리고 그는 광고업체를 사들여 모든 상품에 불가피하게 드는 높은 선전 비용을 줄였고, 공황 때에도 안정적으로 이익을 많이 내는 맥주 양조업에 투자했는데 이 역시 자기 소유의 신용기관인 '양조업을 위한 은행 주식회사'를 이용하여 이루어졌다. 현재 그는 유럽에서 가장 큰 양조 공장의 주인 가운데 하나다.

_ 수백만 마르크짜리 낭만

돈은 행복을 의미하며 행복하다는 것은 곧 돈을 많이 갖고 있는 것이라고 여기는 사람은 당연히 '대가문'과 왕족의 후손들이 세상에서 가장 행복한 사람들이라고 생각할 수밖에 없다. 그러나 사람들이 이런 느낌을 갖지 않도록 언론들이 존재하는지도 모를 일이다. 언론에서는 '이 세계의 강자들'이 지닌 작은 문제들을 커다랗게 부풀린다.

1982년 영국의 저속한 신문들은 찰스 황태자와 다이애너 사이에 의견 차이가 있었다는 선정적인 소식을 독자에게 전했다. 그리고 앤드류 왕자가 카리브 해의 왕가 소유지에서 포르노 영화배우 쿠 스타크와 지냈으며 수영장에서 그녀와 또 다른 아가씨들의 수영복을 벗기고 한 아가씨의 수영복 안으로 살아 있는 가재를 밀어 넣으려 했으며 자신도 나체로 돌아다녔다고 보도했는데 이는 아마도 찰스 황태자에 대한 소식보다 더 큰 자극을 위해 마련되었을 것이다.

이런 보도에 직면하자 주간지 『스펙테이터』는 '영국 왕실은 일찍이 이보다 더 심한 위협들도 견뎌왔지만 이토록 상스러운 취급을 참고 견뎌야 했던 적은 없었다.'고 격분했다. 왕자의 사생활이 상스러운 것이 아니고 그에 관해 보도하는 것이 상스럽다는 것이다.

그런데도 자신의 근심을 잊고 싶은 사람은 '높은 사람들'의 근심을 기꺼이 대신해준다. 전해지는 소식들은 얼마나 슬프고 괴로운가. 도박으로 날려버린 유산, 버릇없는 자손들, 병에 걸려 불행해진 친지들, 가족의 불화, 짝 사랑, 음모, 비극적 장면들—부자들의 세계는 어쩌면 이토록 슬프단 말인가. 그러니 부자 축에 끼지 않는 것이 얼마나 다행인가. 게다가 부자들은 어디에서고 질투와 시기로부터 벗어날 수 없으니 말이다.

세네카(Lucius Annaeus Seneca, 기원전 55?~서기 39)가 돈을 소유하는 것이 버는 것보다 더 큰 고문이라고 한 말은 아마도 옳은 말이 아니겠는가? 가족 간의 반목과 권력 투쟁으로 대부호의 가문들은 시달렸다. 거대한 금권 왕조들은 흔들리기 시작했고 가족 제국들은 허물어졌으며 마침내 유급의 경영자와 익명의 콘체른이 등장했다. 그런 모든 소식들은 더 이상 거대 가문이 존재하지 않는 것처럼 현실을 조작한다.

그러나 유산의 분산과 권력의 분산, 기업 왕조의 손자나 증손자들 간에 벌어지는 험한 싸움이나 주식과 지분의 처분조차도 소득 분배나 권력 분배에 어떤 변화를 가져오지 않았다. 슈툼이나 크루프 같은 이름이 전보다 덜 거론되는 것은 그들이 손대고 있는 무기 제조업이 끊임없이 잡음을 내는 탓에 평판이 나빠졌기 때문이다. 그리고 옛 재벌 가문들이 명문 귀족과 혼인을 함으로써 이름을 바꾸었다는 것도 중요한 이유가 된다. 그러나 대자본들이 왕족들에게 힘을 뺏긴 것은 결코 아니다. 왕족은 새로운 자본가로 추가되거나 자본가들의 위탁으로 경영을 맡았을 뿐이다. 70년대 중반 뒤셀도르프 기업의 슈툼 콘체른이 여는 주요회의에는 프리덴하겐의 빌덴부르크 된호프 백작, 글리겐하임의 기사 프란츠 요제프, 영주 슈툼 람홀츠 그리고 부킬론 출신 팔피 폰에르트외트 백작, 몬타놀라 출신의 기사 페르디난트 폰 마르크스도 참석했다. 유럽경제공동체(EEC)의 전 위원장인 할슈타인과 이사회의 명예회장 헤르만 요제프 압스도 왔다.

물론 록펠러가 가장 행복한 사람이 아닐 수는 있다. 그렇다고 해서 극빈자나 굶주린 사람 또는 거지가 이 고상한 사람들보다 더 행복하다고 한다면 대체 누가 그런 얘기를 믿으려 할까?

끊임없이 흘러나오는 '상류사회 인간들의 운명'에 관심을 갖는 사람들은, 그들보다 가난한 사람들도 도둑맞고 사랑의 대가를 돈으로 치를 수 없는 사람들도 실연하며 주치의가 없는 사람도 아프다는 사실을 종종 잊는다. 물론 물질적인 재산에 전혀 관심이 없는 부자들도 있을 수 있고 실제로 있었다. 그들에게는 적어도 그런 것이 삶의 다른 요소들 즉 정신적 욕구나 예술 체험 또는 아름다운 여성보다는 덜 중요하다.

트루먼 미국 대통령이 물질적인 것들에 의미를 두지 않았다는 점을 들어 다른 사람들보다 낫다고 말하는 이들이 많다. 그러나 생활필수품조차 부족한 사람들에게 돈이라는 것은 그처럼 있으나 마나한 것일 수는 없다. 왜냐하면 진짜 돈을 우습게 여길 수 있으려면 한 가지 전제, 즉 돈을 많이 갖고 있어야 하기 때문이다. 검소한 사람이나 욕심 없는 사람이라도 돈은 필요하다. "돈! 포도주 한 병과 질 좋은 담배 한 개비, 이것이 사람에게 필요한 전부이다. 다른 것은 모두 웃어넘길 수 있다."고 켈러만(Bernhard Kellermann, 1879~1951)은 말했다.

그에 반해 뮐러(Johann Martin Müller, 1750~1814)의 '나는 돈과 선에는 아랑곳없다. 그때 나는 만족한다.'는 시 구절은 힘겨운 자신의 현실에서 도망칠 수 없어서 내뱉는 감상적이고 낭만적인 넋두리에 불과하다. 왜냐하면 아이들을 배불리 먹이고 입힐 만한 돈이 없다면 그 누구라도 만족할 수 없기 때문이다.

돈의 역사는 한편으로 과시와 사치의 역사였다. '모든 매음과 음주벽 그리고 탈선은 부자에게는 특권이었고 가난한 자에게는 범죄였다.'는 토마스 울프(Thomas Wolfe, 1900~1938)의 이야기를 수천 년의 역사가 입증해주고 있다. 부가 늘어나는 만큼 향락을 느끼기 어려워지므로 '고귀한 사람들'은 점점 더 변태적인 욕구 해소 방법을 궁리해냈다. 올리버 골드스미스는 자신의 소설에서 이렇게 썼다. '돈이 많은 사람들은 항상 열광적인 방식으로 쾌

락을 추구하게 된다.'

　수십 억의 재산을 가진 추장 모하메드 알 파시는 외국을 여행할 때마다 엄청난 액수를 뿌린다. 단 자기를 맞는 상대국의 정부 당국이 온갖 경의를 표할 때만 자선금을 낸다는 것이다. 그는 자신이 원하는 환영 예식을 거행하지 않았던 뉴욕 시에는 주기로 약속했던 200만 달러 가운데 단 1센트도 내놓지 않았다. 허세와 명예와 겉치레를 위해 쓰이는 돈의 역사는 영원하다.

　강자 아우구스트(August Ⅱ, 1670~1733)가 같이 자고 싶은 여인들에게 다이아몬드와 루비로 된 인조 꽃다발을 첫번째 선물로 바쳤다는 것은 이미 알려진 사실이다. 폰 케셀 부인은 6만 달러 상당의 다이아몬드를 받았고 폰 쾨니히스마르크의 백작 부인 아우로라는 아들에게 폰 작센 백작이라는 훌륭한 칭호를 얻어 주었으며 에스테를레 백작 부인은 4만 굴덴의 가치를 지닌 황금 귀걸이를 받았다. 그 뒤에 폰 슈피겔 부인, 그 다음엔 왕실 대시종의 아내였다가 곧 테셴 후작 부인의 칭호를 따낸 루보미르스가 있다. 그 다음엔 내각 각료의 아내인 코젤인데 오늘날에도 코젤의 이야기는 인형극으로 공연되고 있다. 그 뒤로 바르샤바 출신의 듀발, 무용수 듀파르크, 클레망 양, 된호프 백작 부인, 폰 디스카우 양, 폰 오스터하우젠 양……. 아우구스트의 궁정 시인 요한 베서는 그 외에도 베니스의 가장 유명한 창녀인 트롬페티나, 수많은 평민 처녀들, 무희들 그리고 아우구스트가 '지나가다' 눈짓한 건강한 농가 처녀들에 대해 언급하고 있다.

　농부, 노예, 수공업자, 노동자들이 힘들게 생산해 놓은 것들을 단 몇 시간 만에 탕진해버리는 도락과 방탕과 음탕한 섹스 잔치들이 유럽의 궁전에는 대체 얼마나 많았던가? 아우구스트의 궁정 시인 베서는 이렇게 회상한다. '이곳 드레스덴에는 축제 말고는 아무것도 없다. 신들의 향연, 가장 무도회, 부인네들의 이어달리기, 여우 죽이기 장난, 꿩 사냥, 거위 달리기, 썰매 경주(눈이 없는 경우에는 근방의 농민들이 소로 썰매 마차를 끌고 다녀야 한다), 비너스 축제, 사육제, 개몰이 사냥 — 이 모든 것은 항상 술잔치로 끝난다. 거기에 왕실 금고의 돈을 쏟아부었다.

그들이 거주하는 곳은 더할 나위 없이 편리하고 사치스럽다. 미국의 철강 부호 플리크의 생활은 거의 믿을 수 없을 정도다. '그가 아침에 일어나면 그의 눈앞에는 베르메르와 티치아노의 작품이 걸려 있고 아침 커피를 마실 때는 엘 그레코와 홀바인의 작품, 고기를 씹을 때는 반 에이크와 프란스 할스의 작품, 알약을 삼킬 때는 베로네세와 벨리니의 작품, 불면증과 싸우고 있을 때는 벨라스케스와 렘브란트의 작품 그리고 그가 숨이 넘어갈 때는 고야와 호가스의 작품이 그의 눈길 닿는 곳에 있었다.'

아른트 폰 할바흐는 채 마흔 살도 되기 전에 네 곳에 거처를 갖고 있었다. 뮌헨 슈바빙에 있는 게오르게 궁전은 과거 사라예보에서 살해되어 제1차 세계대전 발발의 원인이 된 프란츠 페르디난트 대공의 소유였다. 50개의 침실과 화려한 연회장이 있는 사냥터의 성 블륀바하가 그의 두 번째 거처였다. 산, 냇물, 마을이 딸려 있는 그 성은 리히텐슈타인보다도 크다. 그리고 북아프리카의 가장 아름다운 오아시스 중 한곳에 있는 훌륭한 토지가 그의 소유로 되어 있다. 그곳은 언젠가 모로코의 군주가 무기 거래에 대한 감사 선물로 그의 아버지에게 준 것이었다. 그리고 마지막으로 에센에 있는 유서 깊은 '휘겔 별장'이 있다.

구텐베르크 남작은 여러 개의 성과 영토 그리고 본에 있는 훌륭한 별장을 갖고 있다. 소비광인 호르텐은 21세기의 왕에게 가장 적합하다 할 성에 살고 있다. 그곳은 최고 걸작 예술품으로 둘러싸인 정원, 180제곱미터의 커다란 발전소, 도서관, 칵테일을 즐길 수 있는 바, 단추만 누르면 입체 음향의 콘서트홀이나 대규모 영화관 또는 완전 설비된 소극장으로 바뀌는 공연실 등이 갖춰진 초현대식 집이다. 그는 슈타이어 마르크 지방에 성과 사냥용 별장을 갖고 있다. 그리고 스위스의 테신 지방에는 10만 제곱미터가 넘는 땅이 있다. 그가 자랑하는 것 가운데는 바하마에 있는 섬도 있다. 거기에는 주거용 건물과 요트 항구와 비행장이 갖춰져 있다.

게를링 가문은 아직 거부 축에 끼기 전인 1914년에 쾰른 시의 한 구역을 자신들만을 위한 도시 즉 거대한 종합 궁전으로 건설했다. 그 벽에 새겨진 거대한 부조는 한때 히틀러의 석수였던 아르노 브레커의 작품이다. 헹켈 클란도 자기 소유의 별장 구역에 거주하며 남부 해안에 제2, 제3의 거주지를 갖고 있다. 그의 성은 항상 소란스럽다. 그곳에서 그는 상류 사회 인사들과 만나 다른 사람들이 일해서 만든 것들을 탕진해버린다.

『서독 경제주간』에는 전설적인 바이에른의 시시(Sissi) 공주(1837년생)가 태어난 포센호펜가의 성에 1983년 가을까지 우수한 개인 주택 28채가 완공될 텐데 그 주택들은 1제곱미터당 약 1만 마르크로, 100만에서 250만 마르크에 팔 예정이라는 광고가 실렸다. 놀랍게도 그 즉시 약 500명에 가까운 사람들이 주택청약 신청을 했는데 그 중에는 뒤셀도르프의 한 사업가와 뷔르템베르크의 자동차 회사 경영자와 쾰른의 은행 사장 등이 들어 있었다고 한다. 그러나 명단은 공개되지 않았다.

어찌 되었든 이 신청자들 속에는 '한정없는 임금 인상 요구'로 기업가들을 압박하고 경제를 붕괴 직전까지 몰고간다고 비난받는 노동자계급은 분명히 없을 것이다. 80년대 초 서독에서는 주택이 120만 채나 모자랐다. 매년 35만 채가 새로 건설되는데도 주택의 부족량은 해마다 10만 채씩 늘어났다.

66 '절약' 권하는 사회 99

'사회 복지 국가 한계에 도달. 레이건의 극약 처방. 철의 여인 대처의 결단. 사회의 균형을 잡으려는 독일 수상.' 이것이 1980년대 초 신문의 헤드

라인들이었다. 경제는 악화되어갔다. 사람들은 마치 돈이 없는 듯이 행동했으나 같은 시기에 이 나라의 다른 부분에서는 진짜 폭발적인 이윤이 생겨났다. 세계 시장에서의 경쟁은 더욱 어려워졌다. 일본인들이 유럽인들을 압박하기 시작했으며 자동차, 철강, 컴퓨터, 방송, 전자 장비 생산 등에서는 미국도 일본에 뒤쳐졌다. 생산이 잘 되지 않고 예산 적자와 재정 적자가 어지러울 정도로 늘어났다. 그런데도 군비 경쟁을 위해 수십 억 달러가 들어갔다. 그것을 위해서는 돈이 풀려야 한다. 누구에게서? 가장 적게 가진 사람들에게서다. 대재벌들은 전국적으로 필요한 법률이 시행되도록 하였다. 어디에서든 (법률로써) '절약'을 요구하였다. 아동보호 기금, 학술 보조금, 연금, 실업자 구제 기금, 교육과 기능 연수 비용, 주택 임차료 지원금과 난방비 지원금, 저소득층에 대한 의료보호와 식량 보조, 학교 급식 보조금 등을 제한한 것이다.

뉴욕에 있는 '경제 정책 연구를 위한 국제 센터'의 연구 이사인 조지 길더는 록펠러의 지원을 받으면서 집필한 저서인 《풍요와 빈곤》에서 절약의 이론적인 논거를 제시했는데 다음과 같다. '실업자 구제는 실업을 조장한다. 아동 보호 기금은 가정을 파괴한다. 병자와 생활무능력자 보호는 노동 불능과 무능력화를 장려하는 것이다. 사회보장은 개인적인 노후 준비를 소홀하게 만든다.' 따라서 서구 산업 국가에서 국가가 사회 복지에 기울인 모든 노력은 '하층계급'의 노동 윤리를 타락시켰다는 것이다. 꾀병 앓는 풍토가 병균처럼 확산되고 마치 종양처럼 무성하게 자라서 이제는 국가가 스스로를 지킬 수밖에 없다는 것이다.

이 모든 내용은 감동적으로 표현되었다. 이 매력적이고 새로운 구세론은 레이건 대통령뿐 아니라 그를 따르는 서유럽 정부에 의해서도 수용되었다. 요제프 슈바이크는 '과거에는 일하지 않는 것에 대해서 대가를 받았고 일을 하면 세금을 물었다. 이것이 오랫동안 끊임없이 실업이 증가해온 본래 이유다. 노동시장이 다시금 제 기능을 하도록 만들어야 할 것이다. 그러려면 노동을 더 매력 있게 실업을 더 신물 나게 만들어야 한다'고 진단하고 치료법까지 처방하여 노벨 경제학상을 수상했다. 밀턴 프리드먼은 수백만 실업자들이 실업 상태에 있는 이유는 단지 그들이 일하는 것보다 실업 상태를 더 좋아하기 때문이라고 믿는 사람이다. 그의 설명은 어째서 이미 많은 것을 가진 부자가 그보다 훨씬 덜 가진 가난한 사람에게서 아직도 뭔가를 빼앗으려 하는지 그 동기와 논리를 대답해준 셈이다.

미국의 유명한 작가 오 헨리의 소설에 나오는 볼리바르가 두 인물을 한번에 싣고 갈 수 없었듯이 국가 재정에 대해서도 마찬가지다. 볼리바르는 부자만 싣고 간다. 농가에서는 말 먹이느라 참새 줄 것이 없다고 한다. 그러나 경제 현실에서는 꼭 그런 것만은 아니다. 다시 말하자면, '부자들'이 남은 돈을 자동적으로 공장, 사무실, 농업 경영, 실험실에 투자하는 것은 아니다. 돈을 가지고 있다고 부자들이 그 돈으로 언제나 상품과 일자리를 만들어내는 것은 아니다. 그들은 여행을 떠나는 것보다 많은 돈이 되돌아올 것이라는 전망이 있을 때에만 비로소 투자하는 것이다.

_ 부자들의 금전난

1980년대 초 이후 각국의 의회는 절약 소동에 빠져 있는 것처럼 보였다. 그러나 과연 그들이 정말로 절약했을까. 부자들은 항상 갖고 싶은 것을 사고 즐기고 싶은 일에 쓸 수 있는 돈을 갖고 있다. 강자 아우구스트의 '금전난'은 유명하다. 그는 어디서고 돈을 빌리려 애쓰지 않았던가. 그러나 자기 아들과 요제프 황제의 딸과의 결혼 축하연은 성대하고 호화롭고 찬란하게 치러야 했다. 실제로 가문의 축제 경비는 유례 없이 많은 것이었다. 한 국가를 먹여 살릴 만한 금, 은, 다이아몬드, 진주가 넘치는 호화판 잔치였다.

'부자들'은 국민 앞에서 돈이 없다고 우는 소리를 하면서 "갑자기 사정이 생겼고 그래서 투자할 수도 없고 일자리를 만들어줄 수도 없을 만큼 어려워졌다."고 늘어놓는다. 그러나 그 뒤편에서 그들은 예나 지금이나 카드놀이나 엄청난 규모의 가족 축제를 위해 수백만 마르크씩 흥청망청 쓰며 희희낙락하는 것이다.

군터 작스가 프랑스 파리에서 가장 비싼 주거 지역에 지은 400제곱미터 크기의 건물은 수백만 마르크를 들여 설비한 것이다. "가장 손이 덜 간 화장실조차 '위대한 작스'에 어울리도록 가장 비싼 인부와 예술가가 2년 반 동안 장식하였다. 원근법의 조작을 기막히게 구사하는 대가가 벽화와 천장화 그리고 거울을 이용하여 만든 화장실은 그것을 사용하는 사람이 거대한 피렌체 궁정의 한가운데 있다고 착각하게 만들었다."

화폐 부족과 화폐 잉여는 분명 상대적인 것이다. 부자들이 원하는 것에 대해서는 그 어디에서도 화폐 부족을 찾아볼 수 없다. 오히려 제 아무리 장애가 있어도 돈을 쓸 것이다.

크리스토퍼 콜럼버스(Christopher Columbus, 1451~1506)는 1492년 그가 발견한 카리브의 섬들을 '지상의 낙원'이라고 표현했다. 섬의 서부 아이티에서 듀발리에 가문들이 그 '꿈의 나라'를 어느새 정치적 살인과 사회적 빈곤만 가득 찬 지옥으로 만들어버렸지만, 다국적 콘체른에게는 카리브의 그 섬이 새로운 돈벌이의 낙원으로 다가왔다. 호감이 가는 젊은 여자 노동자의 사진 아래 있는 이런 글귀가 사람들을 유혹하고 있다. '단돈 1달러에 그녀는 여덟 시간을 기꺼이 일할 것이며 100명의 숙련된 그녀 친구도 당신을 기다리고 있습니다.' 대략 300여 개의 대기업들이 아이티로 갔다.

노동력이 값싸면 장사는 번창한다. 아이티의 전 대통령이자 베이비 독이라 불리던 뒤발리에 2세(Jean-Claude Duvalier Ⅱ, 1951~)는 특히 공장 용지의 지주로서 자기 몫을 챙겼다. 1981년에 그는 사탕수수 수확용으로 1만 9,000명의 농업 노동자를 이웃인 도미니카 공화국에 팔아 '인두세'로 200만 달러를 벌었다. 지배자 일가가 약탈한 재산은 약 2억 달러에 달하며 1980년 봄 베이비 독이 호화찬란한 결혼식을 즐기는 데만 대략 300만 달러가 들었다.

_ 귀족들의 이쑤시개와 시민들의 영양실조

경제를 되살리려면 절약하라고 가난한 국민들에게 설교하는 동안 갑부들은 뉴욕 5번가의 점포에서 계속 물건을 산다. 그곳에선 벽시계 하나에 16만 달러, 손목시계 하나에 2만 400달러, 백금으로 된 이쑤시개 하나에 138달러, 순금으로 된 서류철 하나에 185달러를 줘야 살 수 있다. 런던의 한 경매소에서는 1940년 6월 10일에 발표한 무솔리니의 자필 선전 포고문이 1만 달러에 낙찰되었다. 백악관은 1981년 9월에 중국 식기 한 벌을 20만 9,508달러에 사들였다. 두 달 뒤 브루클린의 한 초등학교에서 학교 급식비가 없는 아이들에게 다른 아이들이 먹다 남긴 음식을 먹도록 허락했다는 이야기가 신문에 보도되었다. 불과 1년 뒤인 1982년 디트로이트의 시장인 콜먼 에이 영은 기근 상태를 선포했다. 그는 그 시의 120만 시민 중 40만 명이 영양실조에 걸려 있다고 신문기자들에게 설명했다. 교회의 급식소 앞에는 수천 명씩 줄을 서 있었다. 신문들은 영국 찰스 황태자의 부인 다이애너의 의상실에는 당시 총 10만 달러 상당의 야회복이 50벌 가량 걸려 있다고 보도했다. 1982~83년 겨울, 미국에선 잠잘 곳 없는 수많은 부랑자들이 얼어 죽었다.

뭔가 가진 게 있으면 당신은 뭔가 될 수 있고, 뭔가 되었으면 뭔가 할 수 있다고 사람들은 말한다. 독일의 오만한 귀족은 끊임없이 더 높은 칭호를 얻으려고 애쓴다. 단순히 귀족 가문임을 나타내는 '폰' 자를 얻는 데 3만 5,000마르크, '귀족'은 4만 마르크, '남작'은 10만 마르크가 필요하다. '백작' 칭호를 얻으려면 그 액수가 두 배로 뛰어오른다.

누구나 귀족 칭호를 지니면 예우를 보장받게 마련이다. 그리고 적당한 사교권이 생기고 허튼 소리를 할 권리도 누리게 된다. 관청에서 대우받는 것은 물론이다. 마침내 하고 싶은 일을 할 수 있다. 왜냐하면 그는 뭔가 된 사람이기 때문이다.

가령 바이에른에서는 비텔바하 왕족의 후손들은 예나 지금이나 공식적으로 '전하'라고 부른다. 비스마르크 제후 오토 크리스티안 아르히발트는 작센발트의 절반과 함부르크의 휴양지에 담장을 둘러도 좋다는 허락을 받았다.

이 외에 많은 사람들이 애초부터 칭호에 연연할 필요가 없을 만큼 아주 많은 돈을 갖고 있었다. 가령 크리스티나 폰 오펠은 6,000만 마르크를 상속받았다. 12개월 동안에 그 중의 69만 마르크를 흥청망청 썼다고 해서 그녀에게 무슨 일이 있겠는가? 오펠 공장에서 노동자가 힘들게 일해야 그 돈을 1마르크씩 메울 수 있다는 것이 그녀를 슬프게 할까? 그녀는 세인트 트로페즈의 '달콤한 생활'에 싫증이 나자 마약 밀매에 손을 댔다. 고등학교 낙제생, 엄청난 거부, 마약 밀매인이자 수많은 사람들의 생명과 건강을 해친 범죄자인 그녀는 결국 프랑스 법정에 섰다. 그러자 나쁜 일만 저지른 이 여자를 보호하려고 모든 신문들이 나섰다. 판결이 내려지자 신문들은 '이것은 계급 재판, 계급 판결이다. 하층이 상류층을 판결한 것이다.'라고 목청을 높였다. 그럭저럭 하는 새에 폰 오펠 부인은 사면되었다. 그건 그저 나무통에 마약을 옮기고 몇천 명의 일자리를 잃게 했다고 해서 부자가 유죄 판결을 받아서는 안 된다는 이유 때문이었다.

_ 국민을 생각하는 국가의 두 얼굴

돈이 없다 — 이 얼마나 상대적인 말인가! 자금 부족은 사용 목적에 따라 다르다. 가난한 사람, 굶주린 사람, 수입이 보잘 것 없는 사람들을 위한 돈은 없다. 그렇게 지출해봐야 약간의 입막음밖에 생기는 게 없기 때문이다.

그러나 부자들의 사치스러운 소비를 위한 돈은 항상 넉넉했다. 정말로 슬픈 일이다. 실업자 지원과 실업 보험에 대한 지원, 아동 보호 기금과 저소득자의 보험 면제와 보건 제도 그리고 직업 교육과 재교육에 대한 지원 등 모든 것을 시험대에 올려야 할 것이다.

어쨌든 제일 적게 가진 사람들은 대접해도 좋다. '공동 사회'에서 제외되는 사람은 단결이 필요하지 않은 사람들이다. 독일노동조합연맹(DGB)은 1981년에 연 수입이 6만 마르크 이상 되는 사람들에게 부가과세를 징수하자고 제안했다. 기업가와 정치가 그 밖의 특권층들은 실업 완화를 위해 재정적으로 기여해야 한다는 것이다. 특히 몇 해 전부터 지체되어 온 주택 건설의 새로운 재정이 마련될 수 있었을 것이다. 물론 이 제안에서는 그런 조치 때문에 부자들이 수입 중 몇 퍼센트를 더 내 놓아야 할 것인지는 고려되지 않았다.

이 제안의 약점에 관해 당시 외무장관 겐셔는 "추가 과세는 '치명적'이므로 '무의미'하다. 이 과세는 신속히 '거부'될 필요가 있다."고 말했다. 기업가 집단의 입장도 완고했다. 그들은 '납세자 연맹'의 이름으로 과세하는 것은 '전혀 의미가 없다'고 외쳐 댔다. 그런 제안은 길게 봤을 때 전망이 없다. 보충 과세는 헌법으로 절대 허용할 수 없다는 등 반대 논리는 무궁무진했다. 그러나 연방 법정이 제안을 확정하기도 전에 통치자들은 1983년의 선거 당시 수입이 더 많은 계층이 납부해야 할 50퍼센트의 강제적인 공채는 어쨌든 부유한 사람들에게 다시 상환할 것이라고 결정해버렸다.

국가도 마찬가지다. 국가는 돈 쓸 일이 있으면 자금원을 찾아낸다. 권력과 세력에는 많은 비용이 든다. 더 많은 돈이 필요하고 또 더 많은 돈이 존재한다. 1980년대 미국의 군비 지출 증가율은 제2차 세계대전 이후 유례 없는 것이었다. 미국에서만 그런 것은 아니지만 그것만으로도 충분한 예다.

미국 행정부는 한국 전쟁과 베트남 전쟁에도 이 정도로 군비 지출을 늘린

적이 없었다. 1982년부터 1992년까지 미국은 전략 로켓의 생산에만 약 1,250억 달러를 책정했다. 이 액수는 아마 모든 자본주의 국가에서 민간 항공의 발전을 위해 지출하는 총액과 맞먹을 것이다. 주간지 『비즈니스 위크』는 1982년에 미 국방성의 최대 조달자인 제너럴 다이내믹스사의 사장 D. S. 루이스의 사진을 실으면서 방위비가 그에게는 금광이 되었다는 설명을 달았다. 제너럴 다이내믹스의 이윤은 당시 이미 투하 자본의 20퍼센트에 달했다. 이는 미국의 독점자본이 얻는 평균 이익의 세 배 가량 되는 것이었다. 투자만 하면 최고의 매출을 거두는 사업으로 전시의 군수 산업만한 것은 없다. 아나톨 프랑스는 "사람들은 조국을 위해 죽는다고 생각하지만 실은 기업가들을 위해 죽는 것이다."라고 말했다.

거대한 독점자본뿐 아니라 펜타곤의 주문을 받는 2만 5,000개의 회사 모두가 대통령의 군비 계획을 애타게 기다리는 것은 확실하다. 물론 노른자위는 맥도넬 더글러스, 유나이티드 테크놀로지, 보잉, 제너럴 일렉트릭, 록히드, 휴에어크래프트, 레이시언, 테네코, 그러먼 등 대기업들의 몫이다. 그러나 그 중 어떤 기업도 제너럴 다이내믹스만큼 오랫동안 육·해·공군용 무기의 다양한 주문을 맡아온 기업은 없다.

작은 회사들은 어떤가? 대략 미국 내 12만 개의 회사가 군비 주문에 참여하고 있다. 거의 두 회사 중 하나가 워싱턴의 첨단 군비 계획에 참여하고 있는 셈이다. 연구와 개발에서 작은 회사들이 큰 회사들은 앞서는 경우가 종종 있다. 그럴 경우 국방성은 분업을 이용한다. 작은 회사들은 유망한 아이디어를 제공하고 독점체들이 그 아이디어를 현실화하는 것이다. 국방성은 중소기업들에게 기초 연구에 든 비용의 25~30퍼센트를 보상해준다.

'군사 예산에 관한 한 국가는 어떠한 일이 있어도 옹호할 수 있어야 한다.'라고 『비즈니스 위크』는 쓰고 있다. 전 세계의 '로켓 방어 우산'의 역할까지 할 수 있어야 한다고 말이다.

막대한 자본을 필요로 하는 군수 사업에는 수많은 기업들의 이해관계가 얽혀 있고 세계 어느 나라가 전염병과 기근에 시달린다고 해도 부를 축적하는 최고의 방법인 군수 사업에 대한 투자는 계속된다. (미 공군 보잉 항공사의 한 작업실에서 순항 미사일을 조립하는 모습)

국가는 그런 결정을 마음대로 한다. 1990년까지 미국 군비에 납세자들의 세금과 높은 이자로 빌린 다른 나라의 돈이 1조 9,000억 달러나 들어갔다는 것이 있을 수 있는 일인가? 조금이라도 '이성이 있는' 사람이라면 매년 1,500만 명의 '제3세계' 어린이들을 덮치는 디프테리아와 파상풍 등 전염병 예방에 지출할 것이 아무것도 남아 있지 않음을 알 것이다. 세계보건기구는 이 두 가지 질병의 예방 접종에 쓸 500만 달러조차 없다. 레이건과 다른 서방 정부의 우두머리들은 자기 국민들에게 절약하라고 재촉하면서도 다른 한 손으로는 조사비라는 이름으로 수백만 달러씩을 집어던지고 있는 것이다. "나으리들은 남몰래 포도주를 마시면서 다른 사람들에게 물을 마시라고 설교한다."고 하인리히 하이네는 말한 적이 있다.

5 부자와 가난한 자

〝 가난을 타고난 사람들 〞

　이것은 수백만 사람들의 운명이다. 그들은 돈이 없기 때문에 어둠 속에서 산다. 어디서 시작했고 어디서 끝날지 모르는 어둠. 취리히의 『벨트보허(Weltwoche)』에는 다음과 같은 기사가 실렸다. '59세의 미국인 빅토로 그라프 씨는 심장병에 걸렸다. 1982년 7월 말 그는 생활보조금을 받을 '권리가 없다'는 결정서를 받았다. 그는 새로운 진단서를 갖고 공소하려고 의사를 찾아 갔다. 의사에게 다녀온 지 6시간 뒤에 그는 심장마비로 사망했다. 그의 부인은 "편지가 그이를 죽게 했다."고 말했다.'

　1983년 12월 1일, 12살인 마프티우스가 굶어 죽었는데 포르토 병원의 의사들에 따르면 죽을 당시 몸무게가 27킬로그램밖에 나가지 않았다고 한다. 엄청난 실업 상태 때문에 성당의 임시직도 간신히 얻었던 그 소년의 아버지는 장남의 죽음을 막을 돈이 없었다.

　1983년 1월, 미국 텍사스 주에서는 한 아기가 열 군데의 병원을 돌아다니다가 어느 곳에서도 전문적인 처치를 받지 못하고 죽었다. 병원들은 그 아이의 부모가 의료 보험 혜택을 받지 못하는 실업자임을 알았기 때문에 아이를 방치한 것이었다. 아버지인 렘리 씨가 기부금을 얻어 비용을 마련했지만(1일 1,000~1,500달러) 이미 때늦은 것이었다. 사람들은 추위에 떨고 엄마들은 아이에게 먹일 것이 없고 남자들은 굶주리고 일자리도 없다. 그들은 무료 숙박소나 맨땅에서 잠을 잔다. 동전을 구걸하거나 부자들의 쓰레기통을 뒤져 연명한다. 그것도 충분치 않아 수백만 명이 죽어간다. 예나 지금이나 마찬가지로 그들에게는 돈이 곧 생명이다.

　1982년 멕시코 대통령인 호세 로페즈 포르티요는 헌법에 따른 6년 임기를 마치고 의회에서 국민에게 마지막 보고 연설을 하면서 목이 메었다. 물

사치와 투기, 권력과 전쟁을 위해 쓸 수 있는 돈은 끔찍한 실업과 지독히 가난한 상황에서도 넘쳐난다. 가장 부유한 나라라 해도 미래에 대한 꿈조차 가질 수 없는 극빈자들은 줄어들지 않는다.

러나는 대통령의 눈에 눈물이 어렸다. 그가 운 것은 사회의 주변에서 사는 사람들이 시민으로서 동등한 권리를 누리게 하고 그들이 가난을 극복하도록 온갖 애를 썼으나 결국 성공하지 못했기 때문이었다. 포르티요의 눈물은 인간의 따뜻함을 보여준 것이었다. 또한 자신이 적극적으로 참여한 반(反)제국주의적인 대외 정책을 통해 이 나라의 국위를 뚜렷이 향상시키고 개인 은행의 국유화와 외환 환율의 국가 통제 등 어려운 일을 해낸 대통령의 겸손함을 보여주는 것이었다. 그러나 동시에 가장 위대하고 진보적인 대통령 중 하나인 이 사람조차도 자본주의 사회에서 빈곤을 막아내기 어렵다는 것을 보여주는 것이기도 했다.

_ 식민주의가 낳은 빈곤 지대

이 세계를 한번 둘러보자! 지상에서 가장 부유한 나라인 미국에서도 수백만 명의 사람들이 몹시 가난한 생활을 하고 있다. 공식적으로 그 수는 3,200만 명에 이른다고 한다. 이것이 잊혀지고 있는 것은 으레 예전에 식민지였던 국가들의 가장 가난한 사람들에게 시선이 향하기 때문이다. 물론 이 나라들은 가장 발전이 덜된 나라들이다. 자본주의 세계 경제의 동요는 이 나라들에 엄청난 영향을 미친다.

80년대 초 국제 통계에는 세계에서 가장 가난한 나라로 31개 국가가 꼽혔다. 아프가니스탄, 방글라데시, 베냉, 부탄, 보츠와나, 부룬디, 카보베르데

빈부의 격차가 극심했던 영국의 거리 풍경. 1982년

제도, 중앙아프리카 공화국, 차드, 코로르 섬, 에티오피아, 감비아, 기니, 기니비사우, 아이티, 라오스, 레소토, 말라위, 몰디브, 말리, 네팔, 니제르, 루안다, 서사모아, 소말리아, 수단, 우간다, 탄자니아, 부르키나파소, 아랍 에미리트 공화국, 예멘. 물론 경제, 사회, 정치적 환경이 매우 다양한 이 나라들에는 공통적으로 수백 년간 약탈당하고 경제적으로 낙후되어 있다는 문제가 있다.

'제3세계' 인구의 8분의 1이 살고 있는 이 나라들의 1인당 국민소득은 1980년대 초에 183달러(1978년 가격)였다. 그보다 나은 모든 발전된 국가들에서는 그 3.5배나 되었다. 지구 위에서 가장 덜 발달된 나라의 주민 중 4분의 3은 50~75달러를 가지고 1년 동안 생계를 꾸려야 한다. 그들은 절대 빈곤에 시달리며 생활하는 것이다. 주민 네 명에 한 명 꼴로 겨우 읽고 쓸 수 있다. 기아와 집단적인 전염병 발생 그리고 형편없는 평균 수명 등은 식민지의 과거가 우리 세계의 빈곤 지대에 가져다 준 결과다. 아이티에서는 주민들이 영양실조로 허약해져서 평균 수명이 겨우 39세에 불과하다. 수만 명의 사람들이 굶주리지 않으려고, 또 하루 세 끼의 빈약한 식사를 위해 농장에서 고용 생활을 한다.

아이티의 안드레 모레노 목사는 비합법 저작물에서 그곳의 생활을 이렇게 전한다.

"지주들은 밤에는 농업 노동자들을 마치 가축처럼 쇠사슬에 묶어 놓는다. 노동자 숙소 둘레에 담을 쌓는 것보다 그게 싸게 먹힌다는 것이다. 또 지주들은 굴욕을 당하는 이 사람들에게 스스로 인간임을 깨닫게 해주는 생각들이 있다면 그런 생각조차 모두 몰아내고 있다고 한다."

옛 로마인들은 가축을 울부짖는 도구라 불렀고 노예를 말하는 도구라고 불렀다. 이 미세한 차이야말로 얼마나 현실적인 것인가!

_ 재앙과도 같은 가난의 굴레

가난은 끔찍스러운 하나의 재앙이라 할 수 있다. '가난이란 육체적으로는 굶주림과 목마름과 덥고 추운 고통이고 아플 때 아무런 보살핌도 못 받는다는 것이며 건강할 때는 쉴 새 없이 노동하는 것이다. 도덕적으로 가난은 억압과 멸시, 치욕, 학대, 굴욕을 인내해야 하고 어린이의 순진함과 여성의 우아함과 남성의 품위를 잃는 것을 의미한다. 정신적으로 가난이란 죽음을 의미한다.' 이는 일찍이 벨라미(Jacobus Bellamy, 1757~1786)가 한 말이다. 그 말은 오늘날에도 그대로 적용될 수 있다.

야누쉬 코르착(Janusz Korczak)은 바르샤바의 크로흐말나 거리 92번지에서 유태인 고아원을 운영했다. 그는 소아과 의사이자 작가이며 교육자였다. 그는 바르샤바의 어둠침침한 골목과 가난한 지하실에 사는 아이들에게 안전한 피난처를 제공했다. 그는 어린이들과 함께 히틀러에 맞서려 했다. 결국 1942년 8월 5일, 그는 200명의 어린이들과 함께 트레블링카의 가스실에서 마지막 길에 오를 수밖에 없었다. '아이들은 모두 네 줄로 서서 걸어갔다. 그 선두에는 코르착이 있었다. 그는 하늘을 쳐다보다가 두 아이를 팔에 안았다. 그렇게 그는 계속 걸어갔다.' 자신의 목숨을 구할 수 있었는데도 그는 온정과 사랑과 피난처를 주었던 자기 아이들과 함께 최후를 맞이했던 것이다. 파시스트 점령 아래 얼마나 사정이 어려웠는가는 거의 추측할 수 없을 정도였다.

독일 병사가 개를 쓰다듬는 것을 본 어떤 유태인 소녀는 "개라면 좋겠어요."라고 말했다. "독일인들은 개를 좋아하니까 제가 개라면 그들이 나를 죽일지도 모른다는 공포심을 가질 필요도 없겠지요." 이미 64세나 된 야누쉬 코르착은 매우 쇠약했지만 자기 아이들을 위해 하루 종일 거리에 나가 단돈 몇 푼이라도 구걸해야 했다. 그 아이들에겐 석탄과 장작과 따뜻한 옷 그리고 감자와 빵이 필요했다. 그러나 생필품을 살 돈이 어디에서 생기겠는가? 그에게 남은 일이라고는 부유한 폴란드인을 찾아서 바르샤바의 온 시내를 뛰어다니는 것 뿐이었다. 그는 때때로 사람들에게 얻어맞고 계단 아래로 내동댕이쳐지기도 하였다. "나는 완전히 짓이겨져서 '순방'으로부터 돌아왔다. 일곱 군데를 찾아가서 부탁했지만 그 결과는 50즐로티뿐이었다……. 그 돈으로 200명의 어린아이를 먹여야만 했다!"

_ 비겁하게 숨어버린 돈

80년대 초 연합통신(YP)의 보도에 따르면 뉴욕에서는 가장 기본적인 식료품조차 살 돈이 없어서 공공기관에서 배급을 받을 수밖에 없는 사람들이 점점 늘어나고 있다고 한다. 후생기관 식당의 단골손님들은 사회복지 비용이 점점 줄어들어 더 이상 국가 보조금을 받을 수 없게 된 저소득의 노동자, 수입이 줄어든 복지 연금 수혜자, 물가 상승 때문에 수입이 보잘 것 없어진 노인들 그리고 실업자들이다. 한 구호 단체의 실무자인 도니 로렌스는 자기에게 오는 사람들이 절망하고 있다고 말한다. 그녀는 실직한 한 간호원의 경우를 말해 주었다. 그 간호원은 매주 자신과 딸들이 쓸 91달러, 월 70달러 상당의 생필품을 조달해야 했다. 그녀는 하루 종일 한 끼도 못 먹은 상태에서 이렇게 말했다고 한다.

"처지가 너무 나빠서 한 끼도 먹지 말든가 도둑질하러 나서든가 결정할 수밖에 없을 지경이었어요. 생필품을 찾아 쓰레기통을 뒤지는 저와 비슷한 처지의 사람들을 많이 보았어요."

서독 잡지 『크빅』에는 알베르크 욘존이라는 사람의 사진이 실렸는데 그는 30년간 섬유회사에 근무했고 판매부장을 지낸 사람이다. 회사가 '감원한다'며 그를 내쫓아버린 뒤로 그는 실제로 먹을 것을 구하려고 쓰레기통을 뒤졌다.

여러 해 전부터 수많은 독일 시민들이 비는 크리스마스 소원 가운데 가장 큰 것은 일자리였다. '사랑하는 아기 예수님, 우리는 바라는 게 많아요. 하지만 우리 아빠가 오래전부터 일자리가 없기 때문에 아무것도 바랄 수 없답니다. 우리 집은 빚도 많고 곧 집세도 낼 수 없게 된다고 엄마는 자주 웁니다. 아빠는 쉰다섯 살이고 많이 아프세요. 엄마는 더 이상 우리에게 입힐 옷이 없대요.' 1982년 크리스마스 직전에 8살, 7살 난 두 어린이가 서독 천국문 마을의 아기 예수에게 보낸 편지 내용은 이렇게 시작되었다.

자신감의 상실, 희망의 상실, 고립을 보여 주는 예는 수없이 많다. '사방에서 일이 제대로 안 되고 박살나버리는 것을 볼 때마다 오싹하는 공포가 저를 짓눌러옵니다.' 브레멘 출신의 25살 난 어느 부두 노동자가 실직 상태에서 자신의 펜팔 상대에게 편지로 전한 내용이다.

35세의 어떤 사무원은 화가 나서 이렇게 말했다.

"간단히 집으로 돌려보내버리는 것—이것이 여러 해 동안 일해준 데 대해 그들이 주는 대가입니다."

크리스티안 올토프는 15년간 레르 지방의 크라머 기계 공장에서 일하다가 피대에 끼여 부상을 당해 해고되었다.

"새 직장을 찾을 수 없었고 또 자리가 나더라도 항상 여기는 안 되겠구나라는 생각이 들었습니다. 혹시 거리 청소부라도 할 수 있을까 하여 가봤지만 그곳 역시 자리가 나지 않았습니다."

뮌헨 출신의 클라우디아는 미술 교육을 전공했다. 1982년 초까지 4년 동안 그녀는 안정된 일자리를 찾아 다녔으나 헛수고였다. 사립학교 30군데에 이력서를 내보았으나 돌아온 것은 거절뿐이었다.

"섭섭한 것은 제가 어떤 일이든 가리지 않고 해야 한다는 점이죠."

용접공 빌헬름 라이치히는 작업장에서 생기는 유독 가스에 대해 불평했다는 이유로 일자리를 잃었다. 노동 재판소는 그 해고가 정당하다고 판결했다. IG 금속회사 슈투트가르트 지부장 프란츠 슈타인퀼러가 그에 대해 수치스러운 판결이라고 말했다가 그도 모욕죄로 기소되었다.

　프랑크푸르트 암 마인에서 택시 운전을 하던 바바라 슈바르츠는 임신하는 바람에 해고되었다. 그녀의 사장이 '몇 달 동안 배가 부른 상태로 빈둥거리며 앉아 있는' 고용인을 원하지 않았기에 그녀는 직장에서 쫓겨날 수밖에 없었다. 사장은 그녀의 해고에 대해 다름슈타트 행정 관청으로부터 확정 판결을 얻어냈다. 그 법 9항에는 모성보호법을 이용하여 '특별한 경우' 해고할 수 있다고 되어 있다.

　하여튼 지금까지 그 어느 곳에서도 완전 고용 상태는 찾아볼 수 없다. 일자리를 갖고 있는 사람은 그 자리를 잃을까봐 두려워해야 한다. 기업주들은 그런 두려움이 있어야 직장 생활을 잘 한다고 생각한다. 자신의 머리 위에 '해고'라는 칼이 매달려 있기 때문에, 아직 일자리를 갖고 있는 사람들은 몸이 아파도 그것을 통고하고 필요한 치료를 받을 수 있는 정당한 요구조차 포기하고 만다. 기업에서는 작업 능률을 더 강화하길 원한다. 에밀 졸라는 '노동자는 거리로 길바닥으로 내동댕이쳐진다……. 그것이 저 끔찍한 실업을 만들어내고 실업은 다락방 안에 조종을 울린다.'고 썼다. '공황은 모든 산업을 정지시켰고 비겁한 돈은 숨어버렸다.'

　오늘날에 돈은 부분적으로만 '숨어 있다.' 사치스러운 허례허식에는 돈이 아낌없이 탕진된다. 권력을 지키고 누군가를 위협하기 위해 로켓, 폭격기, 폭탄, 전함 등 고도의 군사 장비를 만드는 데 천문학적 단위의 돈이 뭉텅뭉텅 쓰이고 있다. '지갑은 텅 비고 가슴엔 병을 안은 채 오랜 나날을 질질 끌며 살아왔다. 가난은 최대의 괴로움이고 부유함은 최고의 선이다.' 세상의 수많은 사람들은 며칠 또는 몇 년 전부터 더 이상 일하는 즐거움을 느낄 수 없게 되고 말았다. '낮에는 일하고 밤에는 손님을 맞고! 고된 일주일, 즐거운 주말.' 그러나 그들에게는 아예 노동의 기회가 주어지지 않으며 축제도 없다. 남은 것은 오직 괴로운 몇 주일, 몇 달 또는 몇 년이 있을 뿐이다.

〝 분배 정책의 한계 〞

'국민 주식'으로 가난한 사람들도 큰 돈을 갖게 되었다고들 한다. 누구나 자본가가 될 수 있다는 것이다. 누구라도 그저 원하기만 하고 맥주, 담배, 귀리 대신 보통 사람들을 위해 특별히 발행된 주식을 사기만 하면 된다. 그러니 봉급의 일부는 쓰지 말고 투자하라는 것이다. 이제 국민 자본주의로 나아가는 문이 열렸으니 누구나 소유자가 될 수 있고 좀 더 많은 돈을 벌어 권력도 가질 수 있다고 한다.

'재산 증식 계획과 이윤 참여 계획'은 이제 한눈에 볼 수 없을 만큼 많아졌다. 19세기 후반부터 이미 그 계획들은 실행되고 있다. 그러나 생산자들에게 의견을 개진하거나 공동의 결정을 내릴 기회와 자격이나 또는 이윤이 당연히 돌아오리라고 생각한다면 이는 착각이다.

일찍이 그런 식의 개량 계획이 터무니없음은 확인됐다. 노동자에게 이윤의 일정한 분량을 준다는 것은 '노동자를 기만하고 노동자가 받아야 할 임금의 일부분을 영업에 따른 이윤이라는 확실하지 않은 이유로 유보시키는 특수한 수법'인 것이다.

실제로 주식판매와 재산 증식의 근저에 깔려 있는 기업가들의 동기는 노동자와 절약가들을 우대하려는 것은 아니다. 오히려 이러한 정책이 추구하는 목표는 소비를 포기하도록 강요함으로써 노동 수입의 보다 많은 부분을 투자 재원으로 활용하고 자본 증식을 위해 끌어오려는 것이다. 한 걸음 더 나아가 그들이 바라는 것은 자본주의의 기업에서 '인간관계'를 개선시키고 상호 신뢰와 '동반자' 관계라는 환상을 키워서 믿을 만한 전문 능력의 이동을 막으려는 것이다. 끝으로 재산 증식 계획이란 생산성과 노동 강도를 높이고 재료 소비를 줄이며 기계와 설비를 좀더 조심스럽게 다루도록 하려는 것이다.

게다가 국민 주식 발행으로 이윤 배당에 참여하게 해줌으로써 노동자들이 기업의 이익을 먼저 생각하여 높은 임금 인상 요구를 포기하도록 부추기고 나아가 노동조합의 협상 강도를 제한하는 것까지 염두에 두고 있다. 그것은 결코 임금 생활자들에게 보다 나은 사회보장이나 자립 나아가 사회의 세력 관계를 그들에게 유리하게 바꾸는 것을 목표로 하는 것이 아니다. 주식 취득으로 노동자들이 동등한 자격으로 결정에 참여할 자격을 얻는 게 아니라, 바로 그런 자격을 갖지 못하는 데 대한 보상물로 주식이 주어지는 것이다.

바젤 대학 총장을 지낸 고트프리트 밤바흐는 "재산 증식 정책이 체제를 안정시키기보다는 오히려 비판을 야기한다는 데 대해 나는 아무것도 반박할 수 없다."고 고백했다.

하물며 권력을 '고루 분배한다'는 것은 있을 수 없는 일이다. 예를 들어 서독에서는 70년대 중반에 그런 계획이 세워지면서 기업 부문에서 3퍼센트 정도(50억 마르크)의 재산 증식에 2,500만 명의 세대주가 참여할 것이라고 예견했다. 그러면서 노동하는 인구에게 약속된 것은 1983년까지 겨우 2,000마르크의 재산이었다. 물론 이 '재산 증식 계획'은 계속되는 통화 팽창으로 저축과 근로 소득이 평가절하되는 것을 보상할 수는 없었다.

월 1,500마르크를 임금으로 받고 살아가는 사람들이 약 5퍼센트의 물가 상승률이 계속되어 1년간 소득에서 900마르크씩 구매력이 감소되는 것을 감수해야 하는 상황에서 그 재산 증식 계획에 출자하는 것은 1년에 고작 212마르크씩밖에 늘어나지 않는 것이었다. 그것을 재산 증식이라고 할 수는 없을 것이다. 더욱이 그것이 돈과 권력을 고루 분배하는 수단이라고는 얘기할 수 없을 것이다.

〝 승부조작과 스포츠 상업화 〞

　돈이 있으면 우는 것도 쉬워진다고 사람들은 말한다. 많은 사람들이 가난에서 벗어나 부자가 되고자 한다. 그들은 돈을 추구한다. 돈을 얻기 위해서라면 이름이나 얼굴뿐 아니라 목숨까지도 건다. 이를 마태오는 "당신들은 주님을 섬길 줄 모르고 마몬 신만 섬긴다."고 했다. 아랍 말로 마몬은 재산을 뜻한다.

　마몬을 잡으러 다니는 사람들을 경멸하는 말들은 수없이 많다. 그러나 사람들은 성실하게 일만 해서는 누구도 부자가 되지 못한다고도 이야기한다. 실제로 접시닦이를 해서 백만장자가 된 사람은 없다.

　츠바이크는 이렇게 말했다. "그 부부는 평생 힘들게 일해왔지만 아무것도 되지 못했고 가난하기만 하다. 아마 그 이유는 클로퍼 씨가 야비한 면이 없는 남자인데다가 노동 말고 다른 수단이라곤 없이 출세하려 애썼던 몽상가였기 때문일 것이다."

　만약 근면, 성실, 검소 등의 시민적 덕목을 통해서 재산이 쌓일 수 없다면 부에 이르는 다른 길을 찾아야 할 것이다. 그러나 그 길은 극소수의 사람에게만 열려 있다. 선택된 자와 은총 받은 자에게만. 그리고 이 극소수에 속하는 사람들이란 자신들은 아직도 흡족하지 않겠지만 이미 많은 돈을 갖고 있는 사람들이다.

　_ 축구공을 움직이는 보이지 않는 힘

　바둑무늬 축구공이 어디로 구르는가는 이제 더 이상 경기의 승패에 관한 문제만은 아니다. 축구 열기로 관련 사업은 날로 번창하고 있다. 수백만 달러짜리 경기가 수십억짜리 경기가 된 것도 이미 오래전 일이다. 거기서는 예의나 정정당당함 따위의 선수 정신을 지킬 여유가 없다.

월드컵의 막바지는 국제 축구 연맹(FIFA)이나 대회 주최자 그리고 짧게 깎은 잔디 구장에서 뛰는 스타 모두에게 한몫 단단히 잡을 수 있는 '절호의 기회'이다. 그러나 둥근 가죽공이 구르는 방향은 미리 예측할 수 없으므로 기대를 갖고 경기를 지켜보는 수많은 군중들의 환상은 무너져 내린다. 그들은 시작 전에 이미 승패가 결정나버린 경기를 보고 있는 것이다. 거기에는 정정당당한 운동 경기가 아니라 돈을 벌기 위한 추잡한 술수가 난무한다. 고귀한 경쟁은 상업성에 짓밟힌다. 오로지 독점체와 광고업자의 이윤에 따라 경기의 각본이 짜여진다.

1982년 6월 스페인에서 열린 월드컵에서 서독(이 대회에서 준우승)과 오스트리아의 선수들은 약속이나 한 듯이 공을 서로 주고받으며 왔다갔다 하기만 했다. 관중석과 텔레비전 앞의 관객들은 격분했다. 이 일로 축구계는 들끓기 시작했다. 사람들은 축구사에서 가장 지저분한 경기라고 입을 모았고 그 추잡한 담합과 암거래를 비난했다. 이건 축구가 아니라 뻔뻔스러운 코미디며 구역질나고 수치스러운 일이라고들 했다. 그 담합 때문에 순진한 알제리 선수들은 결승전에 오를 기회를 빼앗겼다. 스페인 신문 『엘 페』는 '그들은 서로 키스하고 싶어 안달하는 연인들처럼 굴었다.'고 양 팀 선수들을 비난했다.

전후사정은 이렇다. 오스트리아 팀은 전반전 11분 만에 맥없이 서독 팀에게 한 골을 허용했는데 이는 양 팀 선수들이 이 '계획된 경기'를 치르고서 다음 회전에 진출하기로 한 약속 때문이었다. 11분 이후의 경기는 시종일관 똑같이 진행되었다. 경기 내용은 스포츠의 진지함과는 거리가 멀었다. 투쟁 정신과 승부욕은 이미 도둑맞은 상태였다. 서 있는 축구, 마지못한 공격, 우스꽝스럽게 넘겨주는 공, 관객들은 분노하고 경기는 희극이 되어버렸다. 조작임이 분명했다.

그러나 그 일이 그토록 기이한 것인가? 오스트리아 코치 라츠케는 "결국 문제가 되는 건 아주 많은 돈 아닙니까?"라고 말했던 것이다. 그들은 너무도 뻔뻔스럽게 월드컵은 곧 돈이라는 자신들의 생각을 내세워 세계를 가볍게 공범자로 만들어버렸을 뿐이다.

상업적으로 타락한 축구계에 대한 비난이 쏟아져 그 명성이 손상되든, 전 세계가 지켜보는 스포츠 경기가 웃음거리가 되든 상관없이 돈이 문제인 것이다. 양 팀은 축구의 세계 선수권자 대신 사기극의 선수권자가 되었다.

그러나 그 선수들을 나쁘게 생각할 수만은 없다. 월드컵이 열리던 해에 리우데자네이루의 빈민가에서 49회 생일을 맞았던 마누엘 프란시스코 도스 산토스의 운명에 대해 축구 선수라면 아마 대부분 알고 있을 것이다. 가난하고 병들고 간까지 심각하게 손상된 알코올 중독자 산토스.

몇 년 전 세계의 스포츠 신문들은 그를 최상의 선수라고 떠들썩하게 추켜세웠지만, 지금은 몇몇 전문가만이 한때 축구 스타였던 그가 역사상 가장 뛰어난 우익수(라이트 윙)라고 말한다. 세계에 알려진 그의 이름은 가린차였다. 그렇게 불린 것은 그가 한 쪽은 안으로 한 쪽은 바깥으로 다리가 휘어 새처럼 심하게 좌우로 흔들며 걸어 다녔기 때문이다. 그는 여러 차례 펠레와 나란히 대표로 선발되던 빛나는 선수였다. 그의 뛰어난 능력 덕분에 그 자신과 그의 매니저들은 상당한 돈을 벌었다. 그러나 선수 경력이 끝나자 그 어떤 대안도 보이지 않았다.

결국 돈도 없어지고 그에게 남은 것이라곤 알코올과 빈민굴 그리고 절망뿐이었다. 자본이 중심이 되는 스포츠 산업의 수많은 스타들이 앞서 걸어야 했던 길을 그 또한 따라갔다. 우상에서 파멸로 추락하는 길을. 예전의 친구들과 수천의 팬들이 한 차례 더 그에게 경의를 표한 날은 1983년 1월 21일 그가 리우 북부에 묻혔을 때다.

_ 돈과 축구 스타

　스포츠 사업에서 돈만 챙기려는 업체와 스포츠 책임 부서들의 이윤 추구가 밉게 여겨질 수도 있다. 하지만 모든 것이 돈을 따라 돌고 도는 체제 속에서는 그것이 아주 정상적인 것이다. 번쩍번쩍하는 놋쇠로 만든 실물 크기의 월드컵 모형이 판매되었다. 국제 축구 연맹의 심판원의 시계도 거래되었다. 스페인 국기를 달고 날아다니는 축구공과 '나란히토(Naranjito)'라는 마스코트는 스페인 축구 협회에 의해 전세계에 판매되었다. 불쌍한 나란히토는 성냥갑, 콜럼버스 상, 면도 크림에서 잡다한 기념품에 이르기까지 축구 관광객들이 고향으로 가지고 갈 물건들을 '장식했다.' 심지어 나란히토는 화장지 위에서도 웃고 있어야 했다.

　독점체들은 자기들의 상품을 팔기 위해 스타들을 이용한다. 독점체들은 사람들이 자기의 우상처럼 되고 싶어하는 심리를 능숙하게 이용한다. 그런 우상들은 대개 '만들어진다.' 이미 명성을 얻고 있는 사람들을 이용하면 가장 쉽다. 그 경우 우상들이 보여주는 상품은 곧 젊은이들이 추구할 만한 목표가 되어버린다.

　그런 까닭에 함부르크 SV팀의 선수들은 석유 재벌 브리티시 페트롤의 이니셜 BP를 달았으며 루메니게는 에딩거 맥주 회사를 선전하고 일본 후지필름을 위해 렌즈 사이로 웃음을 짓고 자신의 고수머리로 웰라 샴푸 광고에 나선 것이다. 그리고 아헨 건축 금융 조합에 고용되어 아디다스, 헤도스 가구, 건강 음료 회사를 광고했다. 또한 15만 마르크를 받고 아에게텔레풍켄의 광고 포스터에서 축구공 묘기를 보였다. 100만 마르크의 돈이 그를 광고 시장으로 끌고 간 것이다. 골키퍼 슈마허는 미국 패스트푸드 회사인 맥도널드를 위해 3층짜리 '햄버거'를 먹는 사진을 찍었다. 또 약 50만 마르크를 받으면서 몇몇 다른 광고 계약도 했다. 파울 브라이트너는 15만 마르크를 받고 카메라 앞에서 수염을 깎았으며 이탈리아의 이베코 화물 자동차 공장 및 아에게사와 40만 마르크로 광고 계약을 맺기도 했다. 브라운 슈바이크 팀의 선수들은 모두 예거마이스터 맥주 회사를 위해 뛰었다.

월드컵이 열린 스페인의 히혼에서 독일과 오스트리아의 최고 선수들이 벌인 괘씸한 행동은 광고 전문가들에게는 충격을 주었다. '이제 그들을 내세워서는 더 이상 오이 피클 광고조차 못하게 될 것이다.' 라는 이유 때문이었다. 많은 사람들은 월드컵 우승을 놓친 것을 스포츠 문제라고 생각하지만 톱스타나 광고업체에게는 결국 돈, 아주 많은 돈, 자기 돈의 문제였다. 하지만 얼마나 다행한 일인가! 언제나 다음 월드컵이 준비되고 있으니 말이다.

물론 예외적인 경우도 있다. 1896년 아테네에서 근대 올림픽 경기 사상 최초로 마라톤에서 우승을 한 그리스인 스피로스 루이스는 1936년에 스위스의 대식료품 회사가 제안한 광고를 거절했다. 만약 받아들였더라면 당시 63세였던 그는 충분히 쓸 만한 돈을 벌 수 있었을 것이다. 1982년에 유럽 육상 선수권 대회를 며칠 앞두고 결국 그의 며느리인 크리줄라가 올림픽 메달을 400만 드라크마에 팔려고 내놓았다.

_ 돈을 향한 죽음의 질주

위험천만한 자동차 경주에 참여하는 경주자들은 자동차 왕과 경주차 격납고 소유자, 광고 계약을 맺고 있는 모든 기업들을 위해 목숨을 걸고 있다. 공식 부문은 무자비한 경주다. 1982년에 끔찍스러운 일이 일어났다. '죽음의 질주' 기간에 일어난 그 사건은 스포츠와는 아무 관계도 없는 것이다. 프랑스의 디디에 피로니는 8월 7일에 열린 서독 호켄하임 순회 경주에서 같은 나라의 프로스트가 운전하는 르노 자동차를 들이받고 여러 번 뒤집힌 뒤에 가까스로 목숨만 건졌다. 그가 전복된 차에서 빠져나온 것은 브라질 선수 넬슨 피케의 도움 덕택이었다. 그 선수가 자신의 경주차에서 뛰어내려 심한 부상을 입은 피로니를 서둘러 구조했던 것이다. 그러나 이런 일은 결코 늘 있는 것이 아니다. 그 직전에 같은 경기장에서 가장 유명한 선수 중 하나가 죽어가는 선수를 지나쳐 달려갔다. 경주가 끝난 후 그는 자신의 행동에 대해 "달리면 보수를 받지만 세우면 돈을 못 받는단 말입니다."라고 변명했다. 피로니는 몇 주 동안 깁스를 하고 누워 있어야 했고 다시는 페라리를 몰 수 없었다.

5월 7일 두 아이의 아버지인 30세의 질 빌뇌브가 벨기에 그랑프리 대회의 결승 경기에서 목숨을 잃었다. 그가 몰던 페라리는 시속 270킬로미터로 급회전하다가 서독 선수 마아스의 차에 부딪쳐 몇 미터 높이로 치솟았다가 산산조각이 나버렸다. 6월 중순의 캐나다 그랑프리 대회에서는 이탈리아의 리카르도 팔레티가 죽음을 맞았다. 당시엔 건강했던 피로니의 페라리에 부딪친 뒤 벤진 180ℓ이 폭발한 것이다. 현장은 마치 불에 휩싸인 지옥과도 같았다. 팔레티의 어머니는 그가 불에 타는 것을 보고 있을 수밖에 없었다. 피로니와 빌뇌브가 빠지자 페라리 회사는 다른 선수를 구해야 했다. 급하게 돈이 필요했던 프랑스인 탕베이가 그 자리를 메웠다. 그는 당시 84세의 자동차 황제인 엔조 페라리를 위해 격심한 고통을 참으면서―경주차의 판 스프링이 그의 척추 인대에 상처를 입혔던 것이다―점수와 명예와 돈을 얻으려고 질주했다. 그는 로잔느에서 진통제까지 맞으며 이탈리아 그랑프리 대회를 대비했다. 몬차에서 열린 이탈리아 그랑프리 대회에서는 안드레티가 3위를 차지하면서 페라리 회사에 4점을 보태주었다. 결국 이 경기에서 그에게 돌아온 건 페라리 회사가 준 7만 달러뿐이었다.

이 경기는 엄청난 액수가 걸려 있기 때문에 경주자의 안전은 거의 고려되지 않는다. 경주 자동차의 결함투성이 구조가 빈번하게 일어나는 사망 사고의 한 원인이다. 종종 무게를 줄이려고 출발 전에 소화기를 떼어내고 부상당한 선수의 생존을 위해 매우 중요한 산소 탱크도 떼어낸다. 축구와 자동차 경주는 상업성이 어떻게 모든 종류의 스포츠에 관여하는지를 보여주는 예에 불과하다. 링에서 프로 복서들이 치고받다 죽기까지 하는 것은 매니저들의 현금 수입을 늘리기 위해 불가피한 것이고 축구 경기의 선수권도 돈꾸러미가 결정하며 경마 경기에서는 사기가 판친다. 세계적인 프로 모터사이클 선수인 톰 심프슨은 1967년 프랑스 일주 경기 중 사텔에서 사망했다. 원인은 약물 복용으로 인한 심장 발작이었다. 1974년에서 1977년 사이에 17명의 경주자들이 흥분제 때문에 죽었다. 큰 돈을 벌려는 스포츠는 가히 살인적이다.

〞 번창하는 영혼사업, 사이비종교 〞

인간이 돈을 발명해낸 이유는 단지 신의 은총이나 용서를 빌면서 신에게 봉헌하기 위한 것이 아니다. 두려움과 무지에서, 회의와 절망에서 돈을 만들어내는 사회가 종교적 감정 또한 상품화하리란 점은 아주 분명한 사실이다. 환경오염, 일자리 없는 사람들, 핵의 위협, 기아, 빈곤, 에너지 위기 그리고 전쟁은 '영혼의 사업'을 번창하게 한다. 그래서 그 공포를 토양 삼아 신흥 종파와 새로운 종교들이 마치 독버섯처럼 쑥쑥 자라나는 것이다. 끔찍한 현실 세계에서 도피하려는 겁에 질린 사람들을 중세의 신비주의와 희귀한 향로의 냄새가 에워싼다. 그들은 이국적인 사원의 성직자들에게서 과연 자신들이 찾으려는 것을 발견할 수 있을 것인가?

하레 크리슈나 교단은 신자들에게 모든 물질적 욕심을 포기하라고 요구한다. 누구나 한 조각의 땅과 젖소 한 마리에 만족하기만 하면 신의 예정에 따라 어느 곳에서도 평화롭게 살 수 있다고 그들은 말한다. 가난한 사람은 내세에서 부자가 될 권리를 얻고 비인간적인 독재자는 내세에서 농부나 두꺼비, 나무가 될 것이라고 설교한다.

하지만 하레 크리슈나 교단의 성스러운 지도자들이 설교하는 대로 내세의 전망을 갖고 있기 때문에 엄격한 금욕 생활을 하는 것은 아니다. 그들은 미국에서 가장 큰 방향제와 향로 공장 그리고 출판사와 음반업체 등 수많은 기업을 거느린 '정신적인 하늘(Spiritual Sky)' 회사를 운영하고 있다. 대머리에 인도 복장을 하고 번쩍거리는 이국적 장식을 걸친 신도집단은 스스로는 검소하고 욕심 없이 살면서도 지도자들을 위해서는 구걸 행위로 수백만 달러의 재산을 벌어다 준다. 그들은 엄청난 재산을 가진 자칭 성인들에게 속고 있는 것이다.

그들은 자신들을 '신의 아이들' 또는 '사랑의 가족' 이라 부른다. 그들은 '기독교 청년 구호 활동' 때문에 구걸하고 또 캘리포니아 출신의 가난한 순회 설교자였던 구원의 선지자 데이비드 버그를 위해 길거리로 나가는 것이다. 몇 년 전 뉴욕 검찰국장은 이 새로운 구세주를 공갈 협박, 미성년자 성추행, 강간 등의 행위로 비난한 일이 있다. 이 교주는 이미 1977년에 푸에르토 데 라 크루즈의 로스 카프리초스라는 호화 술집의 단골 손님으로 매일 밤 매력적인 아가씨들에 둘러싸여 잔치를 벌이느라 많은 돈을 뿌렸다. 그가 쓰고 다닌 돈은 그를 수행하는 여자들이 관광객을 상대로 몸을 팔아 벌어들인 헌금이었다. 그는 성스러운 자매들이 몸을 파는 것이 아니라 '신의 사랑'을 팔고 있다고 떠벌리고 스스로를 '세계에 행복을 가져다주는 사람'으로 명명하였으며 자신을 '모세' 또는 '모(Mo)아저씨'라고 부르게 한다.

이 교주가 쓴 교리서는 사랑의 기술을 가르친다. "사랑하라, 그러면 신의 사랑을 확신하게 될 것이다……. 기도하고 일하라. 침대에서도 주님의 사랑 노예가 되어라. 행복한 그리스도의 창녀가 되어라……. 브래지어를 벗어 던져라. 주님은 사랑이시다……." 피렌체 부근에 있는 종파 건물에서 거행되는 포르노 교육 과정에서는 그런 식으로 신의 사랑을 교육시키고 있다. 이 섹스 기업가에게 몰려드는 젊은 아가씨들은 결코 자신들을 둘러싼 공포로부터 해방되지 못한다. 그녀들은 돈으로 살 수 있는 쾌락의 대상으로 전락한다. 모 아저씨는 언젠가 "주님의 사랑 노예들은 황금알을 낳는 거위입니다."라고 매우 진지하게 얘기한 적이 있다. 그의 스위스 비밀 은행 계좌에는 매년 수백만 달러씩 입금되고 있다. 미국 출신의 수염이 덥수룩한 이 '사제'에게 83개 국가로부터 돈이 쏟아져 들어오고 있다.

전에 힌두교 승려였던 인도인 마헤쉬 요기는 자신을 '성하'라고 부르게 한다. 그는 영향력 있는 '신흥 청년 종교'인 '초월명상(TM)'의 우두머리다. TM종파는 세계 계획 센터라는 1,100개의 지부를 갖고 있으며 1만 명의 교사와 '총독' 등이 활동하고 있다. 마에쉬 요기는 스위스의 피어발트슈테터 호숫가에 살고 있다. 그들의 대학인 '발트 아카데미'에서는 종교적 의식을 개발한다. 사람들은 대개 비싼 것이 가치 있다고 생각하기 때문에 TM 입문 과정을 위해서는 200 또는 400마르크를 내야 한다. 개별 명상을 계속하려면 100 또는 600마르크, '나는 능력'과 '투시' 그리고 다른 초인적 능력을 획득하기 위한 TM-시디(Sidhi) 과정에는 2,500 또는 3,000마르크를 내야 하고 '천하무적'이 되려면 6,000마르크를 내야 한다. 스위스인들은 그 인도 성인의 TM 연소득이 적어도 8,000만 마르크는 될 것이라고 본다.

1978년에는 '인민 사원'이라는 종파의 지도자인 짐 존스가 900명이나 되는 사람을 죽였다는 뉴스가 큰 파문을 불러일으켰다.

_ 돈으로 환산한 인간의 가치

프랑스의 아베 프레보(Abbé Prévost, 1697~1763)는 자신의 감상적인 연애소설 《마농 레스코(Manon Lescaut)》에서 비극적인 이야기를 묘사했다. 막 17세가 된 희망찬 철학도인 슈발리에 데 그리외와 어린 마농 레스코의 행복한 사랑의 시간은 오래 지속되지 못했다. 그들은 돈이 필요했지만 주위 사람들은 인색하고 동정심이 없었으므로 그들의 사랑은 지속될 수 없었다. 마농은 생필품을 마련하기 위해 그리외를 속여가며 돈을 받고 정부 노릇을 하였다. 이것을 알게 된 그리외는 가슴이 찢어질 듯한 고통을 느꼈다. 그러나 그 역시 생계 수단을 얻기 위해 암거래에 얽혀 들어갔다. 체포와 병과 이별로 서로에게 마음의 상처를 입혔는데도 그들은 항상 새롭게 사랑의 행복을 느꼈다. 그러나 그것조차 오래 갈 수는 없었다. 그리외는 결투 때문에 아무 죄 없이 황야로 피신을 했다. 그의 곁에 남은 마농은 온갖 고생을 다 겪었다. 프레보가 보여준 것은 모든 것이 돈의 압력에 굴복해버린 세계에서 인간이 행복과 만족을 찾으려 하는 게 얼마나 헛된 일인가 하는 것이다. 인간 자신이 물건이 되고 상품처럼 단순히 계산되는 대상으로 전락해버린 이 세상에서 말이다.

인간의 화폐가치를 측정하려던 시도는 몇 차례 있었다. 미국의 생화학자 헤럴드 모로비츠는 제약 회사 가격표에 따라 인간의 가치를 산정했는데 적혈구 1그램에 7마르크 50페니히, 단백질 1그램과 인산 1그램에 500마르크, 프로락틴 호르몬 1그램에 4,500만 마르크로 보고하였다. 그 경우 체중이 65킬로그램인 사람은 체중에서 수분을 빼고 시세 변동과 기타 비용을 공제한다면 1,200만 마르크의 원료 가치를 갖는다는 것이다. 서독 잡지 『노이에 레뷔(Neue Revue)』지는 또 다른 방식으로 계산했다. 거기에는 단순히 한 인간의 신체에 들어 있는 원소들을 나트륨, 칼륨, 인, 황, 칼슘, 염소, 마그네슘 등으로 나눠 시장 가치를 계산하고 지방과 수분의 가격을 보탰다. 그랬더니 인간의 가치는 겨우 88페니히였다. 그러니 실업자 전체를 돈으로 환산해도 그다지 큰 돈이 되지 못한다. 이런 계산이 돈에 찌든 두뇌에 무엇을 가져올까? 아마도 또다시 무언가 돈벌이에 이용되지는 않을까?

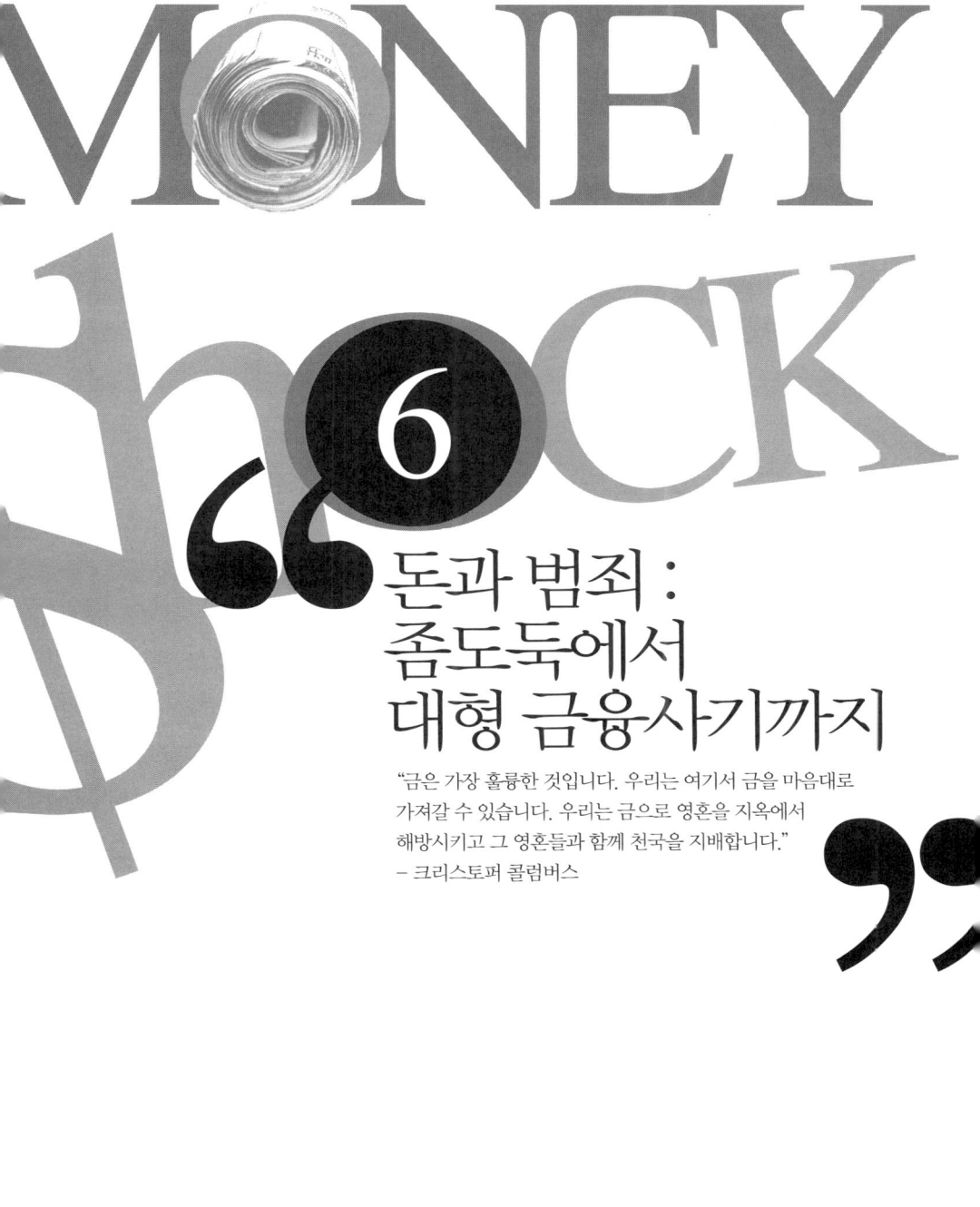

MONEY Shock

6

"돈과 범죄 : 좀도둑에서 대형 금융사기까지"

"금은 가장 훌륭한 것입니다. 우리는 여기서 금을 마음대로 가져갈 수 있습니다. 우리는 금으로 영혼을 지옥에서 해방시키고 그 영혼들과 함께 천국을 지배합니다."
– 크리스토퍼 콜럼버스

　　　　　　열차 강도들이 글래스고-런던 간 특급 열차를 선로 위에 세워 260만 파운드의 돈을 강탈한 사건이 있은 후 지난 20년 동안 대영제국에서는 적지 않은 강도 사건들이 있었다. 그런데 지금까지의 모든 사건들을 능가하는 강도 사건이 다시 일어났다. 1983년 부활절인 월요일 무장 강도들이 개인 화폐 수송을 위한 안전 특급열차 회사의 사업 본부에 침입해서 사람들을 묶어 놓고 8시간 동안 금고의 지폐와 주화를 모조리 빼내갔다.

　　　　　　그 회사는 지난 주말에 무장한 운송 차량을 이용해 백화점과 기업체 및 은행의 돈을 모아두었다. 영국에서는 은행들이 월요일까지 문을 열지 않기 때문이었다. 은행들과 보험회사, 창고, 관청들이 모두 쉬었기 때문에 거리는 매우 한산했고 이 때문에 범행이 손쉬웠던 것으로 보인다. 최신식 보안 장치는 작동되지 않았고 훔친 화폐 수송에는 그 회사 차량이 이용되었다. 훔친 돈은 700만 파운드가 넘었다. 이것은 열차 강도사건 중 가장 큰 규모였다.

_ 신문기사에서

1982년 크리스마스, 스페인의 마벨라에서 한 사건이 일어났다. 은행 보관함 186개에서 귀금속과 지폐 더미들이 흔적 없이 사라진 것이었다. 적어도 32시간 동안 서너 명이 '완벽한 수법'으로 범행한 것으로 보이며 피해액이 얼마인지는 정확히 알 수 없지만 2,000만 마르크에서 많게는 2억 마르크에 이를 것으로 추정되었다. 피해자들 가운데는 미국의 건축 사업가 오 헤이언을 비롯해 독일 재벌들과 스페인의 백만장자도 있었다. 그들은 이 일에 대해 입을 다물었는데 잃어버린 돈 대부분이 밀수한 외국환과 세관에서 횡령한 돈이었기 때문이다. 어느 누구도 돈을 되돌려 달라고 요구할 수 없었다. 결국 손실은 보상될 길이 없었다. 마벨라의 파티에 참석한 상류사회 인사들은 모두들 탐탁치 않은 표정들이었다. 그들은 목적이 좋으면 수단은 아무래도 좋다고 여기기에 종종 불법으로 돈을 벌어들였다.

네로의 무절제한 소비욕이 초래한 무질서를 극복하고자 노력했던 베스파시아누스 황제(Vespasianus, 69~79 재위)는 아주 깨끗하다고는 할 수 없는 자신의 화폐 사업을 재치 있게 변호했다. 그는 공중변소의 요금 징수를 경멸하던 아들 티투스에게 공중변소를 사용한 사람이 낸 금화를 내보이면서 악취가 나느냐고 물었다. 티투스가 아니라고 대답하자 그는 이렇게 말했다. "돈은 냄새가 나지 않는다!" 이 말은 그 뒤 밝히기 곤란한 곳에서 돈을 번 사람들이 자신의 행위를 변명할 때 곧잘 인용되었다.

〝 가난한 자의 도둑질 〞

모두가 그런 것은 아니지만 가난 때문에 어쩔 수 없이 죄를 짓는 경우가 종종 있다. 꽤 긴장감 있는 모험소설로 성공한 작가 카를 마이(Karl May, 1842~1912)는 가난한 직공의 아들이었다. 어린 시절 이미 그는 노동자계급

독일의 소설가, 카를 마이가 젊은 시절 저지른 여러 사기 행위가 훗날 폭로되자 많은 독자들이 그에게서 등을 돌렸다.

이 핍박받고 있다고 느꼈다. '할머니는 청소하고 솜트는 일로 품앗이를 하였다. 할머니가 25페니히 이상을 번 날도 있었다. 그런 날이면 할머니는 아주 흡족해서 오래되어 딱딱하고 곰팡이가 핀 삼각빵 두 개를 4페니히에 사서 우리 다섯 명에게 나눠주곤 하였다…….' 카를 마이는 그 고통스러운 시기를 그렇게 쓰고 있다. 그는 소설을 써서 성공하기 전에 도둑질과 사기 그리고 위조화폐 등에 손을 댔다.

1869년 3월 29일 오전, 카를 마이는 비데라우의 상인 카를 라이만의 집을 찾아가 자신을 라이프치히의 볼프람에서 온 경찰관이라고 소개한 다음 그 상인에게 위조화폐 거래 혐의가 있다면서 금고 안에 있는 돈을 조사해야겠다고 말했다. 라이만은 그에게 10탈러짜리 지폐를 보여주었다. 마이는 그것이 위조지폐이고 라이만의 회중시계도 훔친 물건이라고 우겨댔다. 그는 이 두 가지 물건을 자기 주머니에 슬쩍 집어넣은 뒤 라이만에게 클라우스니츠 쪽에 있는 경찰서로 가자고 했다. 거기에서 그는 라이만을 여관에서 기다리게 한 후, 10탈러짜리 지폐와 8탈러쯤 나가는 시계를 갖고 슬쩍 자취를 감추었다.

그 해 4월 10일, 이번에는 밧줄 공장 주인인 크라우제의 집에 가서 자신을 비밀경찰이라고 소개한 마이는 금고의 위조화폐를 조사해야겠다고 꾸며댔다. 크라우제는 그에게 지폐 23탈러와 주화 12탈러를 보여주었다. 그는 지폐와 주화 가운데 7탈러가 가짜라고 말하고 그 돈을 자기 주머니에 집어넣은 뒤 놀란 크라우제에게 크리미트샤우 법원에 가자고 요구했다. 그러나 이번에는 성공하지 못했다. 가는 도중 용변을 봐야겠다는 핑계로 슬쩍 도망치려 했으나 사기꾼에게 속고 있다는 것을 알아차린 크라우제는 도와달라고 소리를 치면서 다른 두 명의 추적자와 함께 마이를 뒤쫓았다. 위험에 처한 마이는 훔친 돈을 던져버리고 주머니에서 권총을 꺼내 계속 쫓아온다면 모두 쏴버리겠다고 위협하여 그 상황을 모면했다.

같은 해 10월, 마이는 '뮐젠 성 야콥'에 있는 직공이자 빵 제조업자인 바플러의 집에 나타났다. 자신을 드레스덴 출신 변호사인 샤프라트 박사의 동료라고 소개한 그는 샤프라트가 바플러와 그의 세 아들에게 지금 당장 할 말이 있다고 전했다. 미국에 있는 한 친척이 바플러에게 유산을 남겨서 샤프라트가 그 문제로 글라우하우에 있는 한 호텔에서 바플러의 가족을 기다리고 있다는 것이었다. 그렇게 그 집안 남자들을 밖으로 유인한 뒤 마이는 바플러 부인에게 되돌아갔다. 그는 집에 틀림없이 위조화폐가 있을 것이라고 했다. 부인은 그에게 금고를 보여주었고 마이는 그 중 28탈러가 가짜라고 말한 뒤 그 돈을 챙겼다. 이번에는 보다 완벽한 사기를 위해 특별히 상단에 '경찰 신분 증명', 하단에 '슈바르츠 박사, 고등검찰청 검사장, 1869년 6월 19일 드레스덴'이라고 서명된 서류를 준비했다.

마이가 젊은 시절에 저지른 사기 행위가 훗날 폭로되자 그의 수많은 애독자들이 그에게서 등을 돌렸다. 반면 그의 경쟁자들은 기뻐 날뛰었다. 그의 소설은 이제 아무에게도 읽히지 않았고 마이는 순식간에 몰락했다.

그러나 끔찍한 가난 때문에 저지른 그 불법적인 행위들을 이제 와서 되풀이할 리가 있겠는가? 작가가 이전에 어떤 잘못을 저질렀다고 해서 그의 도덕 호소마저 가치를 잃은 것은 아니다. 그의 소설의 주인공들은 차별 없는 인간의 평등을 위해 투쟁한다. 그들은 인간의 존엄과 권리를 위해 사막에서 싸운다. 그들은 초원에서 억압과 굴욕 그리고 노예 제도를 거부한다고 소리 높여 외친다. 민족간의 화해를 위해 그들은 거친 산맥을 넘어 말을 달린다. 그래서 그의 《어른을 위한 동화》에 나오는 주인공들은 그들 나름대로 동의를 얻기 위해 언제나 두려움을 무릅쓰고 투쟁하는 것이다.

_ 13년의 삶과 맞바꾼 은접시

글라제나프군(軍)의 퇴역 병사 슈몰은 매우 가난하게 살았다. 그의 수입은 자신의 배를 채우기에도 부족했다. 겨울에도 그의 방은 차가웠다. 그는 다른 직공들처럼 일요일에도 편히 쉴 수 없었다. 그는 매일 쉴 새 없이 일해야만 했다. 그의 부인 루이제는 몽비주 성에서 허드렛일을 했다. 상황이 더욱 어려워지자 루이제는 프로이센 왕실의 은식탁에서 은접시 하나와 은뚜껑 하나를 훔쳤다. 왕이 화가 나더라도 가엾게 여겨 용서해줄 것이라고 스스로 위안했다. 그러나 도둑질이 발각되자 루이제 슈몰은 스판다우 교도소에 감금되어 끔찍하게 고문을 당했다. 프리드리히 빌헬름 1세(Friedrich Wilhelm I, 1714~1740 재위)는 어떤 관용도 베풀 줄 몰랐다. 1734년 1월 3일,

'자비로우신' 왕은 그녀에게 사형선고를 내렸다. 그녀는 교수형을 당할 수밖에 없었다. 그러나 그녀는 여왕의 은총으로 무기징역으로 형이 감면되었고 여러 번 사면 신청을 낸 결과 1747년 7월 7일에 마침내 석방되었다.

루이제 슈몰은 은뚜껑과 은접시가 잠시나마 가난을 덜어주기를 바랐다. 그러나 그녀가 얻은 것이라고는 고통과 죽음의 공포뿐이었다. 왕이 은접시와 금술잔으로 계속 먹고 마시는 동안 그 은접시와 은뚜껑은 루이제를 13년간 남편과 헤어져 있게 했고 그녀의 삶을 송두리째 빼앗아갔다.

_ 빵을 위한 레이스 직공의 절도

1743년 1차 슐레지엔 전쟁이 끝났다. 안나 도로테아 하이니켄의 남편은 아직 귀향하지 않았다. 그녀는 혼자서 자식 세 명을 먹여 살려야 했다. 굶주림은 끊임없이 찾아오는 불청객 같았다. 제복의 금은 장식을 만들어서 버는 몇 푼 안 되는 그녀의 수입은 네 식구가 먹고 살기에 형편없이 모자랐다. 아이들이 병이 나서 열에 떨며 침대 위를 뒹굴고 있을 때 해결책은 오직 하나뿐이었다. 안나는 당장 돈으로 바꿀 수 있는 값비싼 금실과 은실을 조금 떼어냈던 것이다. 두렵고도 불길한 예감이 들었지만 그녀는 모든 것을 운명에 맡기고 약 2파운드의 금실과 1파운드가 넘는 은실을 전당포에 맡겼다. 물이나 다름없는 수프와 오래되어 굳어버린 빵으로는 아이들의 건강이 좋아질 것 같지 않았고 더욱이 약을 사려면 많은 돈이 필요했기 때문이다. 그녀가 그것 말고 무엇을 할 수 있었겠는가? 재판관들은 예상 밖으로 온정을 보이며 이해할 만하다는 판결을 내렸다. 그들은 그녀가 극도로 가난하다는 것과 남편이 3년 동안이나 그녀와 아이들을 부양할 수 없었던 상황을 헤아렸다. 그들은 그녀가 전당포에 맡겼던 금실과 은실을 천천히나마 돈을 치르고 찾을 생각이었음을 알고 이를 참작해서 그녀를 용서했다. 7월 1일 안나 하이니켄에게 여섯 달 동안 방적 공장 일을 하라는 판결이 내려졌다.

_ 작센 귀족의 강도질 장난

1623년 10월 주사위 놀이와 카드 놀이 그리고 술 마시고 여자와 노는 데 돈을 다 날린 '귀족 출신 영주들'과 '하급 기사' 여섯 명이 마이센의 어느 술집에 모여 어떻게 하면 날린 돈을 만회할 수 있을까 머리를 짜내고 있었다. 그들은 뤼벤과 루카우 사이의 황야에 잠복했다가 라이프치히 시장에서 집으로 돌아가는 상인들의 물건을 털기로 했다. 두 번의 습격은 성공했으나 세번째는 실패했으며, 그들은 체포되어 결국 감금되었다. 그런데 그 다음에 일어나는 일에 주목할 만하다.

범행 현장에서 체포된 일당은 해당 법에 따라 징역을 선고받아야 했다. 그러나 붙잡힌 강도들은 따뜻한 방에서 안전하게 지냈다. 그동안 강도들의 친척인 귀족들은 바쁘게 뛰어다니며 모든 것이 '장난'이고 '재미로 벌인 기병놀이'이며 그들이 이런 어이없는 잘못을 저지른 것은 아마 젊은 기분과 술기운 때문일 것이라고 선제후를 설득하였다. 실제로 선제후는 이들 귀족 출신의 노상강도 여섯 명을 '선제후의 은총'으로 '이번에는 법 대신 은혜를 내려 체포된 자들을 다시 석방시켜 주기로' 결정했다. 단 한 번 훈계받는 것으로 그들의 명예는 회복되었다. 부유한 강도들은 처벌받지 않고 가난한 좀도둑은 가차없이 사형에 처하는 재판상의 차별은 수없이 많이 있다.

권력과 부를 얻는 가장 확실한 방법, 약탈

돈과 부를 얻는 가장 확실한 수단은 훔치는 것이다. 그것은 역사 속에서 증명되곤 했다. 권력과 돈을 얻으려는 대규모 약탈이 거듭되어 왔다. 알렉산더 대왕의 젊은 신하 하르팔로스는 재무장관이었는데 그는 왕의 신임을 악용하여 기원전 333년 이소스 전투 직전에 대왕의 금고를 갖고 사라졌다.

그러나 알렉산더는 그를 용서하고 그에게 다시 재무장관직을 맡겼다. 알렉산더는 명성과 부를 좇아 계속 동쪽으로 돌격했고 그동안 재무장관 하르팔로스는 왕의 재산을 탕진했다. 마침내 그는 5,000탈렌트나 되는 막대한 돈을 갖고 아티카로 도주했다.

기원전 323년 6월 알렉산더는 서른 둘의 나이로 죽었다. 그의 시신은 미라로 만들어져 금으로 된 관에 안치되었다가 2년 뒤 보석이 담긴 금상여로 이집트로 옮겨졌으며 결국 멤피스에 묻혔다. 후에 그 시신은 다시 알렉산드리아로 옮겨졌다. 그러나 반세기 후 악티움 전투가 끝난 뒤 옥타비아누스가 알렉산더의 미라를 보려고 그의 무덤을 열었을 때 금으로 만들었다는 관은 유리로 바뀌어 있었다.

몸젠(Christian Matthias Theodor Mommsen, 1817~1903)의 《로마사(Römische Geschichte)》는 미트라다테스(Mithradates)가 페르가몬 왕궁에 포로로 끌려온 아킬레우스(Achileus)에 대해 그의 탐욕이 채워지도록 '죽을 때까지 녹인 금을 몸에 부으라.'고 명령했다고 전한다.

부당하게 벌어들인 재산에는 언제나 불안과 위험스러운 저주가 따라다녔다. 부를 지키기 위해 흉계와 살인이 동원되었다. 서사시 〈니벨룽의 노래〉의 전설에 따르면 지크프리트는 지하 깊숙이 있는 금과 보물을 지키는 난쟁이족인 니벨룽족을 죽인다. 그는 보물지기를 협박해서 몸을 숨겨주는 마법의 의무를 빼앗는다. 마침내 니벨룽의 보물은 그의 것이 된다. 그러나 보물상자 위에 드리워진 저주가 그와 그의 부인에게 비운을 가져다준다.

영국에 있던 프랑스의 사신 마리외는 헨리 8세에 대해서 다음과 같이 썼다. '그는 너무나 탐욕적이어서 지상의 모든 재물들로도 만족할 수 없었다. 탐욕에서 또 다른 악이 나온다. 불신과 불안 때문에 자신의 주변 사람들을 의심하게 되면서부터 자신의 손을 늘 피로 적시지 않으면 안 되었다.'

두꺼운 금고 벽, 콘크리트와 강철로 된 지하 요새, 정밀한 안전장치, 자동

사격장치, 울타리, 가시철사, 고압전기, 기관총…… 이 모든 것들은 현대의 예방책들이다. 미국 켄터키 주의 어느 군사 지역에 있는 난공불락의 녹스 요새에는 미국의 금화들이 숨겨져 있다고 한다.

_ 도둑질로 채운 왕의 보물 창고

1493년 3월 31일, 종소리가 울려 퍼지는 가운데 직물공의 아들 크리스토퍼 콜럼버스가 당당하게 개선했다. 스페인 국왕 부처는 인도에 갔다 왔다는 그를 환영했다.

무장한 선원들이 기쁨에 찬 축제 행렬의 선두에 섰다. 그들 뒤에는 화려하게 장식한 인디언들이 따라가고 있었다.

그 인디언들의 어깨에는 노랑, 녹색, 빨간색의 앵무새가 앉아 있었다. 그 뒤로 큰 광주리를 진 노새가 걸어 들어왔다. 광주리는 외국 농산물, 과일과 향료, 값비싼 목재, 조개들로 가득 차 있었다. 중앙에는 그날의 빛나는 영웅이 그리고 그의 양 옆에는 아들인 디에고와 페르난데스가 자랑스럽게 걸어가고 있었다. 외국의 풍요함을 보여주는 물건들을 가져온 콜럼버스에 대해 최고의 호의가 베풀어졌다. 국왕 부처와 앉아서 이야기를 나눌 기회도 주어졌다. 돈에 대한 탐욕은 채워진 듯이 보였다. 그러나 과연 그럴까? 돈에 대한 탐욕은 채워질수록 더욱 커지는 법이다. 이후 1503년에 콜럼버스는 자메이카에서 이사벨라 여왕에게 이런 편지를 썼다. '금은 가장 훌륭한 것입니다. 우리는 여기서 금을 마음대로 가져갈 수 있습니다. 우리는 금으로 영혼을 지옥에서 해방시키고 그 영혼들과 함께 천국을 지배합니다.' 이처럼 '세상에서 가장 훌륭한 금'을 위해 아메리카 원주민의 삶과 행복은 가차없이 희생당했던 것이다.

처음에 인디언들은 콜럼버스에게 귀와 코에 매달았던 금장신구들을 아주 순순히 그리고 호의로 내주었지만 상황은 곧 달라졌다. 이후의 '발견을 위

1493년 4월 15일
이사벨라 여왕은 귀하고 값진
물건들을 가득 싣고 첫번째 신대륙
항해에서 돌아온 콜럼버스를 환영했다.
그의 '발견을 위한 항해'는 아메리카 원주민의 삶과 행복을 짓밟는 양심없는
도적의 행렬이었고 스페인 왕실의 금고를 채우는 행위였다.

한 항해'는 양심 없는 도적의 행렬이었다. 중앙 아메리카의 섬들은 스페인 사람들의 침입을 받았으며 아스텍제국은 약탈당했다. 그러나 어떤 약탈자보다 더 잔인한 것은 돼지치기였던 프란시스코 피사로 일당이었다. 그는 글을 쓸 줄도 읽을 줄도 모르는 인물이었다. 1530년 12월 27일 피사로가 금의 왕국 페루를 향해 스페인을 떠나기 직전 도미니카의 수도사인 후안 드바르가스는 180명의 모험가 모두에게 이제까지의 모든 죄를 사해주었다.

피사로는 1532년 11월 카야마르카에서 '동서남북의 지배자'인 잉카 아타왈파를 기습하여 사로잡았다. 아타왈파는 피사로에게 그들이 묵을 방을 금과 은으로 가득 채워주겠다고 약속했다. 그의 신하들은 금을 구하기 위해 제국의 주요 도시들을 누볐고 왕의 궁전과 성전에 금과 은으로 만들어진 물건들이 속속 도착했다.

전체 노획물은 금이 약 3톤이었고 은은 그 네 배인 12톤쯤 되었다. 스페인 국왕은 5분의 1을 가졌다. 그 중에는 정제한 금으로 몹시 아름답게 세공된 꽃병도 있었다. 스페인 왕의 보물 창고에는 10만 두카텐어치의 잉카제국의 보물이 채워졌다. 나머지 약탈물은(그 중에는 뛰어난 문화재들도 있었는데) 녹여져서 약탈자들에게 분배되었다.

아타왈파는 자신의 몸값을 지불하고도 결코 자유를 얻을 수는 없었다. 스페인에 대한 반란 음모, 신성 모독, 형제 살인, 일부다처 등 수많은 죄명을 뒤집어쓴 그 '태양의 아들'은 화형을 선고받았고 1533년 8월 29일 처형되었다. 그것은 아타왈파가 석방될 경우 약탈물을 되찾으려 할지도 모르며 계속될 약탈 행위에 대항할 것이라는 불안 때문이었다. 파사로의 강도와 살인이 있은 지 450년 후 페루의 수도에서는 다시 한번 끔찍한 사건이 일어났다.

_ 약탈된 잉카 문화재의 판도

1981년 11월 26일 밤에서 다음날 새벽 사이에 무장강도들이 리마의 고고학 박물관을 습격해서 값비싼 잉카의 보물들을 약탈해갔다. 그들은 순금으로 된 34개의 문화재를 훔쳐갔는데 그 가운데는 화려한 축제용 그릇, 보석으로 장식된 흉갑, 40센티미터 길이에 무게가 926그램인 금으로 된 제사용 칼이 있었다. 이 물건 가운데 몇 개는 1200년이 훨씬 넘는 오래된 것들이었다. 피해액은 적어도 1,000만 달러가 넘는 것으로 추정되었다. 문화사적으로 얼마나 손실이 컸는지는 말할 필요도 없다. 페루의 수상 베라운데 테리는 "스페인의 정복 이래 가장 큰 규모의 금 약탈"이며 "국가적 모욕"이라고 말했다. 그 나라 역사상 최대의 경찰력이 동원되었다. 국제경찰기구(Interpol)가 개입했다는 것은 그 약탈의 음모자들과 구매자들이 외국인이라는 것을 말해준다. 문화재 약탈은 아주 이익이 큰 장사다. 예를 들어 미국에는 골동품이나 문화재 수입을 금지하는 법이 없기 때문에 범죄자들은 아무런 거리낌 없이 훔친 문화재를 미국으로 들여간다. 그러므로 미국이 금 약탈물의 주요 판로인 것도 놀랄 일은 아니다.

_ 나치제국의 금

뢴과 튀링겐 숲 사이에 메르커스라는 작은 마을이 있다. 1945년 2월 11일 밤, 마을 근처 도른도르프에 예정에 없던 열차가 들어왔다. 열차의 조종실에는 나치스 친위대와 무장한 제국 은행원들이 있었다. 그 열차는 제국의 '비밀 과업'을 수행하는 중이었다. 24개의 차량에는 지폐, 외국환, 외국의 주식, 백금 목걸이, 금시계, 장신구와 수천 개의 금괴가 실려 있었다. 히틀러와 히믈러 그리고 제국 은행장의 계획에 따라 나치스가 거둬들인 금은보화의 80퍼센트가 그곳의 깊숙한 지하에 숨겨졌다. 폭탄 공격에도 절대적으로 안전한 장소를 마련한 것이다.

4월 4일 오후 프랑크푸르트 암 마인과 카셀 방향에서 튀링겐까지 진격했던 3개 대대의 미군 병사들이 메르커스에 도착했다. 강제 수용소에 수감되었던 병사 세 명과 겁먹은 주민 한 사람이 미국인들에게 지하의 보물에 대해 알려주었다. 아이젠하워 장군은 4월 12일 밤, 자신의 일기에 다음과 같이 썼다. '패튼 장군의 군대가 소금 광산 아래 숨겨진 나치스의 보물을 찾아냈다. 우리 군대가 지하로 거의 반 마일까지 내려가니 한 터널에서 엄청난 금이 발견되었다. 전문가들이 조심스럽게 계산해보고 2억 5,000만 달러 정도의 가치가 있다고 말했다. 대부분은 금괴였다……. 거기에는 유럽 여러 나라의 금화도 있었고 심지어 미국에서 들여온 몇백만 달러어치의 금화도 있었다. 온 유럽의 주택가에서 약탈한 듯한 막대한 양의 금화와 은화 및 장신구들이 거기 쌓여 있었다.'

4월 12일 나치스의 약탈물들이 다시 옮겨지기 시작했다. 그리고 6일 뒤

나치의 약탈물들이
보관되었던 녹스 요새 전경.

그 보물들은 루이스빌에서 남서쪽으로 약 50킬로미터 떨어진 녹스 요새에 보관되었다. 거기에는 체코슬로바키아 국립은행과 벨기에 국립은행에서 강탈해온 금도 포함되어 있었고 또 악명 높은 친위대의 금도 있었는데 그것은 나치스 당원들이 약탈한 것이거나 수많은 유태인들이 소유했던 금이었다.

폴란드에 있는 유태인 재산의 약탈은 1943년 10월에 완료되었는데 그것은 1억 4만 7,983제국마르크나 된다. 그 약탈물은 주로 달러와 금니 및 금안경테와 시계들이었다. 잘 알려져 있듯이 나치스들은 시체에서 금니까지 뽑아냈다. 나치스는 아우슈비츠 강제 수용소에 있는 시체들에게서 매년 약 4.4톤의 금을 얻어낼 수 있었다. 페터 에델은 이렇게 회고한다. '그는 나의 목을 잡고 온 힘을 다해 비스듬히 놓인 침대 위로 나를 밀쳤다. 그리고 늘 쓰던 집게를 잡고 내 입술을 갈기갈기 찢었다. 단번에 이가 부러져나갔고 덕분에 그는 치근을 뽑는 노력을 아낀 셈이다. 그는 악취 나는 입김을 내뿜으면서 헐떡거리며 입 안에 핀셋을 찔러 넣었다. 내가 너무 아파 감각을 잃을 정도가 되어 버둥거리는 동안 그는 그의 작업을 끝내고 승리감에 찬 얼굴로 집게를 높이 쳐들었다. 그는 내 어금니를 뽑아낸 것이다. 금으로 도금된 이, 그것만이 그에게는 중요했다. 그 금니는 용광로 속으로 들어갔다.'

나치스의 보물에 대한 그 뒷이야기는 더 눈길을 끈다. 벨기에의 국민은행은 약탈당한 금화 22만 1,730킬로그램에 대해 95억 프랑의 가치를 되돌려 받았다. 그러나 나치스에게 44톤의 금본위 화폐를 도난당한 체코슬로바키아의 금은 그리 쉽게 돌아오지 않았다. 체코슬로바키아는 우선 서방 연합국들에게 도난당한 금의 55퍼센트인 24.4톤을 돌려보내줄 것을 요청했다. 1948년에 처음으로 금 6톤이 반환되었다. 미국과 영국은 이것을 이용해서 체코 민족에게 압력을 가하려고 했다.

1964년에야 비로소 문제가 해결될 기미가 보였다. 체코슬로바키아 공화국은 미국과 영국을 대상으로 반환 협정을 체결하려고 하였다. 구 보헤미아와 슬로바키아 귀족들은 이에 저항하여 반환을 막으려 했으며 프라하에 대해 금화를 요구하기까지 했다. 마침내 1982년 2월 마지막 18.4톤의 금이 체코슬로바키아 공화국으로 반환되기까지는 37년이나 걸렸다.

_ 아이들의 몸값을 노린 유괴 사건

보잘것없는 재화의 신 마몬을 위한 가장 흉악한 범죄는 인간의 생명을 위협하거나 빼앗는 짓이다. 1927년 3월 21일, 무명의 한 비행사가 하룻밤 사이에 갑자기 유명해졌다. 스웨덴 태생의 미국인 비행기 조종사 찰스 린드버그가 이전에 많은 사람들을 죽음에 이르게 했던 모험에서 마침내 성공을 이룬 것이다. 그는 최초로 논스톱 비행으로 대서양을 횡단했다. 뉴욕에서 파리로 가는 데는 83시간이나 걸렸다.

5년 뒤 린드버그의 이름이 다시 모든 사람들의 입에 오르내리게 되었다. 1932년 3월 1일 밤 한 갱단이 린드버그 부부의 두 살 난 아이를 유괴한 것이다. 유괴범들은 아이를 돌려주는 조건으로 5만 달러를 요구했다. 익명의 범인에게 돈이 전달되었으나 아이는 끝내 돌아오지 못했다. 목재를 수송하던 어떤 사람이 5월 12일, 린드버그의 집에서 그리 멀지 않은 잡초 더미에서 그 아이를 발견했다. 아이는 이미 죽어 있었다.

그러나 루스벨트 대통령(Franklin Delano Roosevelt, 1882~1945)이 세계 경제위기의 탈출구로 제시한 '뉴딜' 정책으로 그 범인은 불운을 맞게 되었다. 금 약관이 폐지된 것이다. 이 정책에 따르면 언제나 금으로 교환될 수 있었던 노란 달러 지폐를 1935년 5월 1일까지 '금 약관'의 적용을 받지 않는 녹색 은행권으로 바꿔야 했다. 뉴욕 125번가에 있는 주유소 주인인 월터 리일은 1943년 9월 15일, 노란 10달러 지폐로 기름값을 낸 사람의 차 번호를 기록해 두었다. 수사 결과 1923년에 작센의 카멘츠에서 불법으로 미국에 입국했던 브루노 하우프트만이 체포되었다. 범죄의 간접 증거물로 그는 유죄 판결을 받았으며 유괴범들은 1936년 4월 3일, 전기의자 위에서 처형당했다. 그 이래 미국에서는 유괴범들에게 사형선고를 내리게 되었다.

1930년대 초 2년 동안 시카고에서만 200건의 유괴 사건이 있었다. 당대 최고의 거부였던 하워드 휴즈는 자신의 변호사들과 친척들에게 자신이 납치당할 경우 어떻게 행동해야 하는가를 지시했다. 즉 결코 몸값을 지불하지 말라는 것이었다. 그러나 이러한 단호한 말과는 달리 그는 가장 절친한 동료인 노아 디트리히에게 따로 은밀히 행동 지침을 일러두었다. 그의 서명 아래 자기 손으로 직접 'P.D.Q'(pay damned quick(즉시 지불할 것)의 머리글자)라고 써놓았는데 이것은 다른 명령들을 무효로 하는 것이었다.

아무리 처벌이 강화되어도 공갈, 협박, 유괴는 언제나 존재한다. 1960년 4월 프랑스의 자동차 왕 푸조의 네 살된 손자가 생 클로드 골프 클럽의 검은 푸조 자동차에서 유괴되었다. 며칠 뒤 그의 아버지 롤랑 푸조는 경찰에 알리지 않고 에트왈 광장에서 익명의 유괴범에게 5,000만 프랑이 든 돈 가방을 건네주었다. 그는 레이몽 포앵카르가에 있는 한 작은 여관에서 아들을 무사히 되돌려 받았다. 11개월 뒤 그 유괴범은 체포되었고 20년 징역을 선고받았다.

1963년부터 1973년까지 서독에서는 열두 건의 흉악한 유괴 사건이 있었다. 그 중 네 명은 목숨을 잃었다. 일곱 살 된 요아힘 뵈머와 한스 크나우프 그리고 티모 린넬트와 열여섯 살 된 레나테 푸츠가 그들이다. 1973년 7월 로마에서는 부호 파울 게티의 열여섯 살 된 손자가 실종되었다. 당시 여든 살의 게티에게는 다섯 번 결혼에서 얻은 다섯 명의 아들이 있었다. 그는 아이의 몸값을 주지 않겠다는 의사를 다음과 같이 완곡하게 표현했다. "나는 그 아이를 사랑하지만 돈을 지불하는 데에는 반대한다."

〝 총도 칼도 들지 않은 화이트칼라 강도 〞

브레히트는 강도들이 체포의 위험 속에서 힘들게 벌어들이는 돈의 100만 배쯤 되는 돈을 은행장은 책상에 앉아 힘들이지 않고 벌어들인다는 것을 간파했다.

쇠나 칼을 갖고 하는 사업은 위험하다. 금고털이나 강도질은 힘들 뿐 아니라 늘 도망다녀야만 한다. 탐정 영화와 갱 영화에서 보면 악한은 필사적으로 추적자를 떨쳐내려고 애쓴다. 달리는 기차 위로 뛰어오르거나 높은 빌딩 꼭대기 위로 기어오르기도 하고 훔친 차로 가파른 언덕을 내려간다. 계단을 오르내리고 상가를 질주하며 뒷문을 통해 레스토랑을 빠져 나가고 하수도 구멍으로 기어들어간다. 그는 쫓기는 자다.

그에 반해 흰 셔츠에 말쑥하게 넥타이를 맨 은행장은 범행 장소로 가는 도중 존경의 인사까지 받는다. 그의 범죄 도구는 장부와 계좌 번호, 연필과 신문 기사, 양도 용지와 계약 용지들뿐이다. 그는 결산액을 조작하고 사기 사업을 지도하며 파산을 조작한다. 그에게 매수된 정치인들은 범행에 '사업상의 위험'이 있어서는 안 된다고 강조한다. 또한 1976년까지 경제 범죄라는 개념이 서독의 어떤 법학책에도 실리지 않았다는 사실도 주목할 만하다. 그에 대해서는 마인츠의 형사학자 아르만트 메르겐이 이미 밝힌 바 있다. 법 제정이 지체되어 뒤늦게 경제 범죄라는 용어가 만들어진 것은 형법상의 이유나 몇몇 백만장자들 때문이 아니다. 그것은 '일반 소비자들'에게 미칠 영향 때문이었다. 그들이 이 나라에서 명예와 부를 가장 빨리 얻을 수 있는 방법은 탈세와 정치 도박이라고 여기게 되면 곤란한 것이다. 작은 좀도둑에게는 형벌을 내리면서 저명한 사기꾼과 악당들에게는 무죄 판결을 내리는 것은 흔히 있는 일이지만 매우 위험한 일이다. 기만당한 사람들의 분노가 폭발하면 무슨 일이 일어날지 어찌 알겠는가!

맥스 플랑크 연구소에 따르면 서독에서 경제 범죄 때문에 발생하는 손실은 연간 400억 마르크 정도라고 한다. 보다 철저하게 경제 범죄를 막는다면 연방의 재정 적자가 채워질 수 있을 뿐 아니라 필수불가결한 사회 사업 비용도 충당될 수 있을 것이다. 점점 늘어가는 실업에 대해 산업 계획을 세우려면 당장은 백만장자들을 내버려둘 수밖에 없지 않느냐는 견해도 있을 것이다. 그러나 정치가들은 금고가 비었다고 하소연하며 절약을 강요하는가 하면, 경제 범죄인들은 허술한 통제와 법률의 보호 아래 억대의 돈을 끌어모은다.

그것은 더 이상 수수께끼가 아니다. 국고에 보다 적은 세금을 낸다는 것은 자신의 금고에 더 많은 돈을 넣는다는 것을 의미한다. 그들은 이익을 위해서 세금 횡령이나 관세 횡령도 서슴지 않고, 위장 파산 및 기부금 위장뿐 아니라 보험 사기나 투자 사기, 나아가 결산 조작 및 문서 위조와 횡령도 두려워하지 않는다. 물론 대부분 위험하기는 하지만 완전히 합법적으로 성공할 수 있는 것이다.

투자 분야에서 일어나는 전형적인 범죄는 투자자본을 횡령하여 주어진 목적에 쓰는 것이 아니라 개인의 지갑에 넣는 것이다. 일종의 게임 연출가인 이들은 다소 뜻 깊은 사업을 머리에 떠올리며 높은 배당금과 공제금으로 선전하고 세금을 절약하는 일을 돕고 투자금의 상당부분을 자신의 호주머니로 가져간다. 스페인과 서독에 대형 선박과 호텔, 영화관과 섬유 회사를 소유하고 있어 그 업계에서 '프리드리히 대제'라고 불리는 공제금 사기꾼, 프리드리히 브란테에게는 3,800명의 합자 회사 사원들이 3억 마르크를 지불해야 했다.

금융 투자 방식은 합법적이지만 논란의 여지도 많다. 왜냐하면 때로는 진짜 사업인 것처럼 보이지만 사업이 이루어지지 않는 경우도 있기 때문이다. 면세 투자보조금을 사취하기 위한 또 다른 속임수들도 있다.

예를 들어 서독의 어느 기업이 사전에 치밀하게 짜여진 사기 사업으로 스위스의 한 제조회사로부터 제3의 회사가 만든 기계를 구입한다. 스위스측은 제3의 회사에 25만 마르크를 지불하고 서독 회사에게는 100만 마르크를 부담하게 한다. 그러나 서독 회사가 먼저 지불하는 계약금 25만 마르크는 실제 구매 가격과 일치한다. 나머지는 3년 분할로 지불된다. 다음 해에 명목구입가 100만 마르크의 25퍼센트인 투자 보조금이 나오기 때문에 서독 회사는 그때부터 첫 분할금을 상환한다.

이미 첫 계약금이 지불될 때부터 이 사기극에 가담한 회사들 모두 "어려운 상황"에서 벗어나 있다. 따라서 25만 마르크를 자본으로 투자했던 합자 회사의 사원들은 원하던 공제금, 세금 할인 그리고 투자 보조금을 갖게 된다. 3년 후 공제금 총액은 구매가의 3배인 75만 마르크가 된다. 스위스 회사는 당연히 스위스에 계좌를 튼 서독 회사와 25만 마르크가 넘는 이익을 나누어 갖는다.

_ 탄전 지대 출신의 석유왕자

연료 저장용기 위 현수막에 적힌 '저장탱크 속의 금' 이라는 그의 광고 문구가 눈에 확 들어온다. 그에게는 금고에 있는 금이 더 중요했다. 루르 지방에서 가장 큰 주유소의 전 사장 에르하르트 골트바하가 보쿰 지방법원의 C240실에 쇠진한 모습으로 앉아 있다. 그는 사기와 부정 그리고 탈세로 고소당했다. 뒤셀도르프의 세무사인 하인츠 텐너르트와 보쿰 전문대의 총장을 지낸 바 있는 세금 전문가이자 석유 회사 파산 소송의 피고자인 롤프 쾨니히스튀허는 불구속 판정을 받았다. 그 일당의 네번째 사람인 72세의 카를 크라미히는 브레멘의 옛 의원으로, 그가 속해 있던 '타락한 자들' 이 그 사이 떳떳해진 것처럼 재판받을 수 없다는 판결을 받았다. 1974년부터 소송이 시작된 1979년까지 그와 그의 공범자들은 국고에서 1억 5,200만 마르크의 판매세와 1억 4,500만 마르크의 석유세를 사취했고 장부 조작으로 부채를 위장했다.

240개의 '저장탱크 속의 금' 들이 골트바하 그룹의 파산에 당혹해 했다. 법정에서 피고는 1,300개의 일자리를 창출해내지 못한 점과 '가격을 규정' 하는 특권으로 '독일의 운전자들' 과 나라의 국제수지를 위해 자신이 더 이상 존재할 이유가 없다는 것에 유감을 표했다. 실제로 골트바하 주유소들은 경쟁 가격보다 1페니히 또는 2페니히 싸게 연료를 공급할 수 있었다. 탈세한 세금이 이러한 싼 가격을 가능하게 했다. 특히 비난받아 마땅한 사실은 그 4인조 사기꾼들이 장님에게 주어지는 혜택을 노려서 장님 전화 교환원인 롤프 에히터브루크를 고용했다는 것이다. 그 당시 유효한 판매세법에 의하면 두 사람 이상의 사원을 가진 장님 기업가는 판매세를 지급할 의무에서 면제되었다. 에히터브루크는 '탄전 지대의 석유왕자' 가 자신을 도우려 한다는 생각에 그들의 광고를 보고 지원했다. 골트바하는 즉시 그와 계약했다. 그들은 판매세를 내지 않는 '롤프 에히터브루크 석유 회사' 들을 건립했다. 이윤은 골트바하 계좌로 들어갔다. 1973년 6월 30일 장님들의 특권이 폐지되자 골트바하에게 있어 에히터브루크는 더 이상 흥미의 대상이 아니었고 자신의 다른 회사들을 위해 '에히터브루크 기업'을 몰락시키는 것보다 더 급한 일은 없었다. 그는 벤진을 최고 가격으로 사들여 아주 싼 가격으로 판매했다. 허수아비인 에히터브루크는 파멸 속으로 빠졌고 결국 파산하고 말았다. 1973년 7월 31일 파산 신고를 할 때 그의 사업용 계좌에는 188마르크 53페니히가 남아 있었으며 부채는 1,224만 8,194마르크 20페니히에 달했다. 1985년 4월 초 골트바하는 보쿰 지방법원 10번 형사부에서 12년 금고형을 선고받았다.

_ 은행가들의 사기와 투기

은행가 루트비히 플랭은 15년 만에 주 예금은행의 검사관에서 서독 국립은행과 예금은행 연합 및 지로 연합의 장으로 승진되었다. 그는 업무를 잘 파악했고 자신의 명성을 쌓기 위해 애썼다. 큰 씀씀이, 사교적인 제스처, 각 당과 스포츠 클럽 참여, 저명인사와의 충실한 교제 등 그 경제범은 자연스럽게 자신의 기반을 준비했다.

성공한 은행가 플랭은 서독의 가장 큰 공공 금융기관의 결산 총액을 750억 마르크로 끌어올렸고 뉴욕과 런던 및 도쿄에 지점을 열었다. 그러나 해마다 베스트팔렌 국립은행에서 '벌어들인' 70만 마르크의 돈이나 서독 콘체른과 외국 회사의 이사로서 벌어들인 막대한 액수의 돈도 그를 만족시키지 못했다.

서독의 형사들은 어떤 사건을 수사하던 중 콘스탄츠 지방의 경제 사기꾼이자 부동산 투기꾼이며 악덕 사업가로 악명 높은 슈미트의 집에서 우연히 수령증 한 장을 발견했다. 거기에는 다음과 같이 쓰여 있었다. '나는 당신으로부터 100만 마르크의 금액을 받았음을 공히 영수함. 플랭.' 거기에서 사건이 시작됐다. 수사 당국에서는 플랭이 '고문'으로서 조언을 해주어 투기꾼들의 사업을 돌봐주었다는 것을 알아냈다. 그는 신용 대부를 필요로 하는 자가 누구인지 슈미트에게 알려주었다. 슈미트는 신용을 중재해주고 보수를 받아냈다. 그 돈은 엄청난 것이어서 플랭에게 오는 100만 마르크는 보잘 것 없을 정도였다. 그 사업의 천재는 한 부정 외국환 거래에서 투기로 2억 7,000만 마르크를 한번에 잃기도 했다. 사업상의 친구인 슈미트는 돈을 대부받는 것을 도와주었다. 플랭은 붙잡혀 조사받고 있는 슈미트가 300만 마르크의 보석금을 내고 풀려나는 것으로 보답하였다.

  그 형사상의 사건들은 더 이상 비밀일 수 없었다. 대단히 큰 반향이 일어난 것이다. 그러나 뮌스터에 있는 대법원은 플랭에게 불리한 고소장을 '범죄의 혐의가 불충분하다.'는 이유로 기각시켰고 북부 라인 지방과 베스트팔렌의 재무상 할슈템베르크는 플랭과의 계약을 5년 더 연장했다. 350년 전 작센의 '귀족'들이 벌을 받지 않고 무사히 법망을 빠져나올 수 있었던 것처럼 플랭도 뇌물을 줌으로써 부드러운 훈계를 받는 데 그쳤다. 그는 오히려 은퇴 생활을 하면서 1978년부터 1982년까지 해마다 70만 마르크의 연금을 받았으며 그 뒤에도 매년 22만 마르크를 받을 수 있었다. 재판관 노이라트는 피고인 플랭에 대해서 '원칙의 틀 내에서 올바른 자세'를 지녔다는 점과 특히 뒤셀도르프에 있는 서독 국립은행을 위해 경탄할 만한 활동을 했음을 증명해 보였다. 1981년 플랭은 사면되었다. 까마귀들끼리는 서로 눈을 쪼는 법이 없다. 사법부가 몇 년 동안 이 웃기는 일을 벌이는 데 쓴 엄청난 비용은 납세자들이 부담하지 않으면 안 되었다.

_ 현대판 해적으로 변신한 보험 사기단

  동남아시아 해양의 해적 행위는 1000년의 전통을 갖고 있다. 말라카 해안은 특히 악명이 높다. 해적질은 스페인, 포르투갈, 영국 출신의 식민 영주들이 해상 무역을 독점하고 있었을 때가 최고의 전성기였다. 오늘날까지도 해적 행위와 노상강도는 결코 '사라진 적'이 없다.

싱가포르와 인도네시아의 인접 지역에는 20세기의 해적들이 잠복해 있다. 싱가포르 해협 중 많은 섬들로 통하는 필립 해협을 통과하는 배는 해마다 약 2만 2,000척에 이른다. 해적들은 적선을 포획하는 데 쓰는 쇠갈고리를 이용해서 고물의 돌출부에서부터 갑판으로 올라간다. 그들은 피스톨이나 단도 또는 긴 칼을 들고 선원들에게서 현금이나 반지, 시계 같은 금품을 빼앗는다. 3만 톤의 유조선 코르시카나를 습격했을 때 그들은 약 3만 5,000 싱가포르 달러를 약탈해냈다. 그러나 이제 그들은 더 이상 무기를 사용하지 않는다.

그들은 밝은 사무실에서 한잔 들이키면서 시간을 보내곤 한다. 종종 먼 곳에 있는 배들을 바라볼 뿐이다. 아침에 그들은 책상에 자리를 잡고 앉아 비서에게 커피를 타게 하고 우편물들을 살펴본다. 그들은 보험 조직과 '자유시장 경제의 경기 규칙'에 대해 잘 알고 있다. 권총과 탄환 그리고 대담한 청년들이 필요했던 일들을 그들은 간단한 사인으로 해결한다. 사기당한 보험회사들은 또다시 몇백만 명의 보험 가입자들의 돈으로 손실을 쉽게 메워버린다. 이전 세기의 모든 약탈꾼들을 경악시킬 만한 약탈 행위가 오늘날 일어나고 있다.

다음과 같은 방법이 특히 잘 사용된다. '터무니없이 싼 낡고 녹슨 배 하나를 산다. 익명으로 등록하고 매우 비싼 보험에 가입한다.' 배는 곧 가라앉는다. 적어도 서면상으로는 배에 실린 짐이 배 값의 몇 배를 능가한다. 진짜 짐은 미리 치워버렸으며 배가 가라앉을 때는 가짜 화물이 물 속에 가라앉게 된다.

1980년 1월 리베리아 국기를 달고 가던 초대형 유조선 살렘(총 등록 톤수 21만 550톤)의 '침몰'은 커다란 화제를 불러일으켰다. 당신 선주는 그 배를 모두 1,200만 달러에 사들였고 2,400만 달러의 선박보험에 가입했다. 그 유조선의 석유 화물은 다시 5,600만 달러의 보험에 들어 있었다. 살렘호는 다카 항구 앞에서 너무나 '갑작스럽게' 침몰해서 조난 신호를 보낼 수 없었고 배의 서류들도 건져낼 수 없었다. 선원들만 겨우 구조되었다.

그러나 석유업계의 거부 쉘이 소유한 19만 3,000톤의 원유는 바다 속에 가라앉은 것이 아니라 이미 남아프리카의 항구 더반에서부터 사라졌다. 위장을 위해 살렘호는 하루 동안 리마호로 탈바꿈했다. 이런 방식으로 4,300만 달러라는 막대한 보험료를 지불받았다. 이 사건으로 아랍 국가들은 남아프리카 정부에 대해 원유의 판매를 거부하게 되었다. 값비싼 배들은 때때로 서면상으로만 침몰하고 또다시 바닷물에 가라앉기 위해 새로운 모습과 새로운 이름을 얻는다.

300만 달러의 보험에 든 말라가호가 침몰했을 때 사실은 배도 화물도 없었다는 것이 드러났다. 다만 감쪽같이 위조된 서류만 존재했던 것이다. 런던의 보험 전문가들은 화이트칼라 범죄로 매년 2억 2,000만 달러에서 2억 5,000만 달러 정도가 나간다고 추정한다. 그들은 이 보물들이 합법적으로 이자가 붙을 수 있도록 은행에 예금한다.

_ 검은 돈을 세탁하는 법

돈을 벌어들이는 데 천한 수단이란 없다. 불공정하고 불법적인 방법으로 돈을 벌어들일지라도 악평을 듣고 싶어 하지 않는다. 그래서 불법적으로 벌어들인 돈은 세탁되어야 한다.

'평범한' 상습범은 그들의 노획물을 정원에 묻거나 마루 밑에 감춘다. 아무튼 자기 외에는 아무도 알지 못하도록 감추어 놓는 것이다. 그러나 대부분의 강도들은 이런 방법으로 돈을 모으는 것이 별 효과가 없다는 것을 이미 오래전에 터득했다. 지폐는 썩어가고 쥐와 인플레이션이 그것을 갉아먹는다. 게다가 관청은 대개 도난당한 화폐의 번호를 알고 있다. 그래서 돈세탁이 필요한 것이다.

사람들은 돈을 스위스나 카리브 지역의 비밀 은행에 예치해둔다. 운반자를 고용하는 방법이 가장 잘 사용된다. 그는 가방에 돈을 넣거나 몸에 단단히 묶고 비행기표를 사서는 취리히나 바하마 제도의 낫소로 향한다. 거기에서 그는 자기를 고용한 주문자를 위해 비밀 계정 번호로 연락한다. 은행 지점장만이 비밀 계정 번호가 누구에게 속한 것인지 알 뿐이며 다른 은행원들은 번호만 알고 있다. 관례적인 거래에서와 마찬가지로 그들은 매달 결산 보고를 하지만 고객의 이름은 밝힐 수 없다. 스위스 법정을 제외하고는 아무에게도 손님의 이름을 밝힐 수 없다는 이 약속은 조심스럽게 지켜진다. 그렇지만 미국은 입을 다물고 있는 은행가들에게 그것을 밝히도록 압력을 가하려고 한다.

세금의 천국에 자신의 '이익 단체'를 설립함으로써 때 묻은 돈을 없앨 수도 있다. 리히텐슈타인, 룩셈부르크, 파나마, 낫소, 버뮤다와 같은 세금의 천국은 불법적으로 재산을 모은 사람들뿐만 아니라 탈세하려는 사람들을 유혹한다. 그러한 곳에서는 수입세나 사업 소득세, 증자나 배당금에 대한 세금, 증여세와 상속세 따위를 전혀 물지 않거나 낸다고 해도 아주 약간만 낼 뿐이다. 그저 몇 달러의 사용료만으로도 회사가 설립될 수 있다. 리히텐슈타인에는 그 같은 회사가 1만 8,000개나 있어 거의 모든 사람이 자기 회사를 갖고 있다고 할 수 있다. 많은 비용이 들 경우가 있는데 이는 지역 변호사들이나 다른 사람들에게 지불하는 사용료. 회사의 '지배인'들에게 그들의 명의를 빌려주기만 하고도 이 사용료를 받는 것이다. 사업 등록에는 실제 소유인의 이름이 아니라 이익 단체의 이름이 기입된다. 비밀은 완전 보장된다.

세금을 거의 내지 않는 낙원의 법과 은행이 지켜주는 비밀은 그렇게 돈의 더러운 흔적을 없애주고 세무 사찰에서 벗어나게 해준다. 축축한 지하실에서 썩어 없어지거나 도로 빼앗기는 대신 오히려 그 돈들은 이자를 가져다준다. 또한 외국에서 '세탁된' 돈을 다시 가져와서 합법적으로 투자하면 그것은 더 큰 이익을 낳는다.

　미국의 거대한 회사들이 엄청난 돈을 대통령 후보자들의 선거 자금으로 대체하는 방법 역시 이와 다를 바 없다. 미국의 작가인 서스턴클라크와 존 티크가 보고한 아메리칸항공의 예가 그 전형이다. 이 회사는 1972년 닉슨의 선거 자금으로 많은 돈을 기부하였다. 헤르베르트 칼름바흐는 1971년 10월 '클럽 21'에서 조지 스페터를 만나 그를 억지로 아메리칸항공의 이사장으로 앉혔다. 스페터는 10만 달러의 기부자들을 선정해야 했다. 스페터는 이렇게 말했다. "나는 회사가 기부금 없이는 경쟁에서 불리한 데 대해 두려움을 느꼈다." 미국의 모든 항공회사들은 백악관에 종속되어 있다. 사업 확장의 허가든 비행 횟수든 모두 정부가 결정한다. 정부는 회사의 연합을 막을 수도 있고 강화시킬 수도 있다. 그 당시 아메리칸항공은 오스트레일리아 항로를 개설하려 했고 웨스턴항공과 연합하고자 했다.

　그러나 칼름바흐가 요구한 기부금의 액수는 불법적이었기 때문에 그 기부금은 눈에 띄지 않게 국경 밖에서 '세탁' 되어야만 했다. 그것을 위해 아메리칸항공은 명목상으로만 양도받은 비행기 대금을 레바논의 아마코(Amarco) 회사에 주었다. 아메리칸항공은 아마코의 스위스 은행 계좌에 10만 달러를 입금시키라고 은행에 위임한다. 그럼으로써 10만 달러는 미국의 세무 관리들이 알 수 없도록 흔적을 지울 수 있었고 그것은 곧바로 뉴욕의 아마코의 은행 계좌에 들어갔다. 그리고 이 회사의 대리인 한 사람이 현금으로 돈을 찾아 그것을 아메리칸항공에 되돌려주었다. 날조된 계산서 한 장과 몇몇 은행 계좌를 거쳐 순식간에 10만 달러가 세탁된 것이다. 아메리칸항공은 그 중 7만 5,000달러를 닉슨의 재선 위원회에 기부했다.

자기 소유물을 간접적으로 다시 사들이는 일은 특히 흥미 있는 방법이다. 과자 공장을 소유한 미국의 한 기업주가 스위스 은행에 있는 150만 달러를 본국으로 들여오고자 한다면 어떻게 해야 할까? 그는 자신이 소유한 리히텐슈타인의 어음 회사에 스위스 은행의 계정에서 자기가 원하는 금액을 대체해달라고 위탁한다. 그 어음으로 자기 공장을 구매하는 것이다. 이와 같이 자기의 공장의 일부를 공공연히 팔아넘기고 150만 달러를 자신의 뉴욕 은행 계정에 대체시킨다. 스위스 은행 계정과 리히텐슈타인의 어음 회사의 도움으로 그는 막대한 돈을 '세탁'한 것이다.

_ 합법과 불법의 모호한 경계

합법적인 사업과 불법적인 사업 간의 경계선은 오늘날 거의 알아낼 수 없을 만큼 애매하다. 시칠리아의 마피아들이 과연 사업 활동을 하는 범죄자들이냐 아니면 범죄적인 사업가들이냐 하는 것은 사회학자와 형법학자들이 서로 논쟁을 벌이고 있는 문제다. 그러나 그 신사들이 배후에 거대한 권력 조직이 있는 시칠리아의 실제 주인들이라는 점에는 논의의 여지가 없다. 물론 그 땅에 왕국을 세운 것은 아니지만 그들은 그 섬을 지배한다. 마피아들은 주머니 안에 들어있는 돈은 구겨지기만 할 뿐 아무것도 벌어들이지 못한다는 것을 잘 알고 있다. 그래서 마약 밀매로 벌어들인 이익금과 약탈한 돈들은 은행, 보험 사업, 서비스 사업, 무역업, 건축업, 산업자본, 유흥가 등 수익성 있는 곳이면 어디로든 흘러들어간다. 게다가 시칠리아의 마피아가 해마다 쓸어 담는 5조 리라의 돈은 이자가 붙어서 더욱 늘어난다.

그러나 돈이 가장 많이 드는 것은 정치가에 대한 기부금이다. 매수당한 검사와 최고재판관, 대의원과 상원의원 그리고 총리들은 그들을 위해 봉사한다. 정치와 대규모 사업 그리고 조직적인 범죄는 점점 더 긴밀하게 연합해간다. 정장을 한 범죄자들은 새로운 세대다. 그렇지만 옛날 방법도 포기하지 않는다. '거리를 피로 물들인다.'는 말은 단순한 마피아의 표어에 그치는 것이 아니다. 그들은 그 말을 아주 진지하게 여긴다. 새로운 마약 시장이나 경제권의 분할 및 재정적인 영향력이 문제가 되는 경우 단체들 사이의 투쟁은 거기에 개입된 많은 사람들에게 치명타를 입히는 것으로 끝난다. 나폴리와 팔레르모 및 그 밖의 다른 도시에서 사람들은 '계파'에 따라 서로 다른 방식으로 제거된다. 총에 맞아 죽거나 칼에 찔려 죽거나 교살되며 마약 시장을 둘러싸고 총과 대포에서 불꽃이 튄다. 이익 단체들의 싸움은 1982년 1월부터 6개월 동안 나폴리에서 150명의 목숨을 앗아갔다.

1982년 6월 18일 아침, 런던의 블랙 프라이어스 다리 아래에서 더러운 템스 강물에 잠긴 목 졸려 죽은 시체를 지나가던 사람이 발견했다. 경찰은 그 사람의 옷에서 4만 마르크나 되는 화폐를 발견했다. 죽은 자는 밀라노 출신의 은행 지점장인 로버트 캘비였다. 이탈리아의 언론들이 묘사했듯이 '매서운 눈을 가진 그 은행가'는 암브로시아노 은행장이었다. 그는 오랫동안 드러나지 않게 외국의 우편 회사 및 어음 회사들과 손을 잡고 지점 사업을 발전시켰으며 정치가와 관리들을 매수했다. 그는 파나마, 룩셈부르크, 리히텐슈타인에 있는 어음 회사들에게 140억 달러를 빌려달라고 요청했다. 그 돈은 이탈리아의 장부를 통해서가 아니라 룩셈부르크와 바하마 제도 또는 홍콩과 파나마를 거쳐 자신의 주머니와 익명의 주주들에게 돌아갔다. 바티칸의 은행인 겸 종교 사업 연구소의 소장이자 명예 대주교인 미국인 파울 마르친쿠스는 보증인들을 이용하여 캘비의 불법적인 사업을 은폐해주었는데, 결국 파국이 오고 말았다. 캘비의 재정 파탄으로 외국에 140억 달러의 빚을 지게 된 것이다. 돈의 일부는 아예 '사라졌거나' 정치적으로 마피아의 비밀 은행으로 흘러들어갔으며, 다른 한편으로는 무기 사업의 비밀 통로로 흘러들어갔다.

3개월 뒤인 9월 13일 스위스 경찰은 젠프의 한 은행에서 유력한 용의자로 이탈리아인 한 사람을 체포했다. 그는 비밀 조직 'P2'의 두목 리치오 겔리였다. 그는 은행에서 돈을 찾으려고 위조문서를 들고 나타났다. 그 문서에 따르면 런던에서 목숨을 잃은 캘비가 위탁한 1억 3,000만 달러의 예금액이 인출되어야 했다. 로마의 정치가들과 사회 사업가들은 그 사건을 보고 모두들 긴장했다.

겔리는 그 당시 이탈리아인들에게 큰 충격을 준 중대한 정치, 경제적 스캔들의 중심 인물이었다. 사법 당국은 그에게 국가에 대한 정치적 음모죄가 있다고 선고했을 뿐 아니라 암살 계획과 납치, 테러 기도, 정치·군사적 첩보 행위, 공갈, 사기 등을 통해 이탈리아의 질서를 혼란에 빠뜨리고자 한 것에 대해 유죄를 선고했다. 열두 사람의 목숨을 앗아간 1974년 '이탈리쿠스 급행열차' 계획, 85명의 목숨을 앗아간 1980년 볼로냐 정거장에서의 폭발물 암살 계획, 두 건의 석유 스캔들, 수많은 살인 사건, 1978년 초 기독교민주당 수석 의원이자 전 국무총리 알도 모로의 납치와 살해, 이런 것들이 모두 그의 범죄 조직이 일으킨 사건들이었다.

경찰은 비밀조직의 음모를 우연히 알게 되었다. 1981년 3월 겔리의 별장에서 962명의 이름이 적혀 있는 공모자 카드함을 발견했다. 그것은 정치, 경제, 사법, 외교, 군사, 안보 기구, 대중매체의 주요 인물들의 명단이었다. 1981년 3월 폴라니 정권이 그 명단을 공개하자 이 사건은 엄청난 결과를 가져왔다. 고급 장교, 경찰관, 은행가, 출판인, 검사, 언론인, 비밀 탐정들이 그 지위를 잃었을 뿐 아니라 법무장관과 국방부의 서기관도 해직되었다. 그 여파로 기독교민주당과 폴라니 정권도 붕괴되었다.

철저한 반공주의자로 불렸으며 그 스스로 평생 공산주의와 싸우겠다고 자신 있게 공언했던 대부 겔리의 계획은 아주 간단하게 이뤄졌다. 주요 비밀 탐정과의 밀접한 관계 덕분에 그는 많은 저명한 이탈리아인의 정치적이고 사적인 결함, 불법 사업, 지하조직과의 결탁, 미묘한 우정 관계, 부정한 종속 관계 등에 대해 잘 알게 되었다. 그는 그런 일들을 꼼꼼하게 장부에 기입했고 영향력 있는 많은 상류층 귀족들을 길들이는 방법을 찾아냈다. 불안감과 불신 및 명예욕 등을 이용하여 라이벌 관계에 있는 이들을 하나로 만들거나 '의견이 같은 자들'을 서로 적대시하도록 만드는 것이었다. 이 사건으로 인한 정치적·범죄적·경제적 혼란은 쉽게 만회되기 어려웠다.

세상을 떠들썩하게 한 '캐비닛 사건'은 이것을 잘 보여준다. 갱단의 두목인 겔리는 1983년 8월까지만 감옥에 있었다. 8월 11일 그는 스위스에서 가장 확실하고 안전한 대형 교도소 챔프 돌런의 158호에서 탈출하여 프랑스로 넘어갔다. 모나코를 벗어나면서부터 그의 흔적은 사라져버렸다.

감옥에서 탈출을 도와준 카레사의 차까지 가려면 100미터를 달려가야 했는데 자물쇠가 두 개씩 잠겨 있는 3개의 강철문을 지나 층계를 내려가고 축구장을 가로질러 공원을 향해 나 있는 2개의 문을 열고 나갔던 것이다. 그 공원은 텔레비전 카메라의 감시 아래 있었지만 그날 밤 근무하던 열한 명의 경찰관 가운데 단 한 사람도 그의 탈출을 눈치 채지 못했다고 한다. 1980년 선거 때 레이건을 도왔고 대통령 취임 선서일에 초청받기도 했던 겔리가 석방된 것인지 납치된 것인지는 아직 밝혀지지 않고 있다.

팔레르모의 지방장관인 키에사(Chiesa) 장군은 막강한 힘을 가진 조직 범죄에 용감하게 손을 댔다. 그는 특히 어떻게 거대한 재산을 만드는가를 추적하여 대량으로 투자된 자본의 출처를 알아냈으며 세금 명부와 회사 결산표 또 은행의 결산 보고서를 세심히 관찰했다. 그는 마피아를 바짝 뒤쫓았다. 1982년 9월 3일 9시 30분쯤 그는 부인을 태우고 팔레르모의 가장 번잡한 거리로 차를 몰고 있었다. 갑자기 그들 옆에 일제 오토바이가 나타나 차에 불을 질렀다. 예순두 살 된 키에사 장군은 그 자리에서 죽었으며 그의 부인은 얼마 뒤에 병원에서 숨이 끊어졌다. 장군의 경호원 두 명은 아무것도 할 수 없었다. 그들이 무언가 해보려고 차에서 내렸을 때 가까이 주차해 있던 BMW와 피아트 132에서 발사된 총알이 그들을 명중시켰다. 거대한 돈을 얻으려는 싸움은 스릴 있는 모험에 그치는 것이 결코 아니다. 이러한 싸움에서는 목숨을 잃기가 십상이다. 더러운 돈의 흔적은 바로 핏빛인 것이다.

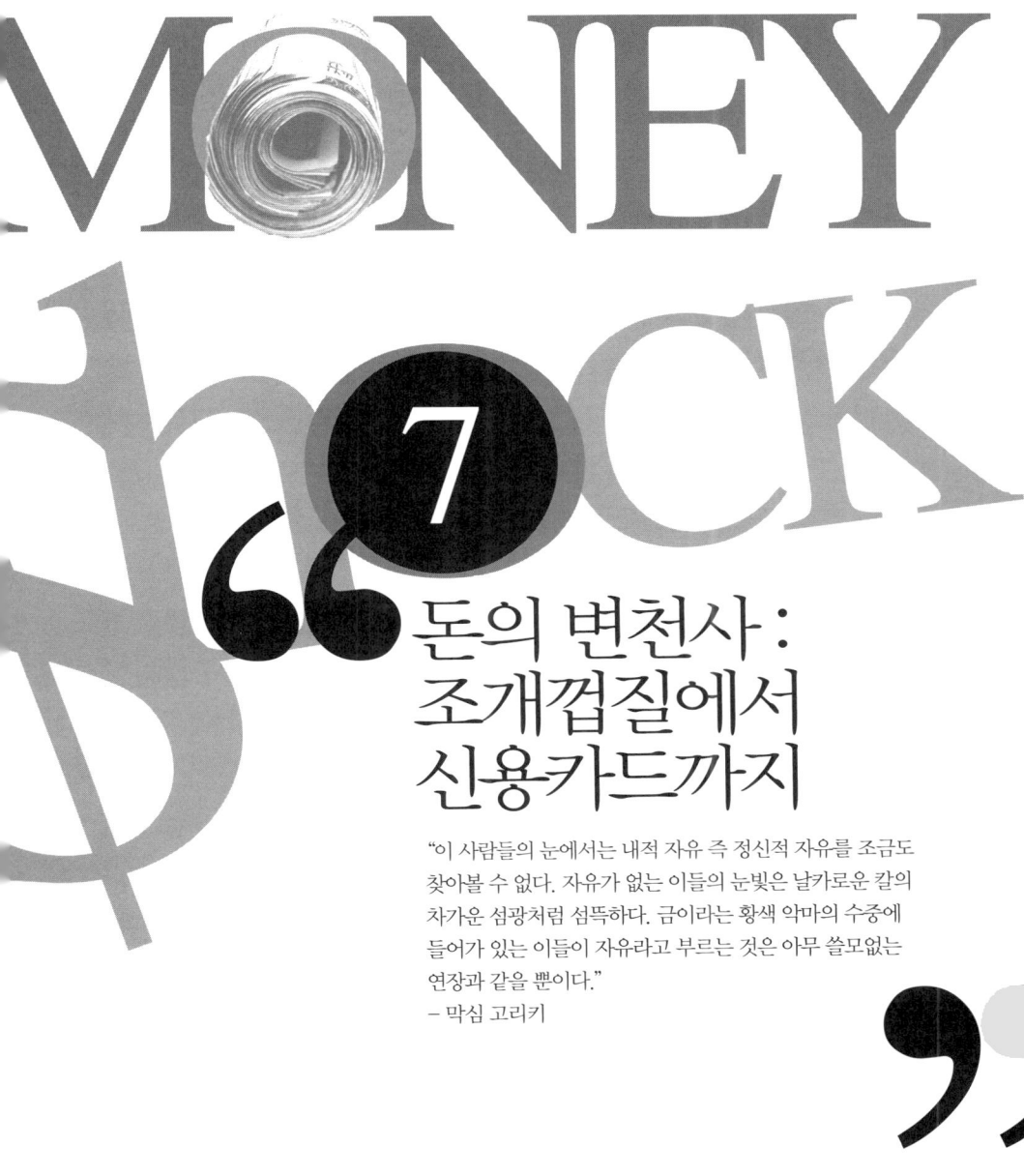

MONEY Shock

7

돈의 변천사: 조개껍질에서 신용카드까지

"이 사람들의 눈에서는 내적 자유 즉 정신적 자유를 조금도 찾아볼 수 없다. 자유가 없는 이들의 눈빛은 날카로운 칼의 차가운 섬광처럼 섬뜩하다. 금이라는 황색 악마의 수중에 들어가 있는 이들이 자유라고 부르는 것은 아무 쓸모없는 연장과 같을 뿐이다."
– 막심 고리키

　　　　몇 해 전 파리 오페라 극장의 가수 젤리 양은 타히티 섬에서 공연을 가진 적이 있다. 그녀는 오페라《노르마》중 아리아 등 다섯 곡을 노래하고 출연료로 공연 총수입의 3분의 1을 받기로 했다. 그런데 총수입의 3분의 1은 돼지 3마리, 칠면조 23마리, 닭 44마리, 야자열매 5,000개 그리고 엄청나게 많은 바나나와 레몬 등이었다. 파리에서 그만한 가축과 과일을 사려면 적어도 4,000프랑은 가져야 한다. 만일 4,000프랑을 받았다면 다섯 곡 노래한 보수로는 괜찮은 편이라고 할 수 있다. 그러나 타히티 섬에는 화폐라는 것이 없었다. 그녀는 겨우 수입의 일부만을 화폐로 바꿀 수 있었으며 나머지 과일들은 가축들 차지가 되었다.

모든 것을 살 수 있는 화폐의 놀라운 특성이 화폐의 원재료와 관련이 있는지 여부를 놓고 수백 년 동안 왈가왈부하던 때가 있었다. 오랜 시간이 걸려서야 화폐는 대단히 '가치 있는' 것이므로 특별히 가치 있는 것이 화폐가 될 수 있다고 생각하게 되었으며 그 뒤로는 그런 생각이 계속 확산되었다. 그러나 소재 자체 때문에 어떤 사물이 화폐가 되는 것은 아니다. 금, 은, 은행권이 본래부터 화폐였던 것은 아니다. 그것들은 일정한 조건 아래서만 화폐가 된다. 화폐는 상품교환이 이루어지는 곳에서만 필요하다.

15세기 말부터 신대륙으로 몰려간 유럽의 상인들은 하찮은 유리구슬을 받고 수천 배에 달하는 금을 주는 원주민들이 어리석다고 생각했다. 그러나 원주민들에게는 금이 하찮은 것이었다. 그들은 교환을 위해 물품을 생산한 것이 아니기 때문에 화폐가 필요없었다. 설사 화폐가 필요했다고 하더라도 그들은 금이 아닌 다른 어떤 것을 화폐로 사용했을 것이다.

화폐의 발생은 상품경제의 발전과 뗄 수 없는 관계이다. 화폐는 인간이 오랜 연구 끝에 찾아낸 발명품도 아니며 어느 시기에 공동생활을 위해 만든 것도 아니다. 화폐는 매일의 경제생활이 순조롭게 진행되어야 한다는 필요 때문에 자연히 생겨났고, 어느새 고유한 영역을 갖게 되었다. 화폐가 발전할수록 화폐는 더욱 필요하게 되었고, 화폐가 고유한 목적성을 갖게 되는 갖가지 관계들이 확립됨으로써 화폐는 더욱 발달하게 되었다.

〝 단돈 24달러로 맨해튼을 사다 〟

두 남자는 가쁜 숨을 몰아쉬고 있었다. 부족 거주지에서 떠나온 그들은 늪지와 가시덤불, 이리저리 꼬부라진 오솔길, 물살이 굽이치는 골짜기와 들을 지나 먼 길을 왔다. 그들의 얼굴에는 땀이 흘러내리고 있었다. 한 사람은 열매와 나무 뿌리가 담긴 바구니를 들고, 다른 한 명은 가죽 배낭을 멨다. 배낭 속에는 곡식이 들어 있다. 올해는 수확이 대단히 좋아서 그들 부족은 수확 중 일부를 팔 수 있게 되었다. 목적지에 가까워졌다. 낮은 구릉과 솟아오른 바위, 그 뒤에 자작나무숲이 있다. 곧 숲 속의 작은 빈터를 발견한 그들은 가져온 물건들을 거기에 내려놓고 좀 떨어진 곳으로 가서 휴식을 취했다.

이틀 밤 뒤, 낯선 사람들이 그곳에 나타났다. 그들은 그곳에 놓인 물건들을 주의 깊게 관찰하고 나서, 거기 무엇인가를 남겨 놓고 다시 사라졌다. 아직 바구니와 배낭은 그대로 있다. 먼저 온 두 사람은 빈터로 나와 낯선 이들이 가져온 것을 보았다. 그것은 창대와 창촉이다. 그러나 두 사람은 실망했다. 그들은 더 많은 것을 원했다. 그들은 자신들의 휴식처로 다시 돌아갔다. 한 시간쯤 뒤 아까의 그 낯선 사람들이 반대편 숲에서 오더니 교환 장소에 더 많은 창대를 놓고 다시 돌아갔다. 이제야 처음 두 사람은 만족했다. 그들은 창대와 창촉을 가지고 그들 부족이 있는 곳으로 떠났다. 그리고 뒤에 온 사람들도 배낭에 든 과일과 곡식을 갖고 돌아갔다. 그들은 한마디 말도 주고받지 않았지만 만족스런 거래를 한 것이다.

초기에는 이런 방식으로 생산물 교환이 이루어졌을 것이다. 헤로도토스(Herodotos, 기원전 484?~425?)가 그의 책 《역사(Historiae)》에 기록한 것처럼 카르타고에서 온 상인들의 거래는 아무말 없이 계산이나 화폐를 사용하지 않고 이루어졌다.

'그들은 배를 타고 와서 가지고 온 물건을 낯선 해안에 내려놓는다. 그리고 그들은 자기네 배로 돌아가서 불을 피워 연기로 신호한다. 연기를 본 원주민들은 바닷가에 와서 금을 놓아두고 물건을 갖고 다시 돌아간다. 카르타고인들은 배에서 내려와 금을 확인하고, 적당하다고 생각되면 금을 갖고 떠난다. 만약 금이 충분하지 않으면 상인들은 다시 배로 돌아와 기다린다. 원주민들은 상인들이 만족할 때까지 금을 갖다 놓는다.' 헤로도토스에 따르면 당시 아무도 다른 사람을 속이려 하지 않았다고 한다.

이와 같이 교환이 이루어지던 초기에 금은 아직 화폐가 아니었다. 오히려 장신구나 권위 유지를 위한 도구로 더 많이 사용되었다. 화폐의 기원은 멀리 거슬러 올라가서, 우연히 원시적으로 이루어지던 생산물 교환이 본격화되는 시기에서 찾을 수 있다. 늦어도 신석기시대에는 화폐가 그 기능을 수행하게 되었을 것이다.

부족들은 아주 다양한 지리적 조건들 아래서 생활했다. 그들은 다양한 식량 공급원과 원료들을 갖고 있었다. 한 부족이 갖고 있는 것을 다른 부족이 간절히 원하기도 했다. 어떤 부족의 영토에는 가축들을 먹일 부드러운 풀이 자라는 초지가 있었고 다른 부족의 영토에는 물고기가 많이 사는 하천이 있었으며 또 다른 부족의 영토에는 맛좋은 야생 식물들이 자라고 있었다. 몇몇 부족들에는 부싯돌이나 흑요석 같은 좋은 돌이 있어서 그 돌로 흑색 안료(산화제2망간, 산화제2철 등)를 만들기도 하였다. 또 어떤 부족에게는 희귀한 식물이 있어서 바구니나 돗자리 따위를 만들 수 있었다. 그 밖에 화려한 장신구를 만드는 데 쓰이는 보석, 상아, 조개껍질 등을 갖고 있는 부족도 있었다.

원시공산제사회에서의 생산은 자급자족을 위한 것이었다. 그러나 차츰 자연을 효과적으로 이용할 수 있게 되면서 자급자족하고도 남는 물품들이 생겨났다. 결국 그 나머지는 다른 부족에게 줄 수밖에 없었다. 그렇지만 초기의 생산물 교환은 간헐적으로 이루어졌다. 그런 교환에는 아직 화폐라는 것이 필요치 않았으며 그 물건의 가치는 생산하는 데 얼마나 시간이 걸렸는지, 즉 노동시간으로 평가되었다. 또한 원시공동체 부족들 사이의 교환은 바로 사용가치에 기초한 것이었다. 서로에게 그 물건이 쓸모 있을 때만 교환이 이루어졌다. 물건에 따라 손으로 만져 촉감을 느껴보거나 주므르고 발로 밟아봄으로써 물건의 품질을 시험하였다. 심지어 입술을 대보거나 핥아보거나 씹어봄으로써 물건의 질을 확인하기도 했다.

그 당시에는 이렇게 지금으로서는 이해할 수 없는 방식으로 교환이 이루어졌다. 데이비드 피셔는 피터 미뉴잇이라는 사람이 현재 뉴욕시의 중심지가 된 땅을 인디언들로부터 어떻게 구입했는지 다음과 같이 설명하였다. "그는 멘헤이트족 족장에게 다 합쳐야 60굴덴밖에 되지 않는 도자기와 수건 몇 장 그리고 추가로 유리구슬 등 잡동사니를 지불하고, 허드슨 강 어귀의 길이 21킬로미터, 폭 4킬로미터, 넓이 57제곱킬로미터인 섬을 샀다. 이 거래가 합법적인가에 관해서는 여러 책에서 다루고 있다.

19세기 한 역사학자가 그 당시 시세로 60굴덴의 가치를 환산해보니 단돈 24달러에 불과했다고 한다. 그 엄청난 맨해튼 섬을 차지하는 데 단돈 24달러밖에 들지 않았다는 이야기다. 서글프게도 이런 일이 우리가 살고 있는 지구상에서 실제로 일어났음을 인정하지 않을 수 없다. 하지만 350년 전에 60굴덴은 상당히 큰 돈이었으며, 유목생활을 하는 인디언 부족은 거의 끝이 없는 황무지의 일부분에 불과한 그 섬을 실질적으로 소유하지 않았다는 사실을 독자들은 기억해야 한다. 어쨌든 양측 모두 괜찮은 거래였다고 만족해했다.

_ 톰 소여와 허클베리 핀의 교환방식

아이들은 대개 앞서 말한 것 같은 품질 검사 과정은 생략하지만 나름대로 세심하고 공평하게 교환을 한다. 그러나 그들은 '가치'에 대해선 관심이 없다. 톰 소여는 감초 약간과 낚싯바늘 하나를 주고 노란 딱지를 얻었고, 또 별것 아닌 잡동사니들을 주고 파란 딱지와 빨간 딱지 몇 장을 손에 넣었다. 허클베리 핀은 벤 로저스에게 지팡이 하나를 주고 파란 딱지를 한 장 받았다. 또한 죽은 고양이로 사마귀를 치료할 수 있다고 믿는 벤에게 죽은 고양이와 도살장에서 구한 돼지 오줌주머니를 주고 파란 딱지를 한 장 받았다. 여러 색깔의 딱지들은 아이들에게 특별한 의미가 있었다. 주일 학교에서 시 두 편을 잘 외운 아이만 파란 딱지를 받았다. 파란 딱지 열 장은 빨간 딱지 한 장에 해당했고 그렇게 교환되었다. 빨간 딱지 열 장은 노란 딱지 한 장에 해당했다. 교구 감독은 이렇게 노란 딱지 열 장을 모은 착실한 아이에게는 싸게 쳐도 40센트는 될 법한 소박하게 장정된 성경 한 권을 주었다.

톰이 교묘한 솜씨를 발휘하였는데도 이 딱지 사업은 소문이 나버렸고 결국 톰은 벌을 받게 되었다. 그러나 그는 울타리를 칠하는 것이 대단한 경험인 것처럼 선전하여 친구들에게 울타리 칠하는 즐거움을 넘겨주었다. 그는 벌을 모면했을 뿐만 아니라 그 대가로 친구들에게서 죽은 쥐, 피리, 모르모트 열두 마리, 하모니카 등 귀중한 것들을 얻어내는 수완을 보였다. '부유한 영국인들은 그저 재미삼아 많은 돈을 들여가며 사륜 마차를 몰고 다닌다. 그러나 만일 사람들이 그들에게 마차삯을 낸다면 그들은 마차 모는 것을 일로 생각하여 더 이상 재미를 느낄 수 없게 되므로 그 일을 중단할 것이다.'라고 마크 트웨인(Mark Twain, 1835~1910)은 썼다.

이제 초기 거래자들에게 다시 돌아가 보자. 사람들은 자신들이 갖고 있지 않고 또 여러 가지 이유로 도저히 만들 수 없는 물건을 교환을 통해 얻고자 했다. 그러므로 다른 부족 사람이 방문했을 때나 부족들 간에 축제가 열리는 동안에 선물 형태로 교환이 이루어졌다. 선물을 주면 다른 선물로 '지불' 받게 된다. 어떤 보답을 원하면 먼저 선물을 주고 그 대신 바라던 물건을 얻는다. 시간이 흐르면서 차츰 선물과 보답이 비교적 안정적으로 진행되어, 본격적인 교환으로 넘어갈 수 있는 조건이 마련된다.

농업 및 가축 사육에서 사회적 분업이 일어나고 도구가 발달되면서 상대적으로 안정된 잉여생산물이 생겨났다. 동물 살코기, 생선. 재배한 식물, 꿀과 같은 산물들이 교환되었다. 나아가 좋은 돌, 흑색 물감, 소금, 흑연, 납,

구리, 주석 그리고 나중에는 철과 장신구, 조개껍질, 귀금속 등이 교환되었다. 분업이 이루어졌다는 것은 어떤 품목이 교환을 목적으로 생산되었다는 것을 의미한다. 이렇게 상품 생산이 시작되었다.

상품 교환은 원시농경사회 초기에 이미 나타났다. 수공 기술의 발전과 그에 따른 광범위한 제2차 사회적 분업의 결과, 상품 교환은 더욱 발전하였다. 조금 발전된 부족 상인들이 그렇지 못한 부족 주민들과 경계 지역이나 시장에서 만나게 되면서, 뒤처진 부족 주민들은 전에 보지 못한 물건, 더 쓸 만한 매혹적인 물건들을 접할 수 있었다. 문화 수준이 한걸음 앞선 부족이 미개한 부족에게 공급하는 물건의 종류와 양은 급속도로 증가했다.

예를 들면 그릇류, 금속 무기, 유리구슬, 낯선 장신구, 면화, 화려한 의상, 포도주 등이 그런 것이다. 그러나 미개한 부족들이 이런 물건들을 구하려면 이것들과 교환할 만한 물건, 즉 다른 부족이 관심을 가질 물건이 있어야 했다. 북쪽 지방의 모피나 털가죽, 아프리카 상어, 고무, 사금, 동양의 약초, 향료나 화장품, 여자의 머리카락, 가축, 곡물 등은 타지 상인들에게 매력적인 것이었다. 곧 이런 식으로 분업 관계가 확립되었고 노동생산성은 상승했다. 사람들은 자신이 원하는 물건을 얻기 위해, 멀리 떨어져 있는 다른 사람들이 필요로 하는 것을 생산하게 되었다. 예를 들어 북쪽 지방 사람들은 자신들이 수집한 호박과 멀리 로마에서 온 상인들이 가지고 온 보석인 태양석을 교환했다. 실제로 오랜 세월이 흐른 뒤에 당시 상인들이 지나다녔던 남북으로 뻗은 호박로(琥珀路)가 발견되어 그 사실이 확인되었다.

_ 교환가치를 따지는 갖가지 방법들

생산물 교환이 좀 더 진전되자 어떤 물건의 효용은 더 이상 교환관계의 기초가 될 수 없었다. 교환이 계속되면서 서로 상대방이 가진 물건 이상의 것을 요구하게 된 것이다. 그렇다면 서로 다른 사용가치를 가진 물건들의 효용은 어떤 기준으로 측정되어야 하는가? 더 많은 거래를 위해 의자나 탁자, 칼, 접시, 닭, 염소, 양, 과자 등의 효용의 크기를 측정하고 그런 물건들의 서열을 매겨야 한다. 그러나 누가 서열을 정할 것이며 또 누가 그것을 인정하려 하겠는가? 탈지유나 치즈가 영양 섭취면에서 술이나 담배보다 더 중요한 것은 분명한 사실이다. 그러나 밥상에 빗물이 뚝뚝 떨어지는 것을 막아줄 기와가 우아한 부인을 시원하게 해줄 부채보다 두 배, 세 배, 아니 열 배나 더 유용하다는 것을 어떻게 증명하겠는가? 숨 막히는 파티보다 푸른 숲을 더 좋아하는 여자라면 최신 유행의 부채에 그다지 관심을 두지 않을 것이다. 그러나 반드시 그럴까? 도시 여자가 좋아하는 화려한 물건을 농촌 여자라고 왜 갖고 싶지 않겠는가? 그리고 어제 적용된 기준이 내일도 타당하리라고 어떻게 장담할 수 있겠는가?

여러 가지 생산물에 대해 사람들은 서로 다른 효용과 목적을 갖고 있다. 그러나 분명히 물건들 사이에는 어떤 객관적인 효용 서열이 있어야 한다. 물론 기준이 되는 것은 그 물건이 생활에 얼마나 유용한가 하는 정도이다. 또한 주관적인 효용 측정 기준도 있다. 그러나 객관적 기준이나 주관적 기준은 공식적으로 교환의 기초가 될 수 없다. 교환뿐만 아니라 많은 거래들에는 비교의 기준이 필요하다. 그렇다면 단순히 물건의 양이나 무게를 비교해서 거래하는 것 이상의 무슨 방법이 있을까?

가능한 대안은 대단히 제한되어 있다. 어떤 사람에게 당장 화장지 10미터가 냉장고 한 대보다 열 배나 더 유용하다고 한다면 그 냉장고 한 대는 제값을 받지 못할 수도 있는 것이다. 실제로 미개한 부족들은 이런 식으로 자신에게 필요한 것과 교환함으로써 서로 의지하며 살아왔다. 19세기의 사상가 허버트 스펜서(Herbert Spencer, 1820~1903)의 보고에 따르면, 쿠키스족과 뱅골 지방의 베파리스족은 닭의 무게와 면화의 무게를 같은 가치로 따져서 닭과 면화를 교환했다고 한다. 옛날 비스마르크 제도에서는 보통 커다란 물고기 대신 같은 길이의 조개껍질 더미를 지불했다고 한다. 또 뉴기니아의 남쪽 산악 지방에 위치한 마플러스에서는 돼지의 입에서 꼬리까지의 길이만큼 엮은 개 이빨과 돼지 한 마리가 교환되었다.

때로는 교환하는 사람의 신분에 따라 교환비율이 달라지기도 했다. 예를 들어 아웨스타 지방에서 환자의 치료비는 다음과 같았다. 의사가 보통 가정의 가장을 치료해주었다면 하등품의 황소 한 마리를 치료비로 요구할 수 있었으며, 마을 유지에게는 중등품의 황소를, 도시의 우두머리에게는 상등품의 황소를 그리고 그 지방의 대표에게는 네 쌍의 소를 각각 치료비로 받을 수 있었다. 그리고 그 부인들을 치료했을 때는 신분에 따라 각각 암당나귀, 암소, 암말, 암낙타 한 마리를 치료비로 받았다. 아무것도 가진 것이 없는 가난한 사람들에게는 치료비로 얼마를 받았는지 알려져 있지 않다. 그러나 누가 제일 우선적으로 치료받았을지, 또 누가 더 빨리 건강을 회복했을지는 뻔한 사실이다.

그러나 이와 같은 교환수단들은 상품경제의 요구에 부응할 만큼 지속적으로 늘어나지 못했다. 그리하여 사람들은 자기가 생산한 생산물 일정량과 다른 생산물 일정량을 교환하는 것이 과연 타당한지 곰곰이 따져보기 시작했다. 어떤 물건을 자기 스스로 생산하는 것보다 다른 사람들과 교환하는 것에 더 적은 노동시간을 들일 때에만 교환은 의미를 갖게 된다. 어느 누구도 두 시간이면 만들어낼 수 있는 물건과 이틀이 걸려야 만들어낼 수 있는 물건을 서로 맞바꾸려고 하지는 않을 것이다. 그로부터 노동시간이 비교의 척도가 되었다.

교환을 위해 생산된 물건들은 상품으로 바뀌었다. 상품이 된 생산물들은 사용가치 즉 일정한 유용성만이 아니라, 상품을 생산하는 데 필요한 노동시간으로 측정되는 가치까지 갖게 되었다. 또 서로 다른 사용가치를 가진 물건들은 무게를 달아서 교환한다든지 어떤 비교 기준을 갖고 교환될 수밖에 없었다. 따라서 두 가지 상품이 만나면 무게나 길이, 강도 등 한 상품의 성격이 다른 상품의 가치를 표현하게 된다.

이것은 여러 형태로 이루어졌다. 여기서 단순한, 개별적인 또는 우연적인 가치형태가 시작된다. 20엘레의 아마포의 가치는 다른 상품인 1젠트너의 곡식과 교환할 수 있다. 여기서 아마포는 상대적 가치형태이며, 곡식은 아마포의 가치를 표현하는 역할을 한다. 마르크스(Karl Marx, 1818~1883)는 곡식을 등가형태라고 하였다. 여기서 가장 중요한 점은 하나의 상품인 곡식이 다른 상품의 가치를 표현하기 위해 등가물의 역할을 하고 있다는 것이다. 즉 구체적인 상품이 가치를 표현하고 측정해준다. 상대적 가치형태가 되는 상품을 생산하는 데 필요한 노동시간은 그 구체적인 상품과 비교됨으로써 사회적으로 정해지는 것이다.

66 호수를 건너기 위해 상아, 면화, 철사가 필요했다 99

분업은 점점 확대되었다. 사람들은 구식 물건이건 새로운 물건이건 더욱 더 많이 생산하는 데 열중했다. 끊임없는 과잉 생산의 결과, 공동체의 노동 생산물이 아닌 개인 노동 생산물 중에서 처음으로 가족 소유 및 개인 소유가 나타났다. 의복, 장신구, 무기, 도구, 천막 등과 말, 낙타, 양, 염소, 당나귀, 돼지, 소 등은 그것들을 생산하거나 사용하는 가족이나 개인의 소유가 되었다.

주인이 죽으면 다른 소유물들과 함께 산 채로 매장되는 여자들 역시 개인적인 소유물이었다고 할 수 있다. 어떤 사람의 사회적 명성은 가축, 여자, 장신구, 식량 등 그의 소유물과 밀접한 연관이 있었다. 상류층 사람들은 축제, 추수감사제, 장례식 등에서 부를 과시하는 잔치를 베풀고 제물을 바침으로써 고귀한 사회적 지위를 획득하였다.

개인 소유의 확립은 필연적으로 상업의 발달을 가져 왔다. 왜냐하면 어떤 사람이 소유하고 있는 것은 선물이건 교환의 형태를 띠건 간에 다른 사람에게 양도될 수 있기 때문이다. 분업의 진전, 가족 및 개인 소유의 확대, 잉여 생산물의 계속적 생산, 상품 종류의 증가, 생산량의 급증 등으로 인해 교환관계는 절대적으로 중요해졌다. 이제 더 이상 한 상품만이 다른 상품들의 가치를 등가로 표현하는 임무를 맡지 않았다. 많은 상품들이 그런 역할을 수행하게 되었다. 그리하여 총체적인 또는 한 단계 발전한 가치형태가 성립되었다.

이와 같은 가치형태는 이미 상당히 고도화된 생산력을 나타내주고 있다. 교환할 수 있는 생산물의 종류가 다양해지자 어려운 문제들이 나타났다. 실제로 상품 교환은 번잡하고 복잡한 일이었다. 한 아프리카 여행자의 기록을 보면 상품 교환이 얼마나 번거로운 일인지 알 수 있다.

"탕가니카 호수를 건너려면 거룻배가 필요했다. 나는 하비드라는 사람에게 배 한 척을 빌려 달라고 부탁했다. 그는 대가로 상아를 요구했으나 내게는 상아가 없었다. 살리브라는 사람이 상아를 갖고 있었지만, 그는 내게 상아 대신 면화를 달라고 했다. 그러나 내게는 면화가 없었다. 그런데 가리브라는 사람이 면화를 갖고 있으며 그가 철사를 원한다는 이야기를 듣게 되었다. 다행히 내게 철사가 조금 있었다. 나는 가리브에게 적당한 양의 철사를 주고 면화를 받아서, 다시 그 면화와 살리브의 상아를 바꿔, 하비드에게 상아를 줌으로써 마침내 거룻배 한 척을 빌릴 수 있었다."

이 이야기를 통해 상품 교환이 이루어지기 위해서는 두 가지 조건이 동시에 충족되어야 한다는 것을 분명히 알 수 있다. 양고기를 사려는 사람은 우선 양고기나 양을 팔려고 하는 사람을 찾아야 한다. 물론 그것으로 끝나는 것은 아니다. 왜냐하면 양고기를 사려는 사람은 양고기를 팔 사람이 원하는 물건을 갖고 있을 경우에만 양고기를 살 수 있기 때문이다. 예를 들어 양고기를 파는 사람이 옷가지를 바란다면 양고기를 사려는 사람은 옷가지를 갖고 있어야 한다. 그러나 항상 이 두번째 조건이 만족되는 것은 아니므로 거래는 대단히 복잡해질 수 있다. 배고픈 재단사와, 추위에 떠는 양치기가 만나 옷 한 벌과 양 한 마리를 교환하는 것은 쉬운 일이 아니다. 그러므로 교환이 이루어지기 위해서는 필연적으로 더 많은 거래 상대자가 있어야 했다.

이처럼 여러 손을 거치는 '우회적인' 상품 교환은 대부분 도박과 같은 것이었다. 교환되는 물건의 종류가 다양해질수록 상품 교환은 더욱 복잡해졌다.

_ 안전한 거래를 위한 특별한 상품

그리하여 도박과 같은 위험한 거래의 부담을 줄이기 위해 어떤 하나의 상품이 특별한 임무를 맡도록 자연스럽게 합의하거나 지정하게 되었다. 그 상품은 상품들 간의 교환을 매개하는 임무를 수행할 뿐, 그 자체로는 더 이상의 수요가 없는 절대적 척도를 갖는 물건이어야 한다. 왜냐하면 사람들이 언제라도 그 상품을 자기가 필요로 하는 물건과 맞바꿀 수 있어야 하기 때문이다.

결국 화폐 출현을 위한 한 걸음 진전이 이루어졌다. 사람들이 각자 필요한 물건과 교환할 수 있고 물건의 대가를 지불할 수 있는 특정상품이 모든 상품들 중에서 특별히 선택되었다. 그 특별한 상품은 유통수단이자 상품 교환의 매개수단으로 사용되었다. 이제 상품 그 자체는 목적이 아니라 목적을 위한 수단이 되었다. 모든 상품의 가치는 언제라도 다른 상품과 교환될 수 있는 한 가지 상품으로 표현되는데 그 특정 상품을 마르크스는 '일반적' 등가물이라고 불렀다.

원시인에게는 일반적 등가물이자 교환수단으로 많은 원시적 형태의 화폐가 있었는데 주로 음식물이 그런 역할을 했다. 유목민족에게는 다른 어떤 가축보다도 소가 최우선이었다. 소는 그들 모두가 필요로 하는 상품이기 때문이다. 그 밖에 수산물, 곡물류, 소금, 차, 장신구(달팽이껍질, 산호, 진주, 조개껍질), 수공예품(가죽, 털가죽, 모피, 돗자리, 수건, 옷가지) 등도 일반적 등가물로 쓰였다. 그리고 점차 금속이 많이 이용되기 시작했다. 사람들은 화폐를 세거나 무게를 다는 데 귀금속류를 기준으로 삼았다. 이 모든 것들을 '현물화폐'라 할 수 있다.

여러 형태의 현물화폐들은 하나의 척도로서 일반적 특징을 가지고 있었다. 그들은 상당히 크고 다양한 사용가치(유용성)를 갖고 있고, 사용가치의 손실 위험이 적어 장시간 보존할 수 있으며, 나눌 수 있어서 가치 관계를 적절히 드러낼 수 있었다. "얼마냐"고 묻는데 염소 반 마리, 금속 접시 한개, 혹시 달팽이 12마리 반이라고 대답할 수는 없는 일이다. 그러나 현대적 의미의 화폐가 탄생하기까지는 그와 비슷한 거래가 계속 되었다. 케인즈의 보고에 따르면 20세기까지도 우간다에서는 채무 변제 소송의 주요 내용은 화폐 역할을 하는 염소의 나이나 건강에 관한 판단이었다고 한다. 그 지방에서는 염소가 널리 이용되는 표준화폐 즉 가치척도며 유통수단이었다.

〝 가장 오래된 화폐, 동물 〞

소, 사슴, 낙타, 염소 같은 동물들이 화폐로 사용되었다는 것을 오늘날 누가 상상이나 할 수 있겠는가? 그러나 그것은 사실이다.

바로 그런 동물들이 우리에게 알려진 가장 오래된 화폐다. 동물 화폐의 왕은 단연코 소였으며, 소는 아주 오랫동안 화폐로 쓰였다. 로마의 역사가 타키투스가 쓴 고대 게르만족들에 관한 기록에서 그 예를 찾아볼 수 있다. 중세에도 그런 기록들이 남아 있으며, 오늘날 원시공동체 생활을 하고 있는 부족에서도 그 증거들을 찾을 수 있다.

호메로스(Homeros)는 자신의 작품에 등장하는 용사들의 무장 경비를 소로 설명했다. 예를 들어 디오메데스의 갑옷은 황소 9마리의 가치와 같고 글라우코스의 갑옷은 황소 100마리에 해당한다고 표현했다. 일리아드 제23절에는 전쟁에서 죽은 그리스의 영웅 파트로클로스를 기리기 위한 시합이 묘사되어 있다. "승자에게는 '소 12마리의 가치가 있는, 불 위에 놓는 커다란 삼각 용기'를 주고 패자에게는 '소 4마리에 해당하는, 예술적 재능이 풍부한 꽃다운 나이의 여인'을 주기로 결정했다."

가축 중에서도 소나 말 등 큰 가축은 재산과 부의 상징이었으나 그 자체가 화폐는 아니었다. 가축이 처음으로 다른 상품의 가치를 표현하고 일반적 등가물로 다른 상품과 교환되면서부터 사람들은 가축을 화폐로 인식하게 되었다. 그러나 가축을 다른 사람에게 양도하거나 제물로 바치고, 상으로 주거나 선물로 주었다고 해서 가축이 화폐 기능을 원활히 수행했다고 할 수는 없다.

아프리카 부족들은 주로 가축으로 결혼 예물을 주고받는다. 그것은 단지 부를 양도하는 것이지 신부의 '가치'를 가축으로 표현했다거나 젖소를 주고 신부를 산 것은 아니다. 이와 비슷하게 사용료를 살아 있는 동물로 지불한 예는 많지만 그 과정은 교환에 기초한 것이 아니다. 그러므로 비록 나중에는 그런 사용료가 화폐 형태로 지불되었다고 해도, 여기서는 동물들이 화폐의 기능을 한 것은 아니다.

만약 소로 수업료를 낸다거나 돼지나 닭을 길러 고기나 달걀을 얻는 대신 그것으로 소를 구입한다면, 그때 소는 화폐의 기능을 한다고 할 수 있다. 이런 경우 동물들은 유통수단의 역할을 하고 있다.

그런 형태로 동물들을 양도하지 않더라도, 동물들이 화폐의 역할을 하는 경우가 있다. 동물들이 다른 상품들의 가치척도의 역할을 하는 경우다. 가치척도와 유통수단이라는 화폐의 두 기능을 반드시 하나의 화폐가 모두 떠맡는 것은 아니다.

소에 있어서 이것은 대단히 큰 의미를 갖는다. 소는 주로 가치척도의 역할을 하되, 유통수단은 아니었다. 고대 그리스 민족, 게르만 민족, 인도유럽어족에게 특히 젖소는 가장 초기의 가치척도였다. 고대 아일랜드의 법률 서적 《그라가스(Gragas)》에는 "짐을 운반할 수 있고, 젖이 나오고, 뿔이 있고, 흠집이 없는 세 살에서 열 살 사이의 몸집이 큰 암소"를 가치척도로 정해 놓았다. 또 이런 암소 1마리는 중간 크기의 황소 3마리, 양 6마리와 같은 가치를 갖는다고 기록되어 있다.

고대 그리스인들은 소를 가치척도로 꼽았으나, 국내 거래나 국제 거래에서 소를 교환수단으로 사용하지는 않았다. 황소가 움직이지 않으면 교환이 상당히 곤란해질 수도 있기 때문이었다. 따라서 가치는 가축으로 측정하되 지불은 다른 물건으로 한 것이다.

〞 농장에서 자라는 돈 〞

식량이나 담배와 차 등 기호품은 아주 오래전부터 교환수단으로 사용되어왔다. 일본의 '쌀 화폐', 에티오피아의 '소금 화폐', 아스텍의 '카카오 화폐', 이집트 오아시스의 '대추야자 화폐', 수라트 지방의 '아몬드 화폐' 등이 가장 잘 알려져 있다. 많은 민족에게 오랫동안 중요한 음식이 되어온 야자열매, 기장, 설탕, 차도 식량 및 기호품 화폐에 포함되었다. 그것들은 대부분 무척 중요하고, 이따금 팔기 위해 내놓을 수 있는 유일한 것이었기 때문에 가치척도와 유통수단이 된 것이다. 대부분 지역에서 '식량 화폐'가 사용되지 않고 다른 물건들이 화폐의 역할을 수행하게 된 이후에도, 몇몇 나라에서는 여전히 식량 화폐가 중요한 역할을 했다.

1420년경 영국 및 아일랜드 지방에서는 대구포 같은 것이 계산 단위로 사용되기 시작하여 18세기까지 지속되었다. 고대 아일랜드에는 피스크(fisk, 생선)라는 생선 화폐를 사용했다. 카메룬의 토착민들은 크루라는 열매 기름을 가치척도로 썼다. 식민시대 동안 미국인들은 일시적으로 위스키와 브랜디를 공식 화폐로 사용했다. 술로 세월을 보내다가, 온 재산을 탕진했다는 이야기는 '술 화폐(酒貨)' 시기에는 그야말로 적절한 것이었다.

영국 식민지에서 화폐 제도가 자리잡기까지는 여러 가지 일들이 있었다. 아메리카 대륙에 온 첫 이민자들은 모국의 화폐를 가져오지 못했고 새로 화폐로 사용할 만한 것도 없었다. 그러므로 식민지에서 생산되는 가장 중요한 상품이 화폐의 역할을 맡게 되었다. 버지니아에서는 거의 200년 동안, 메릴랜드에서는 150년 동안 담배가 화폐 역할을 담당했다. 그런 화폐는 연기 속으로 사라져버릴 수 있었다.

1642년 버지니아에서는 담배를 '법적인 지불수단'으로 인정했다. 금이나 은으로 지불되는 계약은 합법한 것으로 받아들이지 않았다. 당연히 이 법은 담배 생산업자들을 도와주는 조치였다. 채권자가 '담배 화폐'를 거절하고 금과 은을 요구할 경우에 담배 생산업자들은 채권자의 '위법적인 요구'를 비난하고, 필요하다면 법원의 힘을 빌려 채권자가 담배 화폐를 받도록 할 수 있었다. 1620~21년에는 버지니아의 식민지 정착자들을 위해 젊은 여자들이 수입되었다. 처음에 그 여자들의 가격은 담배 100파운드로 매겼는데 수요가 급증하자 150파운드로 상승했다. 그 당시의 상황은 다음과 같이 기록되어 있다.

"런던으로부터 배가 도착하자, 호색한인 젊은 버지니아인들은 최상품 담배를 한 다발씩 들고 아름답고 정결한 여자를 데려가려고 급히 해안으로 달려갔다."

그러므로 담배 재배는 인기가 있었다. 부자가 되려는 욕망에 사로잡힌 많은 사람들은 정원이나 집 뒤의 농장에서 '돈'이 자라 무성해지는 것을 보면서 몹시 가슴이 설레었을 것이다. 그러나 담배 화폐도 문제를 안고 있었다. 문제는 '구매력'이었다. 구매력을 일정하게 유지하려면 경작을 제한할 필요가 있었다. 그러나 '돈을 기를 수 있는 기회'를 갖고 있는 사람들은 아무도 그 기회를 포기하지 않았고 필연적으로 담배 생산은 증가했다. 그러나 담배 생산을 국가적으로 제한할 수는 없었다.

담배의 품질 때문에 또 다른 문제가 발생했다. 구매자들은 하등품 담배로 상품 값을 지불하고 싶어했다. 썩은 담배, 담배 잎줄기 따위로 지불할 수 있는데 일등품 담배로 지불할 사람은 없었기 때문에 자연히 질 나쁜 담배만 유통되고 좋은 것들은 창고에 쌓여 먼지만 뒤집어쓰고 있었다. 마침내 '담배 품질저하'에 대한 대책을 마련하게 되었다. 담배의 무게를 달고 품질을 결정하고 분류하는 공영 창고들이 생겼다. 그리고 창고에 맡겨진 담배의 질과 양을 보증하는 '담배 증명서' 또는 '담배 등급표'가 유통되었다. 이제 그 증서만으로 물건 대금을 지불할 수 있게 되었다. 1727년부터 거의 18세기 말까지 버지니아의 법에서 이런 사실이 분명하게 확인된다.

우리는 여기서 담배의 상징물인 증명서가 유통 과정에서 담배를 대신하기 시작했음을 알 수 있다. 담배를 기르지 않는 뉴저지에서조차 지폐 앞면에 담배 잎이 그려져 있고 '위조한 자는 사형에 처함!'이라는 엄중한 경고문이 표기되었다.

　❝ 금과 같은 가치를 지닌 소금 ❞

　일찍이 소금은 귀하면서도 생활에 반드시 필요한 물건이었다. 트라운탈레스의 최초의 인류 거주자들은 구운 곰고기에 양념으로 소금을 사용했다. 기원전 3000년에서 1500년 사이에 오스트리아 잘츠부르크의 할슈타트 지방 영주들은 소금을 얻기 위해 다소 어려움을 감수하고 소금이 나는 고산지대로 영지를 옮겼다. 그리고 소금 화폐의 본격적인 채굴을 위해 소금 광산에 100미터 깊이의 수직 갱을 파도록 했다. 이때부터 벌써 할슈타트의 원시 공동체 생활 방식은 근본적으로 변하기 시작했다. 농부들은 광산에서 일하는 노예로 전락했다. 결국 계급이 생겨났고 가난한 사람은 부자를 위해 죽도록 일해야 했다.

　후에 부자들의 고분에서는 엄청나게 많은 부장품이 발굴되었다. 값비싼 문화재, 오래된 청동, 이집트의 진주 구슬, 호박, 아프리카산 상아 세공품, 에트루리아산 금장신구, 조개껍질, 주술적인 의미의 세공품 등이 발굴되었다. 세상에서 가장 가치 있고 귀중한 물건들이 소유자와 운명을 함께한 것이다.

　에리히 라크비츠는 소금 화폐가 '세계의 변두리'에 불과하던 할슈타트 지역을 갑자기 '국제적 교류의 중심지'로 탈바꿈시켰다고 기록하였다. '여기서 갈색 피부의 에트루리아 상인은 유틀란트 반도에서 온 금발의 덴마크인을 만났다. 동프로이센 잠란트의 신중한 장사꾼은 노련한 크레타 섬 상인의 물건 값을 깎기 위해 흥정을 했다.' 토착민은 그들의 소금을 주고, 마음에 드는 것을 수중에 넣을 수 있었다. 모든 나라의 상인이 소금을 받고 기꺼이 자기네 생산물을 팔았다. 또 토착민은 알프스와 도나우 지방의 상인이 같은 무게의 금을 주고 소금을 산다는 것을 알고 있었다. 소금은 금과 같은 가치를 지닌 것으로 유통되었다. 그래서 일부 할슈타트인은 호화로운 생활을 할 수 있었다.

할슈타트시대의 전성기 즉 소금 화폐의 전성기는 약 400년간 계속되다가 기원전 5세기에서 4세기경에 고도의 철기 문화를 지닌 켈트족 이주민들에 의해 막을 내렸다.

〝 자동차 바퀴만한 돌 화폐 〞

'돌 화폐'의 역사는 아주 오래되었다. 얩 섬에는 좀 특별한 돌 화폐가 있었다. 그 섬의 주민들이 위험을 무릅쓰고 500킬로미터나 떨어진 패로우 섬에서 날라온 맷돌처럼 평평한 석회석이 그것이다. 돌 채집을 위해 젊은 사람들로 구성된 원정대가 정기적으로 파견되었다. 태평양의 긴 뱃길에는 큰 위험이 뒤따랐다. 패로우 섬에 도착하면 몇 달 동안 끌을 이용해서 바위를 쪼아 맷돌 모양의 돌을 만들어냈다. 그들에게는 금속 연장이 없었다. '페이'라고 부르는 2미터 높이의 돌을 손질하는 데는 거의 1년이 걸렸다. 돌 가운데 구멍을 뚫고 막대기를 끼워 골짜기로 내려 보내 해안까지 운반했을 것이다. 그 일은 장정 30명으로도 어려울 때가 많았다. 결국 많은 원정대원들이 희생되었을지 모른다. 그러나 얩 섬 부족은 계속 위험을 무릅쓰고 엄청난 파도가 몰아치는 바다로 사람들을 내보냈다. 원정대가 고향으로 수확물을 가져오면 추장이 많은 몫을 차지했다.

지름이 몇 센티미터에서 몇 미터에 이르는 갖가지 크기의 석판은 화폐 외에도 여러 가지 용도로 사용되었다. 큰 것은 축장되고 거의 유통되지 않았다. 그것은 사회의 명성을 나타냈고 소유자의 품위를 상징했으며 곧 권력을 표현했다. 실제로 석판들이 교환수단이라기보다 장식용으로 더 많이 이용되었다면 화폐라고 보기는 어렵다. 물론 이 같은 석판의 기능이 화폐와 비슷한 건 분명하지만 화폐처럼 경제적 기능을 한 것은 아니다.

 석판이 가치를 유지하거나 보증하는 것 그리고 준비금으로 저장되는 등 어느 정도 화폐의 역할을 한 것은 사실이다. 석회석은 선물, 전쟁 배상금, 벌금, 보상금 또는 전리품 등으로 사용되었지만, 교환의 매개수단도 되었다. 팔 두께에 접시만한 크기의 가장 작은 석판으로 얌(열대산 감자의 일종), 타로(열대산 토란의 일종), 생선 등 한 달치 생필품들을 구입할 수 있었다. 목수나 카누 제조공은 이 화폐로 목재를 구입했다. 그리고 자신들이 만든 물건 값으로 다른 생산자들처럼 돌 화폐를 받았다. 다른 경우에도 돌 화폐로 지불이 이루어졌다. 1880년대 초에는 세 뼘 넓이의 돌을 주고 아주 살찐 돼지를 구할 수 있었다.

 왜 원시족들이 실제적인 효용이 거의 없는 석회석을 동경하게 되었는지는 의문이다. 아마도 공급의 어려움과 모험에 찬 항해 등 화폐를 얻기까지의 노고가 이 돌을 귀하게 만든 것 같다. 그 외에도 신비감, 정령 숭배 등이 어느 정도 작용했을 것이다. 그리고 돌을 섬으로 운반해오기 위해 대단히 많은 노동시간이 소요된다는 것도 간과할 수 없는 점이다. 그리하여 그 돌들이 보물이자 부의 가치와 자격을 갖추게 된 것이다.

 달러화가 통용되는 오늘날까지도 그 섬에는 자동차 바퀴만한 돌 화폐가 사용되고 있다. 그 섬의 수도 콜로리나로부터 멀지 않은 발라바트에는 야자나무 아래 돌 화폐 은행이 있어서 지름 3.6미터에 이르는 돌들이 보관되어 있다. 그 무게를 생각해볼 때 은행 강도 같은 것은 걱정할 필요가 없다. 2000년 전과 마찬가지로 오늘날에도 캐롤라인제도의 동쪽 끝에 있는 얩 섬의 원주민들은 무거운 돌로 토지를 사고 손쉬운 화해의 선물로 그 돌을 이용하고 있다.

화폐로 변신한 추장의 장신구

　수천 년 전부터 인류는 진주를 장신구로 사용해왔다. 아울러 진주가 조개의 몸체에서 어떻게 형성되는지 설명할 수 없었던 사람들은 진주와 진주조개에 마력이 있다고 생각했다. 그리하여 진주는 신비한 주술의 의미를 갖게 되었다. 진주는 사회적 명성, 계급, 소유자의 부를 나타내는 도구가 되었다. 왕이나 추장은 특별히 값비싼 진주를 소유하고 몸에 걸칠 수 있는 특권을 누렸다. 사람들은 진주로 자신의 지위를 과시했다. 이것만으로 진주가 화폐였다고 볼 수는 없지만 진주가 일반적 등가물로서 경제적 임무를 수행할 중요한 조건들을 갖추고 있음은 알 수 있다.

　사람들은 진주를 제물로 바쳤다. 진주는 제물이나 부장품 또는 장신구 재료 등으로 이용되었기 때문에 수요가 많았다. 이것은 진주가 화폐가 될 수 있는 조건이 되었다.

　많은 민족들이 진주를 화폐로 생각했다. 아프리카에서는 진주가 교환수단이자 가치척도 그리고 가격표시 도구로 사용되었다. 나일 지방, 수단, 사하라, 중앙아프리카, 북(北)기니, 동북 및 동남 아프리카, 마다가스카르 등 거의 아프리카 전역에 '진주 화폐'가 사용된 자취가 남아 있고 그 종류도 다양하다. 아프리카 서해안에서 유통된 푸른 '포포' 진주와 붉은 산호진주는 대량 수입된 베네기산(産) 진주보다 더 가치있는 것으로 여겨졌다. 19세기에서 20세기로의 전환기에 동아프리카에서는 붉은 진주 열 줄로 여자 한 명을 살 수 있었다. 우룬디(지금의 부룬디)에서는 장밋빛의 진주 '삼삼'이 20세기 초까지 많이 사용되었고 가장 값비싼 진주는 백진주였다.

　태평양 패로우 섬의 화폐에는 등급이 매겨져 있었다. 가장 값나가는 화폐는 족장의 화폐이며 비밀리에 저장되었다. 그와 반대로 가장 헐값의 화폐는 가장 잘 알려져 있는 것이었고, 그것이 유통화폐가 되었다. 가치가 덜 나가는 것은 유통수단으로, 가치가 높은 것은 축장수단으로 이용되었다. 더욱이 사형 판결을 받아도 유리 조각으로 속죄받을 수 있었고, 드문 경우지만 전쟁 포로도 진주 화폐류나 유리 조각을 가지고 있으면 풀려났다.

중국인의 공식 화폐 역할을 한 조개껍질

조개껍질은 많은 대륙에서 화폐로서 큰 몫을 했다. 중국인들은 화폐를 공식화했으며 부분적이나마 '조직된 화폐 제도'를 확립했다. 북아메리카, 남태평양, 아시아 그리고 아프리카에서도 화폐의 중요성은 대단히 컸다. 아프리카 여자들은 무게가 20에서 30파운드까지 나가는, 굵은 줄에 꿴 조개껍질 목걸이를 달고 다녔다. 조개껍질이 지닌 마법의 힘은 그것을 특히 선호하게 했다. 가공된 조개껍질 화폐는 엄밀히 말해서 대개 자기(瓷器) 달팽이껍질로 만들어졌다. 이 '조개껍질 화폐'는 '카우리(Kauri)'라는 이름으로 널리 알려졌다.

동아시아에서 이미 기원전 1300년경에 카우리 달팽이껍질이 상품의 지불수단(유통수단)이나 채무 변제수단으로 사용되었다는 증거가 있다. 카우리 달팽이껍질은 동아시아에서 인도, 페르시아를 거쳐 아프리카, 유럽까지 확산되었다. 카우리 조개껍질은 크기가 1~2.5센티미터로 일정하지 않았으며 황백색을 띠고 가장자리가 뾰족한 이빨 모양이었다.

고대 중국에서는 조개껍질로 만든 목걸이 등을 '펭(貝)'이라고 불렀다. '펭'은 나중에 조개껍질 화폐를 나타내게 되었다. 기원전 3000~2000년 사이에 중국의 상형문자로 기록된 문서에 의하면 카우리 달팽이는 돈과 부, 세금 따위와 연관되어 사용되었다. 중국에서 조개껍질 화폐는 적어도 3000

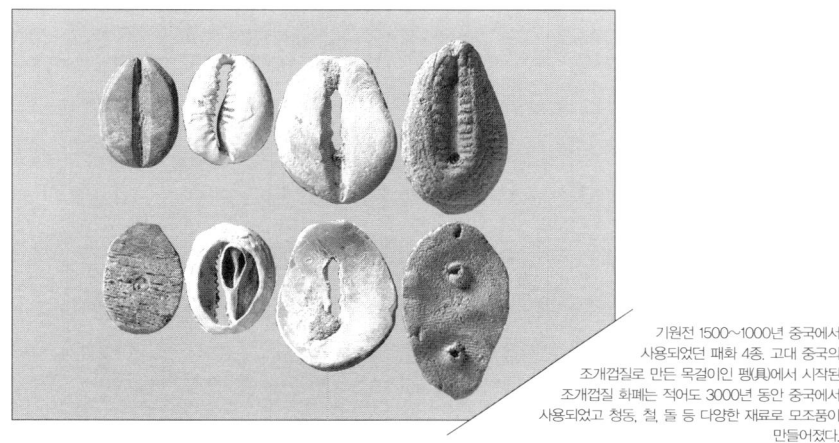

기원전 1500~1000년 중국에서 사용되었던 패화 4종. 고대 중국의 조개껍질로 만든 목걸이인 팽(貝)에서 시작된 조개껍질 화폐는 적어도 3000년 동안 중국에서 사용되었고 청동, 철, 돌 등 다양한 재료로 모조품이 만들어졌다.

년 동안 계속 사용되었다. 기원전 6세기에서 4세기 사이에는 청동, 철, 돌, 수정, 점토 등으로 카우리 모조품이 만들어졌고, 화폐로 사용되었다. 기원전 3세기 후반까지 중국과 인도 북부에서는 카우리 형태의 황동판이 통용되었다.

카메룬에서는 20세기 초까지 니켈 화폐, 은화와 더불어 카우리 조개껍질이 유통 및 지불 수단으로 사용되었다. 멜라네시아의 조개껍질 화폐도 잘 알려져 있다. 거기에서 가장 중요하게 여겨지던 달팽이껍질 화폐 '디와라(Diwarra)'는 실로 엮은 것인데 길이에 따라 가치가 달라졌다.

북아메리카 인디언들도 조개껍질 화폐로 지불했다. 조개껍질 띠인 '왐품(Wampum)'은 장신구이자 문자였고 동시에 화폐였다. 최초의 식민지 정착자들은 이 화폐를 받았다. 매사추세츠에서는 1641년에 조개껍질 6개를 1페니와 교환하도록 법으로 정했다. 물론 식민지 정착자들은 인디언들로부터 필요한 물품을 구입할 때만 조개껍질 화폐를 이용하였다. 그들은 종종 이 화폐로 부인과 소녀들을 사기도 했다. 반면 식민지 정착자들은 인디언들에게 물건을 팔 때 금화나 은화를 받아서 모국의 물품을 구입하는 데 사용하였다. 조개껍질 화폐는 인디언들이 정착지에서 쫓겨나자 급격히 감소되었다.

66 헝겊조각으로 금을 사다 99

추운 지방에서는 모피가 절대적으로 필요했다. 그러나 따뜻한 지방에서도 모피는 높은 재산 가치를 갖고 있었다. 그러므로 모피가 화폐로 사용되었다는 것은 놀랄 일이 아니다. 중국, 시베리아, 아프리카에서도 모피가 화폐로 사용되었다. 담비 모피는 주화가 도입된 후에도 여전히 계산 단위로 남아 있었다. 이후에 오스트리아, 슐레지엔, 폴란드에서 사용된 동전에도 다람쥐가 그려져 있다.

모피와 털가죽은 무엇보다도 옷, 주거 그리고 특별한 장신구 등에 대한 욕구를 충족시키는 '현물화폐'의 일종이다. 중국에서도 옷감이나 비단이 단순히 교환이나 거래대상만은 아니었을 것이다. 그것도 초기에는 화폐의 역할을 했으리란 것을 추측해볼 수 있다.

콩고 및 다른 일부 아프리카 지역에서는 19세기에도 옷감으로 지불이 이루어졌다. 지역에 따라서는 쓸모없는 진주보다 질 낮은 옷감이 더 유효한 유통화폐였다. 에티오피아와 누비아산(産) 의복 화폐와 마찬가지로 멜라네시아의 돗자리 화폐도 널리 알려졌다. 일본에서도 수백 년 동안 직물이 지불수단으로 통용되었다. 20세기 초까지 스코틀랜드 북서쪽의 북헤브리디스(Hebrides) 지방에서는 돗자리 화폐가 사용되었는데 그곳에서 돗자리는 특히 부를 축적하고 과시하는 수단이었다. 오두막에 살더라도 돗자리가 많을수록 여유가 있는 것이었다. 그 지방에서는 중간 크기의 돗자리와 커다란 멧돼지를 맞바꿀 수 있었다. 돗자리를 50장 이상 걸쳐 놓을 수 있는 사람들은 부자에 속했다.

산타크루즈, 산타마리아, 뱅크제도, 뉴칼레도니아, 뉴헤브리디스(지금의 바누아투), 하와이와 캘리포니아 지방에서는 깃털이 화폐로 사용되었다. 줄무늬 깃털로 만들어진 허리띠나 목걸이 등은 축장화폐의 역할을 톡톡히 했다. 깃털 화폐는 정성들여 보관했다가 방문객들에게 과시하거나 축제기간에 내보였다.

그 밖에도 화폐 발전사에서 옷감, 모피, 의복 등이 중요한 위치를 차지한다는 것을 뒷받침해 주는 증거들은 많이 있다. 이런 물건들이 점차 널리 화폐로 쓰임에 따라 본래의 용도를 찾기는 어려워졌다. 옷감은 옷을 만들기 위해, 모피는 몸을 따뜻하게 하기 위해, 비단은 아름답게 치장하기 위해, 돗자리는 바닥에 깔아 놓기 위해 쓰였으나 이제 더 이상 그 역할에만 머무르지 않았다. 이들 물건들은 다른 상품의 가치를 표현하고 교환을 매개하는 새로운 사용가치를 갖게 되었다. 이러한 기능을 수행하기 위해 반드시 원래의 형태나 크기를 고수할 필요는 없었다. 크기가 작아지더라도 충분히 유통수단으로 사용될 수 있었기 때문이다. 원래의 물건 대신 그 물건의 상징물이 사용될 수도 있었다. 그리하여 어떤 물건과 화폐 사이에 처음으로 형태상의 차이가 분명하게 나타나기 시작했다.

아랍인 여행자 아브라함 이븐 야쿠브는 973년에 보헤미아 지방에서 화폐 기능만 할 뿐, 옷을 만드는 데는 적합하지 않은 옷감 화폐를 발견했다고 기록했다. 여기서 옷감 화폐란 아무 곳에도 쓸모가 없지만 상거래에서 사용되는 얇고 그물 같은 작은 헝겊조각을 말한다. 그 헝겊조각이 그 지방에서는 현금처럼 간주되었다. 그 헝겊조각으로 밀과 노예, 금과 은 등 값비싼 물건들을 살 수 있었다. 즉 '상징화폐'가 나타난 것이다. 상징화폐란 부분이 전체를 상징하는 것이다. 예를 들어 러시아에서는 모피 대신 '그 상품 전체'를 상징하는 담비의 코밑수염이나 다람쥐의 이마 가죽이 대체물로 이용되었으며, 아마도 도장을 찍어 화폐임을 보증했을 것이다. 유사한 상징화폐가 자바 섬에서도 통용되었다. 네덜란드인은 그것을 주화 헝겊조각 혹은 화폐 헝겊조각이라는 뜻을 가진 '문텐랍예스(Muntenlapjes)'라고 불렀다. 도장이 찍힌 화폐 헝겊조각은 앙고라(지금의 앙카라)와 사모아에서도 발견되었다.

코끼리 꼬리에 감은 고리에서 금은까지 금속 화폐의 발달

인간은 기원전 4000년경부터 금속을 사용하기 시작했는데, 금속은 그때까지 사용되던 현물 화폐류에 비해 많은 장점을 지녔다. 식품류는 상하지만 금속은 그렇지 않다. 또 가축 화폐는 우리에 가둬두고 먹이를 먹이고 보살펴줘야 하는 등 보관, 유지하는 데 노동시간이 필요했다. 또 '살아 있는 화폐'는 쉽게 분할할 수 없다. 살아 있는 가축 화폐를 나누려면 산 놈을 죽여야 하고, 죽인다 해도 머리, 가슴, 등, 뒷다리, 꼬리 등 각 부위는 똑같은 가치를 갖지 않는다. 살아 있는 화폐는 계산하기도 어렵다. 황소 열 마리가 반드시 황소 한 마리의 열 배의 가치를 지닌 것은 아니다. 왜냐하면 황소 중에는 큰 것도 있고 작은 것도 있으며, 힘이 센 것, 여윈 것, 건강한 것, 병든 것 등이 있기 때문이다.

그에 비해 금속은 임의로 분할할 수 있을 뿐 아니라 다방면으로 사용할 수 있었다. 화폐의 역할을 하기 위한 가장 중요한 점은 '동일한' 크기가 동일한 가치를 지니고 있어야 한다는 것이다. 금속은 가축 화폐가 도저히 가질 수 없는 점, 즉 동일한 크기와 동일한 가치를 지닌 것이었다. 금속은 종류에 따라서 적은 양이라도 상대적으로 가치가 크기 때문에, 장거리 상거래를 용이하게 하고 촉진시켰다.

금속이 장신구로 가공된 예는 전 세계에서 찾아볼 수 있다. 금속은 반지,

팔찌, 벨트, 바늘 등의 형태로도 화폐 기능을 했다. 아프리카 화폐사를 보면 코끼리 꼬리에 감았던 구부리기 쉬운 가는 동철선(銅鐵線)고리, 동반지, 놋쇠 팔찌, 그 밖에 여러 가지 금속으로 만든 장신구 화폐들에 대해 나와 있다. 킬리만자로 산기슭에 살고 있는 마사이족은 철제 장신구를 화폐로 사용하기도 했다. 화려한 칼이나 장식용 창, 철제 반지와 바늘도 비슷한 의미를 갖고 있었다. 이집트에서는 기원전 14세기 말경까지 반지 화폐가 사용되었다는 기록이 있다. 또 고대 인도에서도 '니쉬카(nishka)'라는 반지가 화폐로 사용되었다. 게르만족의 초기 역사를 보면, '반지 쪼개는 사람(Ringbrecher)' '반지수여자(Ringgeber)' 등의 묘사가 눈에 띄는데, 이는 모두 지도자를 지칭하는 것이었다.

장신구뿐만 아니라 손도끼, 칼, 낫, 갈고리, 삽, 꺾쇠, 쇠꼬챙이, 창, 화살촉, 삼발이, 제기, 술잔 등이 있다. 금속제 기구와 무기도 화폐가 되는 특권을 누렸다. 특히 도끼 화폐는 매우 중요한 역할을 했다. 기원전 2000년경의 크레타-미케네시대에 소아시아에서 사르데냐 지방, 나아가 이집트에까지 퍼진 양날 도끼가 전형적인 것이다. 양날 도끼는 후에 수많은 주화에 무늬로 등장한다. 도끼와 더불어 갈고리와 삽도 화폐 기능을 했다. 아프리카 남동부에 거주하는 반투족은 마음에 드는 상대를 삽 50개를 주고 '샀다'고 한다. 신부의 아버지는, 후대 사람들이 금과 은을 그렇게 했듯이, 자신이 받은 삽을 땅에 파묻었다. 중부 콩고 지역에서는 칼 화폐가 나타났다. 철제 화살촉 화폐는 기니 만에서부터 중앙아프리카를 지나 나일 지방에 이르기까지, 나아가 아덴 만까지 각종 상거래에서 사용되었다.

_ 화살촉, 도끼, 칼의 역할 변화

더 이상 경작용 도구로 사용되지 않는 갈고리와 삽, 사냥용으로 쓰이지 않는 화살촉 그리고 도끼와 칼 등은 화폐로 변신함에 따라 그 형태도 변했다. 즉 크기가 '축소' 된 것이다. 이제 그 도구들은 본래 사용 목적이 아니라 교환수단이라는 목적에 맞게 형태와 크기가 결정되었다. 결국 도구 화폐 및 장신구 화폐는 도끼, 반지, 삽 등의 형태로 만들어졌으며, 봉(棒)화폐로 급격히 단순화되었다. 물론 다른 형태로도 봉이 만들어졌다. 봉 화폐는 도구 화폐를 축소한 모양이었다. 가장 오래된 '카푸티우' 구리봉의 무게는 20킬로그램에서 29킬로그램사이였다. 이 봉은 실용성을 고려해, 수송용 동물의 안장에 고정시킬 수 있도록 깔개 형태를 하고 있었다. 이 봉은 일상 소비용품을 만드는 원료로도 사용되었을 것이다. 바빌로니아와 헤브라이 지방에서는 도끼 모양의 얇은 금속판으로 된 봉 화폐가 만들어졌다. 이들은 금으로 봉 화폐를 만들었다. 또 바빌로니아에서는 오리 모양의 동화나 청동화를 만들었다.

철제 역시 화폐로 사용되었다. 요하네스 트랄로브의 책 《남자들의 반란》에서 페니키아의 상인 푸니크룸은 다음과 같이 말한다. "잊지 마세요. 나는 이제 가난뱅이가 아닙니다. 이 배의 갑판 아래에는 철봉 25개가 있습니다. 철봉 하나는 칼과 화살촉으로 완벽하게 무장한 갑옷의 무게와 같죠. 금과 은 거래는 할 수 없기 때문입니다." 페니키아의 상인들과 해적들은 폭력적인 아마존의 지배에서 도망친 가르프의 도움으로 이 여인들의 말을 훔쳐냈다. 당시 대(大)크레타 제국의 수도인 크노소스에서 이윤을 남기고 팔아 넘기기 위해서였다. "우리는 배 네 척을 갖고 있는데, 각 배에는 말이 네 마리씩 있습니다. 모두 합쳐 열여섯 마리입니다. 다시 말하면 크레타 도장이 찍힌 철봉 400개 값이죠. 수말은 없어요! 이만한 부를 보신 적이 있습니까?"

한편 같은 크기로 만들어진 봉은 흔히 간단히 셈을 하기 위한 계산용 화폐로 사용되었다. 상인들은 금속의 무게를 다는 비용을 절약할 수 있었다. 한편 봉이 일정한 무게를 갖게 됨으로써 이제 그 형태와 크기는 별로 문제가 되지 않았다. 덩어리 봉이나 긴 막대기 금속의 무게가 가치의 기준이 되자, 도구나 장신구 화폐처럼 형태에 따라 가치를 인정하던 기존 관념은 사라지게 되었다. 금속의 무게를 달 수 있게 되고 도량 단위와 중량 체계가 확립되면서 주화 이외의 화폐가 발전할 가능성은 거의 없어졌다. 이젠 봉에 무게 등을 표시하는 '각인' 작업만 남았다. 그 작업은 처음에는 못으로, 나중에는 특별한 도구로 이루어졌다. 기원전 800년경에는 상인과 생산자가 각자 특별한 도구를 이용해서 봉과 금속 조각에 각인하기 시작했다. 물론 상인들은 각인된 표시 중량보다 저울을 더 신뢰했다. 봉에서 주화가 출현하는 데 걸리는 시간은 길지 않았다.

_ 금과 은을 선택한 특별한 이유

플루타르크는 철이 그리스에서 제일가는 화폐 금속이라고 썼다. 보수적인 스파르타인들은 지불수단으로 철을 가장 오랫동안 선호했다. 이탈리아에서는 구리를, 스페인 남부 말라가 지방에서는 주석을 화폐로 사용했다. 그러나 점차 금과 은, 두 가지 귀금속이 화폐 자리를 독차지하게 된다. 아시리아, 바빌로니아, 이집트에서는 이미 오래전부터 금과 은을 교환수단으로 이용하였다. 원시시대 사람들은 은을 달의 여신의 상징물로 생각했다. 한편 금은 태양신을 상징했다. 해와 달의 회전주기에 따라 금과 은의 교환 비율은 1 대 13과 3분의 1로 결정되었다. 이것은 1년과 음력 달 수 사이의 비율이다. 상당히 오랜 시간이 지난 뒤에야 금과 은의 가치를 매기는 비교적 안정된 교환비율이 결정되었다.

동 역시 이런 맥락에서 그 가치를 짐작해볼 수는 있지만, 확실한 증거가 없다. 아마도 1년을 360일로 생각했다면, 1파운드의 금은 360파운드의 동과 같은 가치로 취급되었을 것이다.

금과 은은 거의 숙명적으로 화폐 역할을 떠맡게 되었다. 높은 사용가치를 지닌 것만 화폐가 될 수 있다고 생각하는 사람들에게 이것은 하나의 수수께끼이다. 귀금속은 인간의 허영심을 채워줄 뿐, 실생활에는 아무 쓸모가 없기 때문이다. 그러나 금과 은을 채굴하는 데는 많은 노동시간이 필요했으므로 이들은 적은 양으로도 큰 가치를 가졌으며, 다른 모든 상품들을 몰아내고 화폐로 군림할 자격이 있었다. 또 아름다움, 광택, 그리고 조형성 덕분에 귀금속은 장신구나 사치품에 적합한 소재가 되었다.

금과 은은 환경의 영향을 거의 받지 않고 오랫동안 보관할 수 있다. 즉 시간이 지나도 가치가 줄어들지 않는 가치 보존의 기능이 있다. 다른 상품들은 시간이 지나면 효용이 줄어들거나 사라지기 때문에 '일반적 등가물'이 되기에는 제약이 있었지만 금과 은에는 그런 시간적 제약이 없었다. 금과 은은 닭, 돼지, 송아지처럼 죽지 않는다. 날고기, 과일, 야채처럼 썩지도 않는다. 또 담배처럼 연기 속으로 사라지지도 않는다. 포도주처럼 상하거나 비단, 옷감, 모피처럼 더러워지거나 찢어지지 않는다. 철과 같이 녹슬지도 않는다. 이 모든 앞선 화폐상품들과 달리, 금과 은은 완전히 동일한 크기로 나눌 수 있다는 장점까지 가지고 있다. 금과 은이 언제 어디서 발견되고 채굴되든 간에, 동일한 양의 금과 은은 동일한 사용가치를 충족시키며 동일한 가치를 갖는다. 또 아주 작은 조각으로 나눌 수 있고, 작은 조각들을 다시 모아 큰 덩어리로 만들 수 있다. 이런 점들 때문에 금과 은은 이상적인 척도가 되었다.

금과 은의 무게는 곧 그에 상응하는 가치를 표현한다. 무게와 가치가 서로 정비례하므로 가치관계가 안정적으로 표현될 수 있다. 즉 금과 은으로는 작은 가치도 측정할 수 있고 큰 가치도 임의로 표현할 수 있다. 적은 양으로 높은 가치를 표현할 수 있다는 점, 주위 환경의 영향을 덜 받는다는 점, 무한한 저장 가능성 등으로 금과 은은 저장과 수송에 드는 비용을 상대적으로 줄일 수 있었다.

보관하기가 어렵거나 보호, 양육해야만 사용가치가 유지될 수 있는 다른 생산물들은 차츰 등가물의 자격을 잃어갈 수밖에 없었다. 그리하여 귀금속이 그 자리를 차지한 것이다. 그것은 어떤 결정에 의한 것이나 국가가 지정한 것이 아니다. 여러 가지 점에서 확인되듯 금과 은은 순전히 그 본래의 성질 때문에 화폐가 되었다. 아리스토텔레스(Aristoteles, 기원전 384~322)에 따르면, 주조된 화폐가 도입되기 전에 그리스에서는 집 한 채에 고대 중량 단위로 5미네의 은을 지불했고 침대는 1미네의 은으로 거래되었다고 한다.

〞 주화의 탄생 그리고 변조의 유혹 〟

물론 금과 은의 그런 속성들을 가진 다른 물질도 있다. 예를 들어 다이아몬드는 더 값나가는 물건이다. 그러나 다이아몬드는 금이나 은처럼 자유자재로 모양을 바꾼다거나 쉽게 나눌 수 없다. 금과 은은 화폐 기능을 하는 데 필요한 속성들을 거의 완벽하게 갖고 있으므로 다른 어떤 물건도 그들을 능가할 수 없었다. 금과 은의 결함이라면 누구나 갖고 싶어하지만 그렇다고 반드시 필요한 것은 아니라는 점뿐이었다.

그럼에도 불구하고 귀금속을 화폐로 사용하는 데는 불편한 점도 있었다. 초기부터 이미 금속들을 합성해서 거래 상대를 속이려고 한 협잡꾼들이 있었다. 또 덩어리나 가루 혹은 조각으로 받은 화폐를 일일이 무게를 달아보고 나누어보고 실제 귀금속과 비교해 순도를 검사하기란 결코 쉬운 일이 아니다. 그러나 그리스와 로마에서는 오랫동안 번거롭게 금속 화폐의 무게를 달아보곤 했었다. 그처럼 무게를 달고 비용이 많이 드는 검사를 거치느라, 교환이 많이 지체되거나 어려워졌음에 틀림없다. 그래서 주화를 만들게 된 것이다.

세계사의 다른 것들과 마찬가지로 주화 역시 한 번에 발명되지는 않았을

〈파리의 화폐 주조소〉, 작가 미상, 목판화, 1853.

것이다. 헤로도토스는 '리디아의 모든 젊은 여자들은 결혼 지참금을 마련하기 위해 매춘을 한다. 그들은 자신의 몸을 포함한 모든 것을 판다. …… 리디아의 도덕과 풍속은 이 매춘을 제외하고는 본질적으로 그리스와 별 차이가 없다. 리디아인들은 금과 은을 화폐로 주조하여 유통하고 사용한 최초의 민족이다.'라고 기록했다. 기원전 7세기경 리디아인들은 금 80퍼센트와 은 20퍼센트를 합성하고 그 합성물질을 '일렉트럼(electrum)'이라고 불렀으며 그것으로 최초의 주화를 주조했다.

타우로 산맥 때문에 농경지를 확대시킬 수 없었던 리디아인들은 주로 상업에 의존했다. 상업 거래가 빈번해지자 리디아의 주화는 서남아시아와 그리스까지 전파되었으며 점차 전 세계로 퍼져 나갔다. 물론 중국에서는 그보다 일찍이, 적어도 기원전 2300년경에, 인도에서는 늦어도 기원전 9세기 초에 주조화폐가 사용됐다는 기록이 있다.

귀금속 표면에 찍힌 각인이 주화의 무게와 순도를 보증하므로 이제는 무게를 달거나 검사할 필요가 없어졌다. 그러나 이론적으로는 의심할 여지가 없다 해도 현실적으로는 여전히 많은 문제가 있었다. 왜냐하면 재정적 어려움에 처한 군주나 탐욕에 찬 상인들은 화폐 주조 과정에서 변조의 유혹을 뿌리치기 어려웠으며 실제로 빈번하게 사기를 쳤다.

'각인된 보증'이 주화에 처음 등장한 것은 아니다. 과거에도 직물이나 벽돌 등에 보증을 위한 각인이 있었다. 마르코 폴로(Marco Polo, 1254~1324)에 의하면 소금 화폐에도 도장이 찍혀 있었다고 한다. 봉 화폐도 이미 그렇게 거래되었다. 그러나 봉들은 비록 동일한 형태일지라도 무게나 순도에서 차이가 있었으며, 그 때문에 봉에 대한 일률적인 공증은 불가능하였다.

그것은 초기 주화도 마찬가지였다. 그 뒤 주화 전면에 각인이 되었고, 그 작업 때문에 끌로 갈아낸다든지 절단하는 사기 수법으로 주화의 무게를 줄이는 것은 방지되었다.

순도 검사를 포함한 복잡한 절차 대신 이제는 간단한 셈으로도 충분하였다. 여러 종류의 주화들 간에는 일정한 비율 관계가 있기 때문에, 다른 종류의 주화로 액수를 계산하고 지불할 수 있었다. 주화가 생겨남으로써, 화폐사의 진정한 역사가 열린 것이다. 그러나 주화가 화폐로 단번에 자리잡은 것은 아니다. 오히려 주화를 녹여 장신구를 만드는 등의 현상이 나타나기도 했다. 그럼에도 불구하고 주화의 발생은 결정적으로 중요하며, 지금까지 설명한 모든 화폐류와 주화 사이에는 분명한 차이가 있었다.

화폐상품과 나머지 상품들과의 분리는 착오를 일으킬 위험이 있다. 얼핏 각인 때문에 금속이 화폐가 된다고 생각하기 쉽다. 금속의 내용이 아니라 각인 과정, 즉 영향력 있는 상인들이나 국가의 보증이 주화의 본질인 것처

시칠리아(Sicilia) 섬의 시라쿠사(Siracusa)에서 출토된 은화(4드라크마; 기원전 480~450년경). 샘물의 요정인 아레투사(Arethusa)가 진주 머리띠를 착용하고 네 마리의 돌고래에 둘러 쌓인 앞면(왼쪽)과 2마리의 말이 끄는 이륜마차(Biga)와 승리의 여신 나이키(Nike)가 새겨진 뒷면(오른쪽)으로 이루어져 있다.

럼 이해될 수 있다. 화폐 제도사에서는 화폐와 그 밖의 상품을 구분 짓는 것이 화폐의 소재 자체가 아니라 국가라는 오류가 계속 확대되어 왔다. 이런 생각은 상인이나 국가에 의한 보증이 화폐의 본질이라고 생각하는 데서 찾을 수 있다. 주화가 마모되거나 조작으로 무게가 가벼워지더라도 주화는 일정 기간 계속해서 유통 임무를 수행할 수 있다는 점이 알려지면서, 이러한 착각은 더욱 깊어졌다.

주화가 도입되자 '금-은-동 등으로 지불한다' 는 식의 구매 계약은 자취를 감췄다. 그 대신 일정량의 주화가 그 자리를 차지하게 되었다. 주화는 각각 고유한 이름을 가졌으며 지금도 마찬가지다. 처음에는 무게 단위에서 주화의 이름을 따왔지만, 점차 무게 이름만 남았다. 외형상으로 화폐의 명칭이 화폐상품으로부터 자립하게 되었다. 그리스의 탈렌트(Talent, 무게 달기), 드라크마(Drachme, 한 줌), 스타테르(Stater, 무게), 로마의 아스(As), 이탈리아, 프랑스, 영국의 리브라, 리브르, 파운드(Livra, Livre, Pound), 독일의 마르크(Mark, marca=2분의 1파운드), 루벨(Rubel, 갈고리로 벗기다) 등은 물건의 무게 단위가 아니라 화폐상품의 단위이다. 이처럼 화폐 이름은 화폐 내용으로부터 멀어졌으며, 새로운 자립적인 화폐가 등장한 것처럼 여겨졌다.

화폐의 개념에 있던 실질적 내용은 사라지고 단순한 화폐의 명칭만이 남게 된 것이다.

그리하여 상징화된 화폐가 나타나기 시작했다. 이 상징화폐는 지폐나 은행에서 발행한 수표로 지불이 이루어질 때까지 계속 발전하였다. 물론 이 상징화폐의 출발점은 주화의 이름이 금속의 실제를 나타내던 때로 거슬러 올라간다. 주화의 여러 이름들이 나중에 지폐의 단위가 되었다. 그러나 이제 그 이름은 실제로 유통되는 금속의 양이나 무게를 표현하는 것이 아니라 필요한 화폐의 양을 표현하게 되었다. 다음은 주화 명칭의 다섯 가지 대표적인 유래이다.

1. 원료와 생산지에 따라

대페르시아 전쟁을 은으로 재정 지원했던 옛 그리스 왕국들은 은에 아르기로스(argyros, 빛나는 것)라는 이름을 붙였고 로마인들은 이 이름을 따서 아르겐툼이라고 했다. 그래서 원소의 주기율표에서 은은 Ag.로 표시되는 것이다. 오늘날에도 프랑스인들은 은을 아르장(argent)이라고 부른다. 이 단어는 은을 뜻하기도 하고 돈을 뜻하기도 한다. 14세기에서 19세기까지 독일 금화의 이름이었던 굴덴(gulden)은 금(gold)에서 유래한 것이다. 1663년에서 1816년까지 영국의 가장 중요한 금화였던 기니는 금이 산출된 장소를 뜻한다.

2. 화폐 주조권자의 이름을 따라

루이 금화, 프리드리히 금화, 이자벨 금화. 사르데스에서 나온 리디아의 은 스타테르는 크로이세이오스라 불렸다. 알렉산더의 금화는 알렉산드리너라 불렸다. 두카텐은 비잔틴 왕인 두카스의 이름을 땄을 수도 있다. 하지만 베네치아의 금화는 금화 둘레에 쓰인 문자들의 맨 끝 단어를 따서 불려진 명칭일 수도 있다. 이 주화에는 Sit tibi Christe datus, quem tu regis, iste ducatus(예수여, 이 도시 위에 당신의 주권이 미치기를)라고 쓰여 있다.

3. 생산 장소에 따라

탈러(Taler)는 뵈멘 즉 오늘날 체코의 야히모프(Jáchymov)에 있는 요아힘스탈(Joachimsthal)에서 따온 이름이다. 그곳에 슐리크 백작은 거대한 은 광산을 갖고 있었고 요아힘스탈러를 주조했다. 이 단어에서 영어의 달러(Dollar)가 나온 것이다. 헬러(Heller)라는 이름은 옛 잘츠부르크의 염전 도시 할라인(Hallein)에서 나온 것이다. 12세기부터 주조된 제국 동전은 처음에는 핼러(Häller) 또는 할러(Haller)라 불리었다. 플로린이라는 동전 이름은 주조지인 피렌체와 동전에 각인된 꽃이름에서 유래한 것이다. 또한 역사적 연관성도 생각할 수 있다. 파운드 스털링(pound sterling)은 아마도 동쪽에서 왔다는 뜻의 이스터링(easterling)에서 유래했을 것이다.

4. 각인 문양에 따라

크로이처(십자가를 뜻하는 크로이츠에서), 크로네(왕관을 뜻하는 크로네에서. 독일 주화에는 글자가 적힌 부분에 관을 쓴 독수리가 새겨져 있다), 이글(독수리를 뜻하는 미국 10달러짜리 동전), 코페케〔창(槍)을 뜻하는 구소련 화폐〕 등이 있다. 14세기에서 17세기 사이에 유통수단으로 쓰였던 나팔 모양의 뎅가(Denga)는 잘게 쪼개 납작하게 두들긴 은철사로 만들었는데, 창 모양이 새겨져 있다.

5. 형태에 따라

오스트리아의 그로쉔(groschen)은 중세의 그로수스(grossus) 즉 '두꺼운'이라는 말에서 유래됐다. 초기의 그로쉔은 굉장히 컸다.

〝 아테네의 부엉이 〞

가장 오래된 리디아의 주화는 매우 단순했다. 그것은 아무런 모양이 없는 덩어리로 기원전 640년에서 630년까지 아르디스왕 시대에 처음으로 유통되었다. 타원형의 얇은 금속판으로 된 주화도 있었는데, 한쪽 면에는 여러 개의 가로줄이 그려져 있고 다른 쪽 면에는 몇 개의 홈이 불규칙하게 파여 있다. 매우 부유했다는 전설의 왕 크로이소스시대에는 한쪽 면에 사자 머리나 숫양 또는 동물 문양, 다른 쪽 면에 정사각형이 새겨진 주화가 상용되었다. 정사각형은 그 뒤에도 계속 쓰여, 다음에 설명하는 조폐기에서도 주화용 금속의 틀로 사용되었다.

기원전 490년경까지 주화의 모양은 상당히 조잡했으나 곧 그리스의 도시와 식민지에서 주조 기술이 발전하였다. 지금 보아도 여전히 아름다운 그 시대의 주화들이 전해지고 있는데 그리스령이었던 시칠리아 섬에서 발견된 주화는 세계에서 가장 아름다운 주화로 꼽힌다. 그 주화들은 오늘날 주화 경매에서 엄청난 가격에 팔리고 있으며 주화 수집가들에게는 경외의 대상이다.

주화 제도가 소아시아 서해안으로부터 아이기나 섬을 거쳐 그리스 본토로 확산된 뒤에야 본격적인 '화폐 제도'가 성립되었고 다양한 종류의 주화가 만들어졌다. 독립된 '폴리스(도시국가)'로 나누어진 그리스의 정치적 분열은 곧 주화의 다양성을 낳는다. 주화에 새겨진 그림은 동물이나 식물 또는 종교적인 내용에서 따온 것이 많았다. 아이기나 섬 주화에서 보이는 거북이는 바다의 상징이었다. 다랑어잡이를 가장 중요한 생업으로 한 키지코스에서는 주화에 다랑어를 새겼다. 밀로스에서는 사과가, 로도스에서는 장미가 많이 쓰였다. 송아지에게 젖을 먹이는 어미소는 모성애의 상징으로 주

기원전 5세기의 주화 '글라우코포로이(Glaukophoroi)'. 앞면에는 아테나가, 뒷면에는 부엉이가 새겨져 있다.

화에 사용되었다. 돌고래, 황소, 바다표범, 게, 수탉 등도 주화에 등장한다.

고대 그리스의 희극 시인인 아리스토파네스(Aristophanes, 기원전 445?~386?)는 희극 《새(Ornithes)》에서 아테네의 시칠리아 원정을 비현실적인 정치적 몽상이라고 조롱하고 있다. 그의 풍자극에서 새들은 모임을 갖고 공중에 도시를 건설한다는 환상적인 계획을 내놓는다. 여기서 '공중 도시'는 시칠리아 정복의 허황됨을 의미하는 것이다. 그러나 새들은 여전히 이루어질 수 없는 몽상에 사로잡혀 있다. 그 어처구니없는 새들에게 충고해주기 위해 한 마리의 부엉이가 등장한다. 그리고 인간 세계에서 온 에넬피데스는 묻는다. "누가 이미 많은 부엉이가 있는 아테네에 그 부엉이를 보내는 쓸데없는 짓을 했느냐?"

아테네에서 부엉이는 밤에 돌아다니기 때문에 학문의 상징으로 간주되었고 아테네의 수호 여신이며 지혜의 여신으로 신성하게 여겨졌다. 아테네의 주화 앞면에는 지혜의 여신 아테나의 머리가 그려져 있고 뒷면에는 부엉이가 그려져 있다. 이 주화를 '글라우코포로이(Glaukophoroi, 부엉이를 데리고 가다)'라고 불렀다. '부엉이를 아테네로 데리고 간다'는 말은 이미 아테네에는 부엉이 즉 지혜로운 사람이 많이 있으므로 쓸데없는 일을 한다는 뜻이다. 당시 아테네는 대단히 부유했기 때문에 시민들은 오랫동안 세금을 낼 필요가 없었다.

초기 주화에는 문자가 거의 보이지 않는다. 문자가 있더라도 대부분 첫 글자뿐이었다. 나중에는 지명을 붙이기도 했는데, 예를 들어 '아테네의 주화'라고 주화에 새기는 경우다. 때때로 주화 제조 전문가가 허영심에서 자신의 이름 첫 글자를 주화에 남기기도 했다. 때때로 주화의 그림은 가격을 표시하기도 했다. 고대 그리스 코린트 시의 주화 드라크마에는 페르세우스가 메두사의 목을 내리쳤을 때 크리사오르와 함께 괴물 메두사로부터 벗어난, 날개 달린 전설의 말 페가수스가 새겨져 있다. 그에 비해 드라크마보다 낮은 단위의 주화에는 페가수스의 일부분만 그려져 있다 주화에서 보이는 황소는 초기의 '가축 화폐'와의 관계를 상징화한 것이다.

_ 주화에 새긴 군주의 초상

헬레니즘시대(기원전 334~30)에는 주화에 군주의 모습을 그려 넣는 것이 일반화되었다. 그러나 그 전에 벌써 페르시아의 대왕 다리우스 1세(Darius I, 기원전 522~486 재위)는 자신의 이름을 딴 '다레이코스(Dareikos)' 금화에 꿇어 앉은 궁수들과 자신의 초상을 새겨 넣었다. 알렉산더 대왕 이후 무게와 순도에 대한 보증이라기보다는 군주의 자비에 대한 선전이나 과시용으로 주화에 군주의 초상을 새겨 넣는 것이 통례가 되었다.

로마에서도 공화정시대에는 주화에 로마와 야누스 머리를 그려 넣었으며, 나중에는 주화 제조 전문가의 선조 상이나 가족 상징물 등도 주화에 등장했다.

아우구스투스(Augustus, 기원전 63~서기 14)시대부터 주화의 전면에 왕이나 왕가의 한 사람의 두상을 새기는 것이 일반화되었다. 주화의 뒷면에는 주로 신의 형상이 새겨졌다. 여신이며 명예의 신인 주노, 지상에 비, 천둥, 번개를 내려 보내는 하늘과 빛의 신 주피터, 예술의 여신이며 수공업자, 교사, 예술가, 의사의 수호신인 미네르바, 조화의 여신 콘토디아, 평화의 여신 팍스 등이 주화에 자주 등장한 신들이다. 평화의 여신 팍스는 단지 평화에

미트라다테스 6세(Mithradates VI, 기원전 120~63 재위) 당시은 은화(4드라크마). 앞면에는 왕관을 쓴 미트라다테스 6세가(왼쪽), 뒷면에는 담쟁이 화환 속의 사슴이 있다(오른쪽). 헬레니즘 시대에는 주화에 군주의 상을 그려 넣는 것이 일반적이었다.

대한 갈구만을 의미하지는 않는다. 로마인들의 사고에 따르면 승리 즉 적에 대한 정복이 평화를 위한 전제 조건이었다. 4세기 초에 주화 제조가들은 주화 뒷면에 깃발을 든 전사나 기독교의 상징물 등 군사적 동기가 특히 강한 것들을 새겨 넣었다. 황제, 공직자, 작위명 등 여러 가지 명칭들이 주화에 나타난다.

서기 37년에서 41년까지 로마 황제였던 칼리굴라(Caligula, 가이우스 카이사르의 별명)는 전제 통치로 국부를 낭비하였고 강탈과 억압을 자행했으며 살인을 서슴지 않았고 자신을 신 중의 황제로 떠받들도록 명령했다. 칼리굴라가 죽은 뒤 라우트 수에톤(Laut Sueton)은 그의 화폐를 회수해서 다 녹여버렸다. 이름뿐 아니라 황제의 망상에 의해 초래된 전제 통치의 역사가 영원히 사라진 것이다.

〝 오볼렌에서 드라크마까지 그리스 로마의 화폐 단위 〞

고대 그리스에서 재판관은 법정에 나가면 위엄의 상징인 판결봉을 받았고 재판이 끝나면 판결봉을 반납했다. 그대신 판사는 판결의 대가로 하나 혹은 몇 개의 불고기용 쇠꼬챙이를 받았다. 그러면 제사장은 판사에게 쇠꼬챙이의 수에 따라 제물용으로 도살된 동물의 살코기를 떼주었다. 그리스인들은 그 쇠꼬챙이를 '오볼로스(Obolos)'라고 불렀다. 큰 축제 시기에 아테네 시민들은 '오볼렌'이라는 쇠꼬챙이를 두 개씩 받았는데 그 쇠꼬챙이는 그 양만큼 고기를 얻을 수 있는 권리를 의미했다. 그러므로 길이가 1.5미터에 이르는 불고기용 쇠꼬챙이는 교환수단이나 마찬가지였다.

올림픽 경기의 후원자였던 아르고스의 파이돈 왕은 기원전 7세기에 이 철화폐 즉 불고기용 쇠꼬챙이를 모두 회수하고 그것들을 은화로 대체하였다.

사람들은 여전히 그 은화를 '쇠꼬챙이' 즉 오볼로스라고 불렀다. 아테네의 오볼로스는 무게가 겨우 0.73그램에 불과했으며 매우 작은 주화였다. 기원전 7, 6세기경의 서사시에는 죽은 사람의 입에 뱃삯으로 오볼로스 하나를 물려 놓으면 뱃사공 샤론이 시체를 조각배에 싣고 황천강을 건넸다는 구절이 나온다.

오볼로스는 작은 주화였지만 가장 작은 것은 아니었다. 아테네 화폐 제도에서는 8진법이 사용되었다. 그 당시 주조된 화폐 중 최소 단위는 '헤미테타테모리온' 이라는 긴 이름을 가졌다. 그것은 8분의 1오볼로스로 무게는 0.09그램이고 지름은 0.4밀리미터였다. 또 오볼로스의 2배, 3배 되는 화폐는 각각 디오볼로스, 트리오볼로스 등으로 불렸다. 그 다음은 오볼로스의 6배에 해당되는 드라크마였다. 드라크마는 모든 그리스 화폐의 기본 단위였으며, 그 무게와 순도를 법적으로 규정하였다. 드라크마는 '손으로 붙잡다' 라는 뜻의 '드라소마이'에서 유래했다. 그런데 실제로 한 손으로 쥘 수 있는 오볼로스 즉 쇠꼬챙이는 6개 정도였다. 그래서 후기 그리스의 도량 제도와 주화 제도에서 1드라크마는 6오볼렌에 해당되었고 오늘날도 그리스의 화폐 단위를 이루고 있다. 아테네의 표준 드라크마의 무게는 4.366그램이다.

모든 화폐 단위들 중 가장 무거운 것은 탈렌트였다. 1탈렌트는 60미네이고 6,000드라크마였다. 아테네의 표준 탈렌트는 무게가 26.2킬로그램이나 되고 주화로 주조되지 않았다. 탈렌트는 건장한 남자가 지고 상당한 시간을 걸어갈 수 있는 은의 무게와 같았다.

로마에서는 세르비우스 툴리우스(Servius Tullius, 기원전 578~534 재위) 왕이 최초로 동(銅)으로 주화 아스를 제조하였다. 아스는 로마 공화정시대에 가장 중요한 동화였다. 기원전 3세기 말에 은으로 만든 데나르는 로마에서 가장 중요한 주화였다. 데나르는 처음에는 10아스의 가치를 지녔다. 카이사르(Julius Caesar, 기원전 100~44)시대에 금화 '아우레우스(Aureus)'가 대량 발행되었으며 아우구스투스는 그것을 로마 금화의 기본으로 삼았다. 콘스탄티누스 1세(ConstantinusⅠ, 306~337 재위)는 계속되던 주화의 품질 저하를 막기 위해 주화 개혁을 단행했다. 309년에 아우레우스를 대체할 '솔리두스'(Solidus, '순수한'의 뜻)를 주조했는데, 아우레우스가 8.19그램인데 비해 솔리두스는 4.55그램이었다. 375년에 시작된 민족 대이동기를 통해 주화 제조 기술은 광범위하게 확산되었다. 비잔틴 제국 말(1453년)까지 솔리두스의 가치는 유지되었다. 솔리두스와 더불어 4세기경부터 '실리쿠아(Siliqua)'라는 은화가 주조되었다. 그것은 솔리두스의 24분의 1에 해당했다. 비잔틴 제국에서는 은화가 거의 주조되지 않았으며, 그 대신 많은 동화가 발행되었다.

그 이후 현대에 이르기까지 여러 가지 주화가 주조되었다. 프랑스에서는 다고베르트 왕 이래, 독일과 스웨덴에서는 9세기 이래, 덴마크에서는 10세기 이래, 러시아에서는 13세기 이래 주화가 주조되었으며, 오늘날까지 3000년 동안 약 200만 가지의 주화가 제조되었다.

〝 독자적인 주화 주조의 움직임 〞

서로마제국의 마지막 황제 로물루스 아우구스툴루스(Romulus Augustulus)는 476년 게르만의 전사인 오도아케르(Odoacer, 476~493 재위)의 보호를 받았다. 4세기와 5세기에 일어났던 동고트족과 서고트족, 반달(Vandal)족과 롬바르드족의 이동은 멸망해가는 제국에게는 위협적인 것이었다. 생산의 쇠퇴와 상업문제 그리고 문화적 삶의 약화로 로마의 화폐경제가 파괴된 상태에서 또 다른 문제에 봉착한 것이다. 그러나 화폐 역사의 커다란 업적인 주화는 민족이동의 물결을 막아냈다. 게르만 정복자들은 로마 비잔틴 화폐를 받아들이고, 자신들의 것을 발견할 때까지 오래도록 이 화폐를 이용했

부루티움(Bruttium, 지금의 이탈리아 서남부 지방)의 브렛티이(Brettii) 시에서 발견된 은화(1드라크마, 기원전 215~214년경). 앞면은 날개 달린 승리의 여신 나이키, 뒷면은 부루티움의 그리스 문자와 벌거벗은 강의 신이 긴 창을 들고 스스로 왕관을 쓰는 모습.

필리프 1세(Philip I, 244~249 재위) 당시의 은화(4드라크마). 필리프 1세 황제의 옆모습이 앞면에, 날개를 편 독수리 상 및 제조처인 '안티오크'의 희랍문자가 뒷면에 새겨져 있다.

톨레미 8세(Ptolemy VIII, 기원전 145~116 재위) 당시의 은화(4드라크마). 앞면은 왕관을 쓴 톨레미 8세, 뒷면은 천둥번개봉(Thunderbolt) 위의 독수리.

다. 클로드비히(Chlodwig, 482~511 재위)왕 치세 때까지도 동전은 알려지지 않았었다. 메로빙거 왕조의 프랑크 제국(6~7세기)때 처음으로 로마 동전에서 중세 라틴 동전으로 전환이 시작되었다. 최초의 서고트 왕인 레오비길드(Leovigild, 567~586)와 최초의 프랑크 왕으로 독일 전설에 나오는 볼프디트리히(Wolfdietrich)의 실제 모델인 토이데베르트(Theudebert, 534~548 재위)는 동전에 자신들의 이름을 새기게 했다. 롬바르드족들은 이탈리아로 내려간지 100년이 되었을 때야 비로소 그들 지배자의 이름을 금화에 새겨 넣었다. 동전에 이름을 새겨 넣는 '명성'의 쾌락을 감행했던 사람은 아리페르트 1세(AripertⅠ, 653~664 재위)였다. 동전의 그림은 처음에는 빅토리아였다가, 대천사 미카엘로 바뀌었다. 롬바르드족의 이전 수호신은 보탄이었는데 미카엘이 그 자리를 대신하게 된 것이다. 교회도 주조권을 획득했다. 6세기 초에 슈테판 폰 샬롱쉬르마른은 최초의 주교로서 자체적으로 동전을 만들어냈다. 이후 약 40명의 성직자들이 돈을 주조했다. 6세기 말엽에는 오늘날의 프랑스 지역에 약 2000명의 주조 장인을 둔 900여 곳의 주화 생산지가 있었다. 메로빙거 왕조의 금화 무게와 순도가 점차 감소되자 이 동전들은 은화로 바뀌었다. 갈리아 지방으로 금 유입이 어려워지고 포이톤(멜레) 지역에 풍부한 은광이 개발되자, 프랑크의 금화는 7세기에 은화로 대체되었다.

66 그들만의 주화 99

8세기 중반에서 말까지의 카롤링거 왕조의 주화 개혁으로 유럽의 봉건주의는 화폐 역사의 정점을 경험하게 되었다. 이것은 로마식 화폐 관계와의 영원한 결별을 의미한다. 소(小) 피핀(Pippin der Junge, 714~768)은 751년 스와송에서 프랑크족의 왕위를 물려받았고, 메로빙거 왕조의 마지막 후손을 수도원으로 보냈다. 소 피핀은 빈민구호금을 주조해서, 성목요일에 발을 씻을 때 가난한 사람들에게 나눠주었다. 하지만 그가 화폐역사에 기록된 것은 이 때문이 아니라, 그가 주조권을 왕에게만 국한시켰고 순수한 은본위제를 행했기 때문이다. 은본위제는 13세기말까지 지속되었다. 은 드라크마와 비잔틴의 은화에서 유래된 아라비아의 디르함의 영향을 받아 피핀도 그의 동전에 로마자의 대문자만 커다랗게 썼을 뿐, 그림을 넣지 않았다. 코란은 인간의 모습을 그려 넣는 것을 금했기 때문이다. 레오 3세(Leo Ⅲ, 717~741 재위)는 동전에 얼굴을 새겨 넣어 존경을 표하는 것을 법으로 금지했다.

피핀의 아들이며 역사상 위대한 인물 중의 하나인 카를 대제(Carolus des Grosse, 프랑크 왕국의 왕 샤를마뉴 768~814 재위)는 이를 계속 발전시켰다. 780~781년 그는 도량형의 근본을 바꾸었다. 12페니히는 1실링과 맞먹고, 20실링 즉 240페니히는 1파운드와 같았다. 이러한 도량형은 1971년에야 비로소 영국인들의 주화 10진법에 의해 폐지되었다. 금으로 된 솔리두스에서 유래된 은 실링은 주조되지 않았으며 약 1.5그램무게의 은 페니히(데나르)만 화폐로 유통되었다. 처음에는 황제의 모노그램(성명의 머리글자를 짜 맞춘 문자)이 동전에 새겨졌다. 800년 카를 대제가 황제로 대관된 후 콧수염을 한 통통한 황제의 얼굴이 페니히에 새겨졌다. 뒷면에는 십자가가 새겨졌다. 카를은 자신을 기독교의 수장이며 보호자로 여겼다. 그는 제국의 유일한 화폐 주조권자였다. 하지만 피핀과 카를의 후계자들은 주화제도를 엄격하게 관리하지 못했다. 프랑스에서 주화 주조권은 수많은 봉건영주와 군주들에게로 분산되어 있어 13세기에는 300명의 화폐 주조 군주가 있을 정도였다. 독일의 신성로마제국에서도 수많은 지방군주들과 도시들이 그들만의 주화를 주조할 권리를 획득했다. 왕, 공작, 백작, 대주교, 주교, 수도원장, 여수도원장들이 '자신들만의 화폐'를 갖고 있었다. 13세기 중 수많은 지방 페니히의 은 함량은 엄청나게 줄어들었다. 카롤링거 왕조의 파운드는 11세기 중반 독일과 다른 나라들에서도 1마르크로 교체되었다. 물론 마르크 무게는 다양했다. 쾰른의 마르크(233.856g), 영국의 타워 마르크(233.275g), 파리 마르크(244.753g) 등이 대표적인 무거운 마르크였고, 훗날 나온 빈 마르크(276.98g)가 그중 가장 무거웠다. 1200년 이래 슈바벤의 할에서 만들어진 헬러는 가벼운 은화였지만, 무거운 카롤링거 데나르를 밀어냈다.

얇고 속이 빈 페니히

로타르(Lothar Ⅰ, 817~855 재위)와 콘라트(Konrad Ⅰ, 911~918 재위) 치세 이후, 엘베 강 왼쪽 지류인 잘레 지역, 니더작센 지역, 헤센, 프랑크, 바이에른에서 통용된 페니히는 항상 크고 얇았다. 동전 앞면의 각인이 뒷면까지 눌려 함께 새겨질 정도였다. 그래서 뒷면에는 각인을 하지 않았다. 속이 빈 페니히(Brakteaten, 브락테아텐)—이 이름은 라틴어의 bractea(얇은 양철)에서 유래한다—는 매우 얇고 크고 한쪽 면만 각인된 동전으로 독일 전역에서 사용되었다. 예술적으로 새겨진 각인에는 태수나 주교, 여수도원장, 성화, 주권자, 로마식의 아치, 복도, 도시들이 있었다.

에어푸르트의 페니히에는 저승사자로 온 천사가 고위성직자의 가슴에 손을 얹고 있다(죽음의 페니히). 어떤 페니히에는 죄악을 그려 넣기도 했다. 어떤 도시의 페니히에는 교회사 최초의 순교자인 슈테판이 돌에 묻혀 있고 그의 영혼이 하늘로 올라가는 장면이 그려져 있다. 어떤 화려한 동전은 고상한 자세로 포도덩굴사이 바윗돌에 앉아 있는 매를 새겨 넣기도 했다. 마크 브란덴부르크 시의 설립자 알브레히트 데어 배어같은 군주는 동전에 빠짐없이 그들의 무기와 자신을 그려 넣게 했다. 다양한 무게와 형태, 양식과 문양을 가진 지방의 페니히들이 주로 통용되기 시작했지만 그 범위는 주조 지역을 크게 벗어나지 못했다. 따라서 누군가 여행을 한다면 매번 그곳에 맞는 동전으로 바꾸어야만 했다. 게다가 봉건독일이 정치적으로 분산되어서 화폐도 혼란스러울 수밖에 없었다. 1150~1250년 사이의 독일에는 화폐 주조지가 500군데가 넘었다.

한편 대규모 상점들, 환전상, 황제, 왕들과 제후들, 국가들, 도시들, 무엇보다도 성직자들은 화폐제조업이 얼마나 엄청난 돈벌이가 되는지 알아차렸다. 탐욕스러운 화폐 주조 군주들과 강도 같은 기사들은 점차 봉건주의 시대의 상징이 되었다. 주화의 평판이 나빠지면 새로운 주화가 주조되어 사람들은 더욱 착취를 당하게 된다. 특히 독일 동부에서는 주화가 일정기간 이후에는 가치가 없다며 수거되고 새로 대체되는 일들이 빈번히 일어났다. '고귀하신 분'의 취임이나 기념을 맞아 한 해에 수 차례 옛 주화의 가치를 떨어뜨리고 새로운 주화를 주조하는 것이 관행이 되어버렸다. 이러한 방식으로 만일 12개의 옛 주화가 단지 9개의 새 주화와 맞먹게 된다면, 사람들은 그들이 가진 화폐의 25퍼센트까지 '세금 착취'를 당하게 되는 셈이다.

'영원한' 페니히를 위한 싸움은 중세후기 독일 전역에서 중요한 역할을 했다. 페니히는 다시 영원한 가치를 가져야만 했다. 가치가 떨어져도 안 되고 매 시기마다 '새롭게' 주조되어서도 안되었다. 페니히가 처음으로 불변의 가치를 갖게 된 것은 1295년이었다. 반달과 별 사이에 주교의 흉상이 그려진 이 주화는 동일한 가치를 지닌 주화와 통일된 주화통용에 관심을 갖고 있으며 다른 동전이 유입되는 것을 막으려는 도시들에 의해 강요되었다. 이 동전은 브라운슈바이크, 마크 브란덴부르크를 시작으로 훗날 많은 다른 도시들에서 통용되었다. 여전히 물물교환이 지배하던 시대였고 비록 봉건제도의 절정기에 '유일한' 화폐는 아니었지만 주화는 점점 더 중요시되었다.

대규모 상업은 화폐의 유통과 지불방법으로 막대기 형태의 귀금속을 선호했다. 귀금속 장신구를 녹여 유통수단으로 이용했다. 영국은 독일왕 하인리히 5세(Heinrich Ⅴ, 1190~1197 재위)가 요구한 사자심장 리처드 1세(Richard Ⅰ, 1189~1199 재위)의 몸값 15만 은화를 교회성구를 녹여 갚을 수 있었다. 대주교 비히만 폰 마그데부르크는 1182년 성당의 보물을 녹였다. 대주교 빌리기스 폰 마인츠의 후계자들은 파벌싸움과 선거 자금을 대기 위해 600파운드의 가치를 지니는, 사이프러스 나무 십자가에 황금으로 만들어 놓은 예수그리스도 상을 조금씩 녹여야만 했다.

〝 작지만 두꺼운 주화 〞

13세기 말~14세기 초에 도시들은 번창했고, 사업들은 확장되었다. 물물 교환은 화폐이자로 대체되어 갔으며 화폐경제는 자리를 잡아갔다. 플랑드르의 천이 동방으로까지 거래되었고 독일 북부와 발트 해의 도시들에서는 독일 한자동맹이 표명되었다. 이제 무게와 구매력이 떨어진 페니히는 새로운 조건에 맞지 않았다. 액면가가 더 높은 것이 만들어져야만 했다. 프랑스에서는 1266년 루트비히 4세(Ludwig Ⅳ, 1314~1347 재위)가 실링을 만들게 했다. 실링은 그때까지 단지 계산단위였을 뿐, 주조되지는 않고 있었다. 이 넓적하게 생긴 은화는 주조된 장소─투르에 있는 왕실 화폐 주조소─에 따라 그로스 투르노이스 혹은 그로수스 투라누스라 불렸다. 이렇듯 그로쉔이 만들어짐으로써 처음으로 은페니히의 12배의 가치를 지닌 화폐가 주조되었다. 이웃 나라들은 프랑스의 예를 따랐다. 1300년 프라하의 그로쉔이 만들어졌고, 1340년에는 마이스너의 그로쉔 혹은 그로스페니히가 주조되었다. 1362년에는 트리어에서 바이스그로쉔 혹은 바이스페니히(알부스)가 만들어졌고, 24년 뒤에 쾰른, 마인츠, 트리어와 팔츠의 선제후들은 라인 주화동맹의 주화를 만들기로 했다. 이 바이스페니히는 북독일의 그로쉔[딕페니히(두꺼운 페니히)로 불림], 남독일의 실링과 동일한 가치였다.

이탈리아에서 이미 그로수스 베네티아누스라는 이름으로 만들어진 동전과 유사한 이 커다란 은 주화는 페니히와 헬러를 그저 잔돈으로 사용할 수 있는 소액화폐로 만들어버렸다.

_ 굴덴과 두카텐

프리드리히 2세(Friedrich Ⅱ, 1215~1250 재위)는 1231년 로마의 아우레우스를 본따 금화 즉 아우구스탈러를 다시 만들도록 했다. 예술적으로도 뛰어난 이 동전의 앞면에는 월계관을 쓴 황제의 얼굴이, 뒷면에는 독수리가 새겨져 있다. 피렌체 시는 황제가 사망한 뒤인 1252년 곧 자신들만의 금화인 플로린를 주조했다. 이 주화들에는 피렌체 시의 문장인 백합꽃이 새겨져 있다. 1284년 베네치아는 황금 두카텐을 주조하기로 했다. 이후 5세기 동안의 화폐 주조는 이것으로부터 근본적인 영향을 받았다. 두카텐은 헝가리를 비롯해, 16세기 중반 이후는 오스트리아와 남독일에서, 16세기부터 19세기까지는 스칸디나비아 국가들에서 주조되었다.

필리프 4세(Philippe Ⅳ, 1268~1314)는 1303년에 고트 양식의 프랑스 금화를 유통시켰는데 이는 당시의 화려한 분위기가 반영된 가장 아름다운 주화예술 제조품으로 꼽히고 있다. 필리프 6세(1293~1350)는 에쿠(Ecu, 방패)를 생산했으며 이 주화는 17세기까지 프랑스의 중요한 금화였다. 무거운 금화인 도펠-에스쿠도(Doppel-Escudo)는 모든 유럽국가에서 주조되었으며 1641년 프랑스에서는 루이금화로, 프로이센에서는 프리드리히금화로 제조되었다.

달러가 달러라고 불리게 된 까닭

체코슬로바키아의 국경 도시 야히모프를 방문한 사람이라면 그곳 박물관에서 '깊은 산 속이 소란스러웠던' 시대로 되돌아갈 수 있을 것이다. 15세기 중엽 이래 모험심에 가득 찬 사람들이 작센과 북(北)뵈멘 광산으로 은을 찾아 몰려들었다. 요아힘스탈에서 광부들이 은이 함유된 원석을 캐내면 프로이덴슈타인 성에 있는 주화 제조공들이 단순 수작업으로 주화를 만들어냈다. 그 은화는 요아힘스탈러라고 불렸다. 1515년부터 만들어진 그 은화의 품질은 널리 호평받았으며 주변의 나라는 물론 신성로마제국의 변방까지 유통되었다.

1522년에서 1528년까지 요아힘스탈에서는 총 115만 7,766탈러를 주조했다. 1탈러의 무게가 27.5그램이었으므로 총 3만 1,838킬로그램의 은화가 만들어졌으며 당시 상황에 비추어보면 엄청난 양이었다.

그러나 경제적 수치 뒤에는 주화 제조업자와 당국 사이의 갈등, 외진 광산 지대의 식량 조달 및 수송 문제, 용광로에 필요한 연료 확보의 어려움, 은화의 운송 및 분배 체계의 조직화 등 여러 문제들이 숨겨져 있었다. 어쨌든 탈러는 세계적 명성을 가진 주화가 되었다. 1566년의 주화 조례에는 1마르크(2분의 1파운드)의 은으로 9개의 탈러를 주조하도록 규정하고 있다. 탈러보다 작은 소액 주화로는 조그만 은화인 크로이처가 있었다. 1탈러는 90크로이처에 상당했다. 그러나 이 은화는 독일에서만 통용된 것은 아니었다. 은화 탈러는 요아힘스탈에서 출발하여 전 세계에 퍼져 갔다.

요아히믹, 예피모크, 요콘달레, 탈레로, 달러(Daler), 달더 그리고 달러(Dollar) 등의 주화 종류는 요아힘스탈러와 같은 말이다. 또한 영어의 크라운, 프랑스어의 에쿠 블랑, 이탈리아어의 스쿠도, 네덜란드어의 파타곤, 스페인어의 페소 등이 모두 이들의 아류다. 이 가운데 가장 유명한 주화로는 마리아 테레지엔 탈러를 꼽을 수 있다. 1780년에 처음 만들어진 이 주화에는 면사포를 쓰고 왕관을 머리에 얹고 짐승의 모피를 두르고 진주 브로치를 단 황녀의 모습이 그려져 있다. 그리고 뒷면에는 머리가 둘 달린 제국의 독수리와 합스부르크 왕가의 문장이 새겨져 있다. 그 후 1780이라는 연도가 찍힌 이 인기 있는 주화는 빈, 프라하, 밀라노, 로마, 런던, 심지어 봄베이 등 여러 도시에서 수없이 모조되었다.

다른 탈러에는 야성적인 남성, 뚜렷한 문장(紋章)이나 소녀, 도시 전경, 광산 풍경 등이 그려져 있다. 금속을 톱으로 잘게 켜서 구멍을 만들고 비스듬히 꼬아 섬세한 나사산이 생기도록 한 슈라웁탈러(나선 탈러)는 매우 희귀한 것이다. 그 주화 속에는 작은 그림이 숨겨져 있거나 비밀 정보가 들어 있기도 했다.

"'황색 악마'의 승리"

'이 사람들의 눈에서는 내적 자유 즉 정신적 자유를 조금도 찾아볼 수 없다. 자유가 없는 이들의 눈빛은 날카로운 칼의 차가운 섬광처럼 섬뜩하다. 금이라는 황색 악마의 수중에 들어가 있는 이들이 자유라고 부르는 것은 아무 쓸모없는 연장과 같을 뿐이다.' 1906년에 러시아의 작가 막심 고리키는 황색 악마의 도시, 뉴욕 사람들에 대해 이렇게 표현했다. 금의 힘을 가리키는 이 황색 악마가 은과의 경쟁에서 승리한 것은 뉴욕이 처음은 아니었다. 이집트, 메소포타미아, 소아시아 그리고 그리스(기원전 3000~1000년)에서도 사람들은 허영심에서 그것을 과시하기도 하고 보물 창고에 숨겨 두거나 땅에 파묻기도 했다. 그때부터 금화와 은화는 2000년 동안 동료이자 적의 관계에 놓이게 되었으며, 끊임없이 이 두 개의 귀금속으로 주화가 만들어졌다. 그러나 시간이 지나면서 그 역학 관계는 점차 금 쪽이 유리해졌다.

은을 1로 했을 때 금의 가치는 점점 높아졌다. 적어도 19세기 초까지 유럽과 북미에서는 세 가지 다른 통화 제도가 있었지만, 금은 곧 은을 제치고 왕위를 독차지했다. 자본주의가 가장 먼저 발전한 대영제국은 이미 1774년 이래 금본위제였으며 1816년에 영국인들은 은화가 최고 40실링까지 소액 주화로만 통용될 수 있다는 규정을 만들었다.

그러나 아직 많은 나라는 은본위제 아래에 있었다. 독일에서는 1873년까지, 중국에서는 무려 1934년까지 은본위제를 고수했다. 1792년에 미국은 금-은 복(複)본위제(double standard)를 도입했다. 복본위제에서는 금과 은이 모두 법적인 지불수단으로 허용되었다. 영국은 1664년에서 1717년까지의 '은의 시대'라는 단절을 제외하고는 1275년에서 1774년까지 복본위제 아래에 있었다. 1803년에 프랑스가 미국의 예를 따랐고, 1865년에는 이탈리아, 벨기에, 스위스가, 그 후에는 그리스, 스페인, 루마니아가 복본위제를 도입하였다.

복본위제 아래에서는 금달러와 은달러 사이, 금프랑과 은프랑 사이의 안정적인 교환 비율이 법적으로 정해졌다. 그러나 국가가 어떤 비율을 정했다고 하더라도, 금이나 은을 채굴하는 데 드는 노동시간의 변화에 따라 금과 은의 가치 관계는 끊임없이 변하는 문제가 있었다. 그러므로 국가가 '규정한 비율'은 항상 비현실적이어서 그 비율의 조절은 시장에 맡겨졌다. 유통 과정에는 가치가 떨어진 악화(惡貨)만 남았다. 악화가 양화를 보물 창고로 쫓아낸 것이다. 나름대로 '엄격한 당국'의 감시가 있었는데도 몇몇 주화의 비율은 계속 춤을 추고 있었다. 결국 여러 주화 중 몇몇 주화만이 가치를 표현할 수 있었다. 금화와 은화 두 종류만 화폐로 받아들였다. 물론 두 화폐 간에 일정한 교환율이 정해지지 않았기 때문에 문제는 아직 남아 있었지만 복분위제를 유지하려는 시도는 계속됐다.

그러나 여러 가지 주화들 간의 단위의 불일치, 비율의 불안정성 등은 안정적인 거래 관계를 유지하는 데 장애가 되었다. 자본주의가 성숙함에 따라 '하나'의 금속 화폐 즉 화폐 제도의 통일적 기초를 마련하는 것이 불가피했다. 증가하는 생산과 매출, 더욱 커진 구매액 등에 비춰볼 때 금과 비교해서 값이 싼 은이 승리할 확률은 낮았다. 사람들은 물건 대금을 무겁고 불편한 은화로 받으려 하지 않았다. 따라서 많은 주화들 가운데 금이 최종 승자가 된 것 즉 금본위제의 관철은 자본주의의 생산력 발전과 밀접한 관련을 맺고 있다.

금이 아직 지배적 지위를 차지하지 못했을 때 일찍이 '황금시대'가 오리라는 것을 내다본 이들이 있었다. 여기서 '황금시대'란 고난, 병, 압제 없이 사람들이 평화와 행복과 조화 속에서 살아가는 이상향을 말하는 것이 아니다. 그것은 다름 아닌 금 주화의 시대를 의미하는 것이다. 그 시대는 금이 강력한 경쟁자 은을 이겼을 때 시작되었다. 영국에 이어 독일 제국이 1873년에 금본위제로 이행한다. 남미의 화폐 동맹국들은 1885년에 금본위제를 도입했고, 러시아는 1898년에 그 뒤를 따랐다.

미국에서는 은 생산자들과 은 상인들이 1900년까지 금본위제 도입을 막을 수 있었다. 20세기 초에는 전 세계적으로 주요 산업 및 상업 국가들이 금본위제를 도입했다. 한편에는 금본위제의 확립이 재무장관의 발상이나 단순한 우연에 불과하다는 견해가 있다. 그러나 그것은 완전히 잘못된 생각이다. 유통의 확대와 안정을 위해 단일하고 안정적인 화폐 체계는 필수적이었다. 무엇보다도 단일 화폐 체계는 상업과 생산을 촉진시켰음에 틀림없다. 은은 소액 화폐로 부차적인 화폐 기능을 수행했다.

금본위제의 가장 중요한 특징은 금화가 화폐의 주된 형태로 유통되면서 부분적으로 종이가 그 역할을 대신하였다는 점이다. 또 나머지 모든 화폐들은 언제나 액면 가격대로 금과 바꿀 수 있다. 중앙의 금 준비고는 세계 화폐 즉 국제적 지불 수단을 비축하는 중심이 되었다. 모든 화폐 단위의 금 함량은 법으로 규정되었다. 또한 자국 화폐의 금 함량이 다른 나라와의 통화 관계를 결정하였다. 서로 다른 통화들도 교환될 수 있었다. 금은 아무런 지장 없이 수입되고 수출될 수 있었다.

신용거래 시대를 연 마법의 종이조각

거의 2000년 동안 주화는 계속 형태를 바꿔가면서 화폐의 임무를 충실히 수행해왔다. 그러나 주화의 '발명'이 대단히 위대한 것이었을지 몰라도 결코 최후의 화폐는 아니었다. 또 주화의 역사는 그렇게 영광스러운 것만은 아니었다. 단순하고 통일적인 화폐 제도가 확립되는 과정에서 많은 종류의 화폐가 만들어지고 또 사라졌다.

그리고 주화의 역사는 무엇보다도 끊임없는 품질 저하의 과정이었다고 해도 과언이 아니다. 주조 기술도 조잡했고 같은 주화에도 순도 차이가 있었기 때문에 채무 변제에는 순도가 낮은 가벼운 것만 사용되었다. 주화 제조권자들은 무게와 순도를 낮춤으로써 확실한 이득을 거두었다. 동일한 품질과 일정한 무게를 가진 주화는 거의 없었다. 또 주화는 오랫동안 유통되고 여러 사람의 손을 거치면서 마모되었다.

그러므로 만약 사람들이 주화를 한 가지로 제한했다고 해도 실제로 그 주화는 동일한 화폐는 아니었을 것이다. 작은 주화를 주조하는 것은 상대적으로 많은 비용이 들기 때문에 손해였다. 은화나 동화를 금화와 비교했을 때 주조 비용의 차이는 더욱 커진다. 높은 주조 비용 때문에 주조권자가 소액 화폐의 금속 함량을 줄인 것은 쉽게 이해가 된다. 그렇지만 주화 주조권자는 늘어나는 주조 비용에 비해 과도하게 금속 함량을 줄였으며 그렇게 하여 소액 화폐를 만드는 과정에서 추가 이익을 보았다. 소액 화폐의 가치 하락은 물가 상승을 가져왔다. 화폐 주조권자들은 이 물가 상승에 따른 주조 비용의 상승을 메우기 위해 소액 화폐의 금속 함량을 더 줄였다. 그런 이유로 소액 화폐의 유통을 안정적으로 유지하기는 대단히 어려웠다.

생산이 지속적으로 증대하자 더욱 많은 화폐, 바꿔 말하면 더욱 많은 금이 필요했다. 그러나 실제로 그것이 가능했을까?

경제 사건들이 어떤 연관을 갖고 있는지를 바로 파악하기는 어렵다. 그러나 영원한 비밀이란 있을 수 없으며 상품화폐가 유통과정에서 서서히 사라진 것도 결코 비밀스러운 일만은 아니었다. 괴테는《파우스트》에서 지폐에 대해 '마법의 종이조각이다! 나는 제대로 이해할 수가 없다.'고 했다. 그러나 사실은 간단한 문제다. 상품의 교환만이 문제이고 화폐가 단지 그 거래를 중개하기 위해 필요하다면 이때 반드시 현물화폐가 필요한 것은 아니다. 지폐는 이 사람 저 사람 손에 왔다 갔다 할 뿐이다. 그렇게 지폐는 다른 상품들을 대리할 수 있는 것이다. 어떤 사람이 마차를 팔 때 한 자루나 되는 금화를 받을 필요는 없다. 일정한 날짜에 지불을 이행하겠다는 증서를 받는 것으로 충분하다. 마차의 판매자는 이 종이 증서로 옷, 구두, 가구, 빵 등을 살 수 있다는 것을 아는 한 그 지불 약속을 받아들일 것이다.

이미 고대부터 신용 업무는 있어왔다. 신용 업무의 발전은 특히 자연적 요인에 따른 것이었다. 6000년 전에 벌써 메소포타미아인들은 좋은 맥주를 양조했다. 수메르에는 재료에 따라 70가지 이상의 맥주가 있었다고 한다. 바빌로니아의 왕 함무라비(Hammurabi, 기원전 1792~1750 재위)는 그의 유명한 법전에 맥주 장사에 관한 법을 제정하여 넣었다. 술집 주인이 손님을 속이면 사형에 처했으며 그는 '외상'으로 맥주를 제공하고 외상값을 받는 것은 추수기까지 유예할 의무가 있었다. 외상값은 맥주 제조에 쓰이는 곡물로 지불되었다. 현대식으로 말하자면 '소비자 보상제도'라 할 수 있을 것이다.

고대 이집트에서도 국가와 사원에 대해 높은 비율의 현물 납세가 곡물의 소유권 양도와 공급에 관한 위탁 증서로 이루어졌다. 기원전 3세기경 헬레니스 지방에서 사용된 파피루스 문서나 양피지 문서에도 채무 이월 기록이 있다. 채무 이월 증서는 소유자에게 지불을 보증하는 것이었다. 오래전에 메소포타미아 도시국가에서는 '예금'이라는 출자금이 있었으며 그것으로 일종의 신용 업무가 이루어졌다.

나중에는 상품 공급과 대금 지불을 분리하는 어음이 나타난다. 아마도 어음은 1차 십자군 원정기에 이탈리아에서 최초로 사용되었던 것 같다. 1395년 발행된 어음은 다음과 같다.

10월 9일 루카스 폰 고로에게 이 편지 대신 45파운드를 지불하시오. 이 금액은 내가 마리오 레노에게 받은 것과 같은 액수입니다. 지불 기일을 정확히 지키시오. 그리고 내 장부에 금액을 기입해 두시오.

신의 축복이 당신에게 충만하길!

본로메오 폰 본로메이
밀라노, 1395년 3월 9일

_ 어음과 부도의 뿌리깊은 관계

중부 및 서부 유럽에서 견본시와 시장들이 발흥하자 교환 거래가 크게 촉진되었다. 주화는 너무 무거웠으며 시골길은 위험했다. 무엇보다 먼 거리의 무역을 떠날 때 많은 현금을 지니고 가는 것은 대단히 위험한 일이었다.

어음은 상품 구매자가 정해진 날짜에 일정한 장소에서 진짜 화폐로 지불하겠다는 약속일 뿐이다. 어음으로 지불함으로써 상품 구매자는 지불 대금을 화폐로 그냥 갖고 있을 수도 있고 지불 대금을 마련할 시간적 여유도 있다. 또 상품의 판매 대금을 즉시 받지 못하고 신용대부가 된 상품 판매자는 이자를 받음으로써 추가이익을 얻는다. 그는 상품을 원래 가격보다 더 높은 가격으로 판매하여 이자 수입을 '은폐' 함으로써 고리대 금지 법규를 교묘히 피해갈 수도 있었다.

특히 국제적인 거래에서 어음 교환 업무는 대단히 중요했다. 제노바의 한 상인이 암스테르담에서 일정액의 상품을 구매하려고 할 때 그는 우선 제노바의 환전상을 찾아간다. 거기서 그는 필요한 액수의 돈, 예를 들어 750두카텐을 내놓는다. 그리고 750두카텐에 해당하는 네덜란드 화폐를 받는 것이 아니라 암스테르담의 환전상에게 보내는 편지 한 통을 받는다. 편지를 받은 암스테르담의 환전상이 이탈리아 상인에게 750두카텐에 해당하는 네덜란드 화폐를 지급할 임무를 위임받는다. 이런 식으로 직접 현금을 갖고 암스테르담까지 가지 않아도 되므로 현금 이동에 따르는 위험을 방지할 수 있었다. 이탈리아 상인은 암스테르담에서만 통용되는 화폐로 원하는 상품들을 살 수 있었다.

큰 상품 견본시가 열리고 사방에서 상인들이 몰려드는 상업의 중심지에는 환전상도 몰려든다. 환전상은 상인한테서 지불 증서를 받고 그 지역에서 유통되는 화폐를 빌려준다. 또한 그들은 상인의 불입 증서를 소유한 자가 그에 상응하는 액수를 지불받을 수 있는 지불 증서를 발행함으로써 판매 상인의 불입 증서에 대한 보증을 서기도 하였다. 이러한 지불 증서는 종종 곧바로 주화와 교환되었기 때문에 그냥 어음이라고 불렀다.

상품 견본시와 유사한 정기적인 교환 시장이 등장함으로써 어음은 더욱 중요해졌다. 13세기에 이탈리아의 캄파니아와 프랑스의 프로방스에 정기 시장이 출현하였으며 그 뒤로 리용, 브장송, 피아첸차 등에 정기 시장이 생겼다.

그런데 흥미로운 것은 나중에 화폐를 지급한다는 약속 증서만 받은 상품 판매자가 지급 기일이 만료될 때까지 기다릴 필요가 없다는 것이다. 그는 다른 상품을 구입할 때 그 지불 증서 즉 어음을 판매자인 상대방에게 모든 권리와 함께 이월할 수 있었다. 최초의 어음 발행자가 자신이 책임지겠다고 어음 뒷면에 서명하면 되는 것이다. 그렇게 하여 어음은 독자적인 지불수단 즉 상업화폐가 되었다.

어음이나 상업화폐는 진짜 화폐 즉 현금이나 화폐상품에 대한 채권으로 지불수단의 기능을 하게 되었다. 어음 만기일이 되면 어음을 소지하고 있는 사람이 원래의 어음 발행자인 채무자에게 이를 제시하였다.

만약 채무자가 지불할 수 없게 되면 선행자가 '통과' 해야만 순서대로 지불이 이루어지는 어음에서 서명의 연결고리를 따라 '지급 불능' 상태가 연쇄적으로 일어난다. 공황시에는 한 어음이 지급 불능됨으로써 연쇄적으로 은행 파산이 일어날 수 있다.

 그러나 화폐상품이 유통과정에서 퇴장하고 그 기능을 어음이 대신하는 역사적 과정이 시작되었다는 것은 화폐사의 측면에서 중요한 의의를 가진다. 물론 상업화폐는 부분적으로 그리고 임시로 사용되었다. 왜냐하면 상업화폐인 어음은 상품 공급에서 신용 관계를 기초로 하기 때문이다. 따라서 상업화폐는 개인적인 범위에서 제한적으로 사용되었다. 또 상업화폐의 규모는 상품 공급량에 따라 결정되었다. 어음과 가격이 각각 다른 상품 거래에 따라 설정되므로 유통과정에서 화폐상품 주화를 완전히 대신할 수는 없었다. 그러므로 어음은 계속 귀금속으로 만든 주화에 의해 보완되어야 했다.

 유통과정에 '대체화폐'가 도입되자 새로운 사기의 가능성이 생겼다. 실물의 기초 즉 상품 공급이나 현금 지불 등에 기초하지 않고 발행되는 어음을 융통 어음이라고 한다. 만기가 된 어음의 지불을 일시적으로 지연시키는 데 융통 어음이 이용되었지만 결과는 그렇게 간단하게 나타나지 않았다. 17세기 초 단지 거래 수단을 융통할 목적으로 그런 어음들을 발행해서 사업에 활기를 불어 넣겠다고 생각한 독일 뤼베크의 무역업자들은 그들이 바라던 것과는 반대로 은행 파산과 거래 마비라는 참담한 결과를 맛봐야 했다. 뤼베크의 시장 브로케스는 1603년에서 1620년 사이의 일기에 다음과 같이 적고 있다.

 '그때 그들은 서로에 대해 보증을 섰다. 결과적으로 그들은 다 같이 파산하고 거지가 되기로 약속했던 것이나 마찬가지다 …….'

 반면 어음을 발행한 채무자는 만기일에 지불할 수 없으면 심각한 경제적 손상을 입게 된다. 채권자는 종종 의도적으로 채무자가 도저히 돈을 갚을 수 없는 날짜를 지불 만기일로 정했다. 그런 뒤 집행관이 채무자의 집으로 쳐들어가서 쓸 만한 물건을 이 잡듯이 찾아내 집행관의 봉인인 빨간딱지를 붙이는 것이다. 적은 액수의 어음을 써주고 가축 구매 자금을 대부받은 많은 농민들이 이런 식으로 재산을 빼앗겼다. 채권자는 농민에게 가장 불리한 시점에 어음을 제시한다. 어음 만기일을 연장하면 부채가 엄청나게 늘어나므로 당연히 새로운 만기일이 와도 부채를 갚을 수 없게 된다. 거듭된 지불기일 연장은 엄청난 희생을 요구한다. 결과적으로 이런 식의 내리막길은 파산으로 끝나게 마련이다.

〝 은행권의 기적 〞

상품교환과 그에 따른 화폐 운동이 새로운 차원으로 전개되자 지불 관계의 합리성과 안정성에 대한 요구가 증대했다. 바다의 폭풍, 강도의 습격, 거래 상대자의 병 또는 사망 등 수송의 불안정성, 화폐 위조 및 화폐의 질 저하, 필요한 양의 귀금속을 마련하는 데 드는 노동시간의 증가 등의 문제점 때문에 새로운 화폐 즉 아무 가치 없는 대체화폐가 유통 과정에 '진군'해왔다.

중세 이탈리아의 베니스, 피렌체를 비롯한 여러 도시에서는 금 세공업자가 화폐를 보관하는 업무를 맡았다. 안전한 금고에 금을 보관하여 도둑과 화재로부터 보호할 수 있었다. 사업가는 은행가에게 돈을 맡기어 회계를 관리하는 부기 비용을 절약할 수 있었다. 금세공업자나 은행가는 돈을 맡긴 사람에게 증서를 교부하였다. 예탁자는 언제라도 그 증서로 자기가 맡긴 귀금속 화폐를 찾을 수 있었다. 초기에는 맡긴 주화와 같은 액수의 주화만을 찾아갈 수 있었다. 금세공업자나 은행가가 금속이나 돈을 되돌려 줄 수 없는 경우, 채권자들이 은행의 탁자(banca)를 부수는 일이 종종 발생했다. 파산(bankrott)이란 말은 이 '부서진 탁자(banco rotto)'에서 유래한 것이다.

어쨌든 무엇보다도 중요한 점은 화폐 거래 업무가 점차 상품 거래 업무와 분리되었다는 것이다. 은행에 돈을 맡겼다는 것을 증명해주는 예금 증서(은행권)가 귀금속 주화 대신 도시에서 도시로, 나라에서 나라로 돌아다녔다. 상인들에게는 현금을 들고 다니는 것보다 이것이 더 편리하고 안전했다. 그들은 세공업자의 지불 약속 증서로 지불했다. 이런 업무를 위해 은행이 설립된 것이다. 고대의 예를 제외하면 은행은 베니스, 제노바, 바르셀로나에서 처음 나타났다.

은행들은 예탁된 돈을 아무 쓸모없이 금고에 쌓아 두지는 않았다. 은행은 예탁금을 대부했다. 마르크스는 '은행은 한편으로는 화폐 자본의 집중지 즉 예입자의 집합지이고 다른 한편으로는 차입자의 집합지라고 할 수 있다. 은행의 이윤은 일반적으로 대출시보다 차입시에 낮은 이자를 줌으로써 발생하는 것이다'라고 했다. 은행은 어떻게 해서 자신의 소유가 아닌 것을 대출해줄 수 있는가?

은행에 돈을 예탁한 상인들과 생산자들은 서로 관련을 갖고 사업을 한다. 한 사람이 다른 사람에게 지불할 때는 간단한 서명으로 충분했다. 은행은 구매자의 계좌에서 그 금액을 인출하여 다시 판매자의 계좌에 '이월, 기입'하면 되는 것이다. 예금(은행에 맡겨진 돈) 총액에는 아무 변동이 없다. 소유주만 바뀌었을 뿐이다. 예금은 그대로 은행 금고 속에 보관되어 있다. 이를 지로(Giro) 거래라고 한다. 1587년에 설립된 베니스의 방코 디 리알토, 1609년에 세워진 암스테르담 비셀방크 그리고 1619년에서 1875년까지 영업을 계속한 함부르크 은행 등은 현금 왕래 없이 지불 거래를 담당했다. 물론 그런 거래가 중세의 국민 경제 전체에서 큰 비중을 차지한 것은 아니다. 화폐는 은행 금고 속에 머물러 있으면서도 전과 다름없이 유통수단의 역할을 하였다. 은행 계좌의 숫자들의 변화는 곧 화폐의 운동을 반영하는 것이었다.

은행 거래가 더욱 확대되면서 '더 많은' 은행들 간에 고객들의 지불 위탁을 차감 계산하는 방법이 개발되었다. 19세기 영국에서는 이런 작업이 어음 교환소를 통해 이루어졌다. 소액일 경우만 화폐로 지불되었다.

오늘날은 은행들이 상호 설치된 계좌 체계를 이용하여 차감 계산을 한다. 큰 은행들은 종종 여러 나라에 수백 개의 지점들을 서로 연결시켜 놓고 있다. 텔렉스, 전화 그리고 최신식 전산 정보망을 이용하여 큰 은행의 지점들은 엄청난 금액의 돈을 자유자재로 온 세계에 보낼 수 있다. 전산 처리된 숫자 정보만이 눈에 보이지 않는 화폐의 이동을 나타내준다. 화폐상품인 금은 이제 상품 유통에서 거의 필요없어져 은행 금고 속에 소중하게 보관되었다.

전에는 은행들이 고객의 지불 위탁을 서류상으로만 처리하면 되었으므로 별 어려움 없이 '예치된' 금을 이자를 받고 대출해 줄 수 있었다. 그러나 은행의 상호 변제가 늘어남에 따라 화폐상품은 객관적으로 과잉 상태에 빠졌다. 대출을 늘려 더 많은 수익을 얻으려 하는 은행들은 곧 주화로 직접 대출할 필요가 없다는 것을 알아차렸다. 은행에 항상 주화가 준비되어 있다고 신뢰받는 한, 은행권으로 대출해줄 수 있었다. 그리고 은행이 신용을 유지하는 한, 은행권 소유자의 일부만 은행권과 실제 화폐를 교환하려 했다. 이런 사업은 은행가들에게 이익을 가져다주었다.

은행가는 은행권 형태로 상당한 금액을 대출해줄 수 있었다. 귀금속 화폐 대신 은행권으로 대출받은 사람이 당연히 은행권에 대해 이자를 지불했던 반면 은행은 단지 은행권을 발행함으로써 결코 이자를 지불할 필요가 없는 대출금을 마련했던 것이다. 더욱이 모든 은행권이 화폐상품인 금을 한꺼번에 청구하지 않는다는 것을 안 은행들은 항상 현금의 일부도 빌려주고 이자를 받을 수 있었다.

은행은 은행권으로 상업어음도 구입할 수 있었다. 어음 판매자는 그 대가로 은행 계좌에 금액이 기입되는 것도 아니며 실제 화폐를 받는 것도 아니다. 단지 은행으로부터 나중에 금으로 지불하겠다는 약정서만을 받았다. 은행이 어음 판매자에게 비용과 이자가 공제된 액수만을 지불하겠다고 약정한 것이다. 이처럼 약정서는 예탁된 화폐상품만이 아니라 어음에 의해서도 발행된다.

어음이란 결국 화폐상품에 대한 지불 요구나 화폐상품을 양도하겠다는 약속이므로 은행권으로 어음을 할인 매입하는 것은 화폐상품이 있기 때문이다. 은행권으로 어음을 매입하게 됨으로써 상업 신용은 은행 신용으로 이행된다. 은행권은 어음과는 달리 임의로 액수를 조정할 수 있으므로 상업 신용의 단점을 극복할 수 있다. 은행권은 만기일도 없으며 은행에 제출하면 '언제라도' 귀금속 화폐로 교환된다. 상당 기간 유통과정에 머무를 수 있고 상품 교환을 매개할 수 있는 은행권의 능력은 결국 금과 은행권의 태환 가능성에 기반을 두고 있다. 이렇게 해서 은행권은 유통수단으로서 실제의 화폐를 대표하고 대신하게 된 것이다.

_ 화수분의 허상이 깨지다

은행권은 상품을 구입할 때 어떤 일의 대가로 지불되며 어음과 같이 다른 사람에게 양도되고 유통된다. 은행권은 신용화폐의 가장 핵심적인 형태다. 물론 은행권으로 인해 새로운 위험 요인이 발생했다. 준비금 없이 은행권을 과잉 발행함으로써 화폐 부족으로 인한 경제적 혼란을 막을 수 있었지만 동시에 엄청난 이자 수입을 손쉽게 착복할 수도 있었다. 은행은 대출을 승인하고 그 금액을 차입자의 지로 계좌에 적어 넣음으로써 마치 은행장의 손에 화폐를 만들어내는 능력이 있는 것처럼 보이게 했다.

신의 계시에 따라 영원히 바닥나지 않는 석유 항아리를 갖게 된 한 미망인처럼 상업 은행은 화폐를 무한대로 만들어낼 수 있는 것처럼 보였다. 그러나 은행에 예금을 한 예금주와 그 예금에 의거해서 은행이 발행한 은행권 소지자가 동시에 화폐를 요구해오면 은행은 곤경에 빠질 수밖에 없다. 왜냐하면 은행은 한 사람 몫의 화폐만 갖고 있기 때문이다. 또 예금주와 차입자가 동시에 화폐를 인출할 수도 있다. 은행권이 화폐상품에 의거하지 않고 발행된다면 이와 같은 사태가 발생했을 때 은행의 피해는 얼마나 커질 것인가?

'정상적'인 상태나 경기가 좋을 때는 은행권을 경화(硬貨)인 금으로 교환하려는 경우는 거의 없었다. 그러나 공황시에는 사정이 다르다. 상품 판매는 정체되고 급격한 화폐 부족 현상이 나타난다. 상품이 팔리지 않으므로 부채를 갚을 수 없다. 신용은 떨어지고 불신이 만연한다. 화폐를 물 긷듯 '퍼올린다'는 환상은 깨져버린다. 과잉 생산, 실질적 화폐의 급격한 부족 현상, 은행 파산 등은 그동안 사람들이 갖고 있던 착각에서 벗어나게 한다.

신용과 신용화폐는 경제를 지나치게 자극했으며 궁극적으로 허상인 수요를 실재하는 것처럼 보이게 하여 마침내 혼란을 촉진시켰다. 화폐를 '만들어내던' 은행의 기적은 공황시에 분명히 확인되듯이 한 가닥 실에 매달려 있는 것처럼 위태로운 것이었다. 많은 사람들이 동시에 예금을 찾아가겠다고 요구하면 그 실은 끊어질 수밖에 없다. 결국 은행의 지불 능력은 바닥난다. 마침내 은행이 지불 능력이 없다는 것이 세상에 알려지면 모든 예탁자들은 한꺼번에 현금화폐를 요구하게 된다. 처음 몇몇은 운 좋게 자신의 예금을 되찾겠지만 나머지 사람들은 빈손으로 은행문을 나서야 한다. 그들이 갖고 있는 은행권은 휴지조각이 된다. 사람들은 결국 은행을 믿은 것이 실수였다는 것을 알게 되지만 이미 엄청난 손해를 입은 뒤다.

은행권이 등장한 지 얼마 지나지 않아 모든 은행들이 자신의 은행권을 발행했다. 그 은행권은 제한된 지역에서만 통용된다는 단점이 있었다. 그러다가 곧 일부 은행만 은행권을 발행할 수 있는 권리를 갖게 되었고 나중에는 몇 개 은행으로 귀속되었다가 결국 중앙은행 혹은 국책은행으로 넘어갔다.

중앙은행권은 본질적으로는 중앙은행이 발행한 어음이었다. 사람들은 언제나 원하는 만큼 중앙은행권을 금으로 바꿀 수 있었다. 다시 말하면 중앙

은행의 기원은 고대 오리엔트의 대금업자나 그리스-로마시대의 환전상까지 거슬러 올라갈 수 있지만 제도적인 은행은 북이탈리아에서 처음 발생했다. 상인들이 자신의 재산을 안전하게 보관할 장치가 필요했고 그것이 은행의 출발이다. 은행의 귀중품 보관소(맨 위)와, 고객이 붐비는 은행 업무실 정경(위), 이탈리아 세밀화, 14세기.

은행권은 태환(兌換, 지폐를 금화 등과 서로 바꿈―옮긴이)이 가능한 것이었다. 아무 가치가 없는 화폐 상징물인 중앙은행권은 화폐의 유통수단 및 지불수단 기능을 수행함으로써 금을 대표했다.

오늘날에도 중앙은행권은 소비재 구매에 이용된다. 그러나 기업간 거래 즉 생산수단의 구매와 판매시 중앙은행권은 거의 그 의미를 잃었다. 그 대신 장부 화폐 즉 정산 체계라는 것이 등장했다. 오늘날 자본주의 산업 국가에서는 지불의 90퍼센트가 은행 계좌의 장부에 의해 이루어진다. 은행권은 유통 과정에서 하나의 '보완물'로만 남아 있다.

특히 독점자본주의로 이행하면서 은행권의 특성은 급격하게 변화했다. 은행권은 더 이상 민간 신용과 어음에 의존하지 않으며 더 이상 상품 교환 요구에 따라 움직이지 않는다. 이제 은행권은 국가의 화폐수요에 따라 발행된다. 세계경제의 대공황(1912~1933) 이후에는 국가의 보증 아래 은행권을 발행하는 것이 통례가 되었다. 그러므로 점점 증가하는 재정 적자와 은행권 발행고의 증가는 밀접한 관련이 있다. 은행권은 일반적으로 1914년 이래, 특히 미국에서는 1933년 이래로 법에 정해진 규정에 따라 더 이상 금화와 태환될 수 없었다.

태환이 이루어질 수 없게 되자 은행권 발행도 한계에 부딪쳤다. 원래 신용화폐로부터 출발한 은행권은 현실적으로는 국가가 공정 시세를 강제로 규정한 지폐가 되었으며 명목상 '은행권'인 지폐는 지폐 유통의 법칙들에 의해 별도로 운용되었다. 현금으로 통칭되는 은행권은 특히 미국에서는 수표와 신용카드 그리고 지로 계좌가 압도적으로 증가하자 유통과정에서 쫓겨나고 있다. 또 상품 교환의 지불과 중개에도 새로운 지평이 열리고 있다. 1960년대 이래 컴퓨터의 발전과 더불어 '전자 화폐'가 발전할 가능성이 점차 높아진 것이다. 새로운 통신망과 정보 체계가 구축됨으로써 은행 제도, 지불 및 정산 관계에 근본적인 변화의 물결이 일고 있다.

오늘날 이미 자본주의 국가의 신용카드 회사들은 계속 화폐를 인출할 수 있는 현금 자동 인출기를 설치해 놓고 있다. 상점마다 컴퓨터 통신망이 도입되어 구매 대금이 컴퓨터 영상을 거쳐 고객의 은행 계좌에서 상점의 계좌로 옮겨진다. 이러한 현실은 마이크로 전자 기술의 발전에 힘입어 머지않아 현금 없이 상품 유통이 이루어질 것을 암시하는 것이다. 이제 수표, 신용 카드, 은행권 등이 모두 없어지고 컴퓨터 기억 장치의 기록만 남을 것이다. 그 컴퓨터 기억 자료들이 상품화폐의 새로운 상징이 될 것이다.

❝ '화폐 제조자'인 국가가 발행한 지폐의 흥망성쇠 ❞

어떤 국가가 발행한 지폐가 합법적인 지불수단으로써 법적인 강제력을 갖고 정해진 시세대로 통용되더라도 화폐상품(금)과 태환될 수 없다면 우리는 그 지폐를 강제통용력을 가진 국정 화폐라고 말한다. 여기서 새로운 사실은 화폐상품과 그것을 대리하는 지폐상품 사이에는 법적인 장벽이 가로놓인다는 점이다. 은행권의 태환 가능성이 국가에 의한 강제통용력으로 대체된다면 지폐는 더 이상 화폐상품인 금을 대표하는 것이 아니라 금이라는 화폐상품을 영원히 대신하는 것처럼 된다. 물론 여기에는 지폐가 그 자체로서 아무런 가치가 없다는 사실과 지폐는 실질적으로 금을 대표해야 한다는 사실이 간과되어 있다. 그러나 지폐가 유통수단의 역할을 수행하려면 지폐는 상품 유통에 필요한 금화 만큼의 가치를 대표해야만 한다. 수많은 금지 조항, 벌금 등이 있다고 해도 지폐가 너무 많이 발행되면 상품 및 화폐상품을 구입할 때 당연히 더 많은 지폐를 지불해야만 한다.

영국의 존 왕(John Lackland, 1199~1216 재위)은 후대에 지폐의 선구자라고 할 수 있는 가죽 화폐를 발행했다. 가죽 화폐는 서기 200년경에 아시아에서 화폐로 사용되었다고 기록되어 있다. 그리고 서기 807년경에 중국에서는 이미 '날아다니는 화폐〔비전(飛錢)〕'라고 불린 국정 지폐가 사용되고 있었다. 비전은 일종의 송금수표였는데 수도에서 대금이 결제되었다. 송나라 때는 상인들 각자가 이런 종류의 수표를 발행할 수 있게 되어 더욱 성행했다. 그 외에도 상업이 발달한 여러 지방의 금융업자들이 예금증명서를 발부했는데 이 증명서는 3퍼센트의 수수료를 제하고 현금으로 교환되었다. 특히 지방의 사원금융업자 집단이 발행한 증명서는 1024년에 중앙정부에 의해 인수되어 최초의 국정 지폐가 되었다. 또 송대에는 각종 지방지폐가 발행되었다. 그러나 이 지폐들과 후대의 지폐는 남발되어 파탄을 맞고 말았다. 어쨌든 중국의 화폐는 당, 송대에 매우 높은 수준에 이르렀으나 19세기 말에 이르기까지 그 수준 이상의 발전을 보지 못했다.

미국 최초의 지폐는 1690년에 매사추세츠에서 발행되었다. 대다수의 다른 지역에서와 마찬가지로 전쟁은 지폐 발행을 촉진시켰다. 정부는 늘어나는 재정 지출을 지폐 발행으로 메웠던 것이다.

최초의 지폐 전성기는 1720년 프랑스에서 스코틀랜드 출신인 '금융 마법사' 존 로(John Law, 1671~1729)의 투기 행위로부터 시작되었다. 그의 지폐는 실제로 법적인 지불수단으로 사용되었다. 프랑스 혁명기인 1789년 제헌의회는 아시냐(Assignars)를 발행하였다. 국채로서는 최초로 이자를 지불하기로 했던 아시냐는 강제통용력을 가진 일종의 불환지폐였고 제한적으로 발행되다가 점차 남발되어 1796년 말 이 지폐의 규모는 4,550만 리브르에 달했다.

미국 독립전쟁기(1775~1783)에는 전쟁 자금을 마련하기 위해 소위 '대륙화폐'라는 것이 발행되었다. 1776년에 의회는 '나라를 염려하고 절조를 지키더라도 위에서 언급한 지폐를 지불수단으로 사용하길 거부하는 사람은 이후 누구나 적으로 간주되며 대중 앞에서 웃음거리가 될 것이고 이 식민지에 사는 주민들과의 모든 상행위나 거래에서 배제될 것이다.'라고 결의했다. 그러나 몇 년 지나지 않아 이 지폐의 가치는 급격히 떨어졌다. 심지어 '대륙'이라는 말은 욕이 되었다. 지금도 미국인들은 어떤 대상을 경멸할 때 '대륙만큼 가치가 없다(not worth a continental)'고 말한다.

영국에서는 상당히 오랫동안 초기 상태의 지폐가 있었다. 1797년에서 1823년까지 영국 은행은 은행권의 금 태환을 하지 못했다. 1860년대 미국에서는 남북전쟁으로 인해 태환이 불가능했으며 1879년부터 다시 태환이 가능해졌다. 프랑스는 1848년에서 1850년의 2월 혁명과 1870년에서 1877년의 독일과의 전쟁 때문에 국정 지폐 제도를 도입했다. 프로이센은 1806년에서 1824년까지 소위 '국고 증권'이라고 이름 붙인 화폐를 발행했다. 그 화폐는 국가에 의해 발행되었으며 강제통용력이 부여되었다. 러시아 제국에서는 19세기에 지폐가 유통되었으나 그 지폐는 1843년에서 1854년까지만 태환이 가능했다. 오스트리아는 이미 프랑스 혁명기 동안 지폐 제도를 도입했다. 19세기 중반 이후부터 1910년까지 오스트리아인들은 태환이 불가능한 은행권과 국정 지폐를 사용했다.

다양한 형태의 대용화폐들

화폐의 변천사는 놀라울 정도이다. 숨은 그림 찾기가 인쇄된 지폐에서 담배에 이르기까지 다채로운 화폐의 역사를 더욱 풍부하게 보여주는 사례들을 살펴보자.

_ 짐꾼이 필요한 동전

17, 18세기에 한 스웨덴 사람이 남들과 어울려 술을 마시기 위해 주막에

들렀다. 그는 주로 말 썰매나 말 마차를 타고 다녔다. 그래야만 술값으로 치를 돈을 가져올 수 있었기 때문이다. 그렇지 않으면 돈 나르는 것을 도와줄 친구나 하인을 데리고 다녀야 했다. 동전괴물이라 할 만한 이 돈은 부자라면 자기 집이 무너질까봐 지하실에 보관해야 할 정도로 그렇게 무거웠다.

구리가 많은 스웨덴에서는 크리스티네 여왕 치세 때(1632~1654) 처음으로 커다란 동판이 동전으로 만들어졌으며 1643년과 1776년 사이에 다량 생산되었다. 은화의 가치와 맞먹으려면 구리 동전의 무게가 엄청나야 했다. 크리스티네 여왕에 의해 제조된 10탈러짜리 '플랫민트'(금속판동전)의 무게는 19.75킬로그램에 달했다. 이 거대한 돈은 시간이 지나면서 무게가 많이 감소하기는 했지만 생산이나 지불 모두 쉽지 않았다. 따라서 스웨덴이 지폐로 화폐를 대체하는 방법을 발견한 최초의 나라에 속하게 된 것은 어찌보면 당연하다. 이미 1657년에 이른바 '준은행권'이 등장했는데 지폐와 동일한 개념이다.

당시 유럽에서 세계 최고 부유국가로 여겨졌던 스페인은 매해 엄청난 양의 금과 은이 유통되었지만 1506년에서 1700년까지 왕권을 갖고 있던 합스부르크 왕가의 경영실패로 경제가 황폐화되면서 금과 은 역시 거의 유통되지 못했다. 1650년 스페인의 국고는 지출의 92.5퍼센트를 무거운 구리화폐로 지불했다.

_ 수집가들의 주요 대상이 된 특별한 돈들

프리드리히 빌헬름 대공은 1893년 노이슈트렐리츠에서 금혼식을 거행하였다. 사방에서 엄청난 숫자의 참석자가 몰려들 것이 분명한데 잔돈이 부족했으므로 손님과 시민들을 위한 화폐대용물을 생산하여 이 상황을 극복하였다. 두꺼운 종이로 만든 10페니히 값어치의 화폐 총 2만 4000개가 임시지불수단이 되었다. 이러한 '임시 보조화폐 발행'의 동기는 축하를 위해서가 아니라 전쟁과 궁핍의 시기에 항상 만연해있던 자금부족 때문이었다.

대용 화폐를 발견함으로써 얻게 된 갑작스러운 부는 끝을 몰랐다. 도시들과 공동체들은 국가가 발행한 화폐의 결점에 맞서는 나름의 생각들을 하게 되었다. 그래서 여러 시대에 걸쳐 아주 특이한 종류의 지폐와 동전이 다양한 형태로 나타나게 되었다.

기반이 잡힌 유명한 도시들뿐만 아니라 지도에서 눈을 비비며 찾아야 할 정도의 지역에서도 전쟁과 인플레이션 때에는 고유의 화폐를 찍어 유통시키기 시작했다. 이 화폐는 화폐를 유통시키는 단체나 도시들에게만 가치가 있었지만 그들에게는 짭짤한 수익사업이 되었다. 체릅스트라는 도시는 이 지역의 농업생산물인 오이, 콩, 배추, 아스파라거스를 위한 여섯 종류의 지폐를 만들어냈다. 지역단체 프로제의 화폐 주조자들은 1마르크짜리 지폐를 반으로 나누어 2장의 50페니히 지폐로 사용할 수 있도록 했다. 1921년에 나온 지폐에는 숨은 그림 찾기가 인쇄되어 있었다. 1마르크 지폐에 찍힌 번호와 정답을 프로스 지역단체장에게 보낼 수 있었다. 1923년 인플레이션을 막기 위해 렌텐 은행에서 발행한 렌텐마르크가 통용되고 임시보조화폐가 전 독일에서 금지됨으로써 이 독창적이고 화려한 지폐들은 그 끝을 맺었다.

수집가들에게 당시의 돈들은 주요 수집대상품이다. 먼지 낀 서류의 낡은 종이, 장난감 카드, 복권, 우편환양식, 기차 이용권, 식료품카드, 나무나 면으로 된 표식, 황마 섬유, 리넨, 비단, 벨벳, 가죽, 양피지, 리놀륨, 셀룰로이드, 인쇄된 알루미늄 박지 등 정말 다양한 것들이 돈의 역할을 대신했다. 임시 보조화폐는 종이, 가죽, 단단한 고무, 진흙, 고령토, 도자기 등에 인쇄되었다. 하르츠 산맥의 탈러에서는 1922년 법랑동전이 유통되었으며 스웨덴에는 상아로 만든 돈이 있었고 고타 시는 1920년 석영으로 돈을 만들어냈다. 가끔 유리도 재료로 사용되었다. 1000년경의 이집트인들이 유리동전으로 지불했으며 1800년경 시암왕국에서 나온 유리동전도 유명하다. 멕시코

인들은 1843년 유리화폐를 사용했다. 1849년과 1922년에는 뵈멘에서도 이 화폐가 쓰였다.

_ 포로수용소용 화폐

포로들을 위한 특별한 화폐는 '7년 전쟁'(1756~1763) 중에 생겨났다. 포로가 된 프로이센의 장교들은 처음에는 드레스덴의 한 수용소에서 오스트리아인들에게 액면가와 가치가 일치하는 돈을 주고 그들의 침낭을 구입했다. 몇 번의 탈옥이 이어지자 상부에서는 특별한 화폐를 인쇄하기로 결정했다. 수용소 안에서만 통용되는 화폐를 만들면 그 때문에라도 섣불리 탈옥을 감행하지 않을 것이라는 판단에서였다. 이 생각은 프로이센 포로들에게 적중했다. 그리고 1759년 전세가 역전되어 프로이센이 이곳을 점령하고 오스트리아 장교들이 포로가 되었을 때에도 마찬가지로 포로수용소 자체 화폐가 발행되었다. 1780년 미국의 수용소에 갇혀 있던 브라운슈바이크 출신의 한 병사가 남긴 기록을 보면 5달러 지폐에 나무를 갉아먹는 갈색 비버가 인쇄되어 있었다고 한다.

워털루 전쟁(1815) 뒤에 브뤼셀의 한 수용소에서도 포로화폐가 등장했으며 미국 남북전쟁(1861~1865), 프랑스-독일 전쟁(1870~1871), 두 차례의 세계대전 때에도 이러한 화폐는 널리 통용되었다. 제1차 대전 시기에 알려진 화폐 종류만 해도 500가지에 달한다. 벨기에, 프랑스, 영국, 이탈리아, 이집트, 독일, 오스트리아, 헝가리 등 거의 모든 나라가 수용소용 화폐를 만들어냈다. 파시스트들은 제2차 세계대전 중 전 제국 안에 유효하게 통용되는 통일된 수용소화폐를 유통시키기도 했다.

_ 푸른 연기 속에 사라져간 돈

전쟁이나 분쟁 등 특별한 상황에서 대체 가능한 화폐가 발행되는 것은 물

자부족으로 인해 암시장이 생기는 것과 마찬가지로 피할 수 없는 일이다. 물론 대용화폐가 통화의 실질적인 해결책이 되는 것은 아니나 비상시에는 어쩔 수 없이 이러한 대용물들이 돈이 되고, 실제로 소비할 수 있고, 인간의 욕구를 충족시킬 수 있는 기회를 얻는다. 제2차 세계대전 중이나 그 이후의 위축된 상품시장에서는 담배가 이러한 지위를 얻게 되었다. 파시스트들에 의해 점령당한 유럽지역에서 궐련은 다른 상품을 구할 수 있는 유일한 수단이었고, 다들 이것을 구하고자 애썼다. 인플레이션을 경험한 독일 사람들도 화폐를 신뢰하지 않았다. 그들은 상품세계에서 확고한 가치의 상관관계를 구했다.

파시스트들이 패망한 이후에도 담배통화는 활기를 띠었다. 흡연자건 비흡연자건 모두 담배를 원했으며 미국 점령군들이 공급을 도왔다. 물량이 늘어가도 시장은 만족할 줄 몰랐다. 도시나 시골의 굶주린 사람들은 암시장에서 담배와 전 재산을 바꾸었다.

미국인들은 독일 마인 강가에 있는 프랑크푸르트 시의 카이저 거리에 담배를 위한 공식 물물교환센터를 설치했다. 1947년 초 이 곳에서 담배 한 갑은 50점으로 매겨졌다. 1점은 5센트를 의미했다. 미군들은 담배 한 갑을 1달러도 안 되는 값으로 구입하여 2.5달러를 받고 팔았다. 미국 통신회사들까지 나서서 1000개비는 5.25달러, 2000개비는 9.5달러에 불과한 가격으로 우송료 없이 보내주겠다고 제안했다. 서독의 점령지역에 배로 운송되는 개인의 선물우송은 담배물결을 더욱 부추겼다. 단 한 달 동안 미국지역에 보내진 소포의 무게는 총 약 300만 파운드에 달했는데, 이 중 절반 이상이 담배화폐 우송이었다. 지역에 따라 다르긴 했지만 프랑크푸르트 암거래상은 대개 담배 한 보루당 50~100제국마르크를 받았다. 1945년 8월까지 미국과 영국점령지역의 군인들은 그들의 공식환전소에서 제국마르크를 달러와 파운드로 바꿀 수 있었고 그 이후에는 값진 물건들, 장신구, 보석 등의 형태로

만 고향에 가져갈 수 있었다. 사진기에서 모피코트까지 담배로 뭐든 가질 수 있던 셈이다..

담배의 어떤 특성이 이를 가능하게 했을까? 담배는 기호품이다. 따라서 달리 이용될 수 있으며 보편적인 등가성을 지닌다. 특히 통용수단의 측면에서 독특한 중요성을 갖고 있다. 담배는 다루기 쉽고 매우 가벼우며 힘들이지 않고 운송할 수 있고 실용적으로 포장할 수도 있다. 건조한 상태에서 상대적으로 잘 보존하면 크기와 무게에 따라 규격화할 수 있다.

담배화폐는 완벽하게 순환되지 않고 일방향으로만 통용될 뿐이며 그 과정에서 지속적으로 머물 수도 없다. 그것은 푸른 연기 속에 끊임없이 사라지며 새로운 유통을 통해 보충되어야만 한다. 이와 같이 냉혹하고 시종일관된 '화폐 수량조절'은 어떤 공식적인 화폐에서도 일어나지 않는다. 따라서 담배가격은 어느 정도는 부동적이었다. 물론 담배화폐는 전형적인 임시방편으로, 선사시대에 물건과 물건을 대등 교환했던 것과 유사하다. '평범한' 시대에 통용수단으로 사용되기에는 지나치게 가치 변동적이며 가치기준으로 삼기에도 너무 가치가 없다.

담배화폐는 경제와 사회가 처한 궁핍의 표현이다. 가치 있는 상품들이 담배로 헐값에 넘겨졌고, 담배는 연기 속에 사라졌다. 그저 경제와 개인의 자질구레한 소유물들을 재고정리하기 위해서는 담배화폐가 아주 적격이었다고 볼 수도 있겠다.

〝 화폐 제조의 꿈 〞

수많은 사람들이 이런 꿈을 꿀 것이다. 일단 돈을 만드는 비결만 알아낸다면 모든 근심에서 자유로워질 것이라고. 범인들만이 아니라 위인들 역시 그럴 것이다.

_ 연금술사의 실험실에서 탄생한 도자기

요한 프리드리히 뵈트거 역시 금을 만들고자 했지만 결코 사기꾼은 아니었다. 그는 1682년 2월 4일 스위스에서 아담이라는 주화 장인의 셋째 아들로 태어났다. 그의 어머니는 아들에 대해 엄격했다. 그녀는 사소한 일에도 아들을 때렸다. 그에게 친구라고는 오직 아버지뿐이었는데 아버지는 그에게 금속 절단 기술과 무게 재는 법 및 시금술 등을 가르쳐주었다. 아버지는 그로 하여금 금의 매력을 접할 수 있게 해준 사람이기도 했다. 아버지가 사망한 뒤 어머니는 재혼했지만 그에게 여전히 냉정하고 무관심했다. 그는 일에서 위안을 찾았다. 그에게는 어린 시절부터 일이 생활의 전부였다.

열네 살 되는 해에 가족들은 그를 베를린의 약제사 프리드리히 조른에게 보냈는데 그는 이 재능 있는 소년을 유능한 약제사로 키웠다. 그러나 금속을 금으로 바꾸고자 했던 어린 시절의 소망을 잊은 것은 아니었다. 그의 인생의 목표는 금을 만드는 것이었다.

당시 연금술은 매우 진지한 학문으로 여겨졌다. 연금술의 바탕은 모든 금속들은 근본 성분들로 이루어져 있는데 이 근본 성분이 분리되면 그것으로 다른 금속을 만들 수 있으리라는 생각에 바탕을 두고 있다. 즉 모든 금속들은 동일한 근본 성분들을 갖고 있지만 서로 다른 비율과 상이한 순도 때문에 구별되는 것이라고 생각한 것이다. 연금술은 한동안 전적으로 정당하고 진지한 학문적 가설로 받아들여졌다.

그러나 여기에 과장과 술수, 종교와 미신, 신비주의와 주문 같은 것들이 끼어들었다. 뵈트거는 베를린의 약제실에서 금을 만드는 신비로운 약을 연구했다. 1701년 초에는 약제사 견습생인 뵈트거가 금을 만드는 실험에 성공했다는 소문이 순식간에 온 도시에 퍼졌다.

1월 18일 프로이센 왕에 즉위한 프리드리히 1세(Friedrich I, 1701~1713 재위)는 처음 이 소식을 접하고 무척이나 흥분했다. 당시 금고는 텅 비어 있었고 국가 재정은 위태로웠기 때문이었다. 게다가 화려하게 치른 대관식은 허약한 재정에 치명타를 입혔다. 만약 금을 만들지 못한다는 사실이 밝혀진다면 뵈트거는 사기꾼이라는 비난을 피하지 못할 상황이었다. 아무런 대안이 없었다.

뵈트거는 작센 선제후국의 국경 도시 비텐베르크로 도주했다. 그러나 그것은 작은 재난을 피하려다 더 큰 재난을 만난 꼴이었다. 프리드리히의 국고만 구멍 난 것이 아니라 그의 이웃이자 조카인 아우구스트 영주의 금고도 마찬가지였던 것이다. 아우구스트는 젊은 금 제조자를 드레스덴으로 데려오라고 명령하였다.

뵈트거는 자신이 베를린에서 실험할 때 실제로 금을 만들었는지 아니면 사용한 금속에 포함되어 있던 약간의 금을 분리시켰을 뿐인지 확신할 수 없었다. 그런데도 왕은 "금을 만들어내라."고 재촉했다. 뵈트거는 잠도 제대로 자지 못하고 일해야 했으며 결국 탈진 상태에 이르렀다. 프로이센에서 그를 찾아내려고 온 사람들의 아우성에도 불구하고 뵈트거는 여전히 작센의 보호 아래 있었다. 그는 마이센의 알브레히트 성과 쾨니히슈타인 요새 그리고 드레스덴의 융페른바스타이에서 머물렀다. 아우구스트는 도시의 어느 한 구석에 최고의 현대적인 실험실을 마련해 주었다.

1707년 11월 4일은 역사적인 날이었다. 오늘날 뵈트거 암석이라고 알려진 적갈색의 암석이 탄생되었다. 드레스덴 영주의 향연장에서 개최된 무도회에서 아우구스트는 최초의 도자기 파편을 건네 받았다. "이것이 무엇인지 잘 봐주십시오." 하고 그는 손님들에게 외쳤다.

"도자기, 바로 도자기가 아니겠습니까! 그것도 중국제가 아니라 독일제, 바로 작센에서 만든 것입니다!"

아우구스트는 황홀해 했다.

"모든 문화 세계가 바라는 위대한 발명이 이루어진 것입니다! 오늘 작센에서!"

그가 앞으로 금을 얻게 되리라는 것은 확실해 보였다. 이에 대해 영주는 다음과 같이 사례했다.

> 뵈트거가 다가올 봄에 작은 오렌지 정원을 가꾸면서 한가로이 몸과 마음을 쉬고 싶다고 간절히 청하였기에 이를 관대히 허여하노라. 그리고 건강을 유지하는 데 그런 휴식이 전적으로 필요하다는 생각에서 그에 필요한 비용을 모두 부담하고자 하노라.
>
> 1707년 11월 30일 드레스덴 조인
> 아우구스트 황제

동시에 왕은 뵈트거에게 바스타이에서 여가를 즐기면서 사용하라고 값진 라이플 한 자루와 피스톨 두 자루를 선사했다. 붉은 자기를 발명한 뒤에 뵈트거는 하얀 중국 자기의 비밀도 밝혀냈다. 거의 1000년에 걸쳐 중국인만이 지녀왔던 기술의 독점이 깨진 것이다. 1710년에는 마이센에 자기 공장이 세워졌다. 그곳에서 만들어진 도자기들은 오늘날까지도 세계적으로 유명하다. 그러나 비록 뵈트거가 천재라고 하더라도 금을 만드는 일은 성공할 수 없었다.

_ 빈 금고를 채우는 기적의 화학자

뵈트거를 데려오는 데 실패한 프로이센 왕 프리드리히 1세는 경제적으로 점점 더 어려운 상황에 처했다. 내각의 수입은 150만 탈러가 보통인데 금고에 있는 돈이 채 40만 탈러도 안 된다는 추밀원 고문관인 크라우트의 보고는 실망만 안겨줄 뿐이었다. 아직 세금을 부과하지 않은 것은 구두, 장화, 슬리퍼, 여성 의류의 장식용 금·은 자수, 오두막, 양말 따위였다. 차, 커피, 초콜릿을 먹거나 사기 위해서는 허가증이 필요했다. 급료에 대한 세금과 대관식 세금도 있었다. 그러나 전쟁 예산만도 210만 탈러나 되었다. 게다가 황태자와 태자비에게도 돈이 필요했다. 건축비도 지불해야 했고 갖가지 협회들도 돈을 요구했다. 또 각료들과 관리들의 봉급도 지불해야 했다. 지금까지의 부채에 다시 빚을 지는 도리밖에 없었다.

이렇게 화폐가 궁할 때 비트겐슈타인 백작이 때마침 "기술자이자 학자인 콩트 드 루지로라는 사람이 이틀 전부터 베를린에 머물고 있는데 그는 값싼 금속으로 금과 은을 만들 수 있고 신기한 돌을 갖고 있다고 합니다."라고 프리드리히 1세에게 알렸다. 엄청난 부자이자 학자라는 루지로는 영국의 뛰어난 외교관인 래비 경의 교섭으로 프로이센 궁전에 불려갔다.

금고는 텅 비고 추가로 세금을 거둘 수도 없는 그때 기적의 화학자가 등장한 것이었다. 이제 모든 것이 쉽게 이루어지리라는 기대를 받으며 루지로는 쾨페니크의 낡은 집 지하에서 프로이센 왕을 위해 수은과 동으로 금과 은을 만들기 시작했다. 노련함과 사교적인 몸짓, 세련되고 품위 있는 행동 그리고 배우 같은 재능으로 그는 한동안 왕을 속이는 데 성공했다. 왕은 그 새로운 금 제조자를 믿고 그에게 훈장과 하사품을 내렸으며 그를 프로이센 포병대의 소장으로 임명하기도 했다.

그러나 사실 루지로는 백작도 아니고 학자도 아니었다. 그는 단지 대담하고 세련된 도둑이자 사기꾼일 뿐이었다. 결국 사실이 드러나자 프로이센 왕은 그를 잡아들였다. 루지로는 여러 번 도주하려 했으나 번번이 잡혔다. 마지막 도피 장소인 프랑크푸르트에서 그는 또다시 붙잡혔다. 1709년 8월 23일 가짜 백작 루지로가 처형당한 퀴스트린의 교수대 앞 광장은 구경나온 사람들로 발 디딜 틈이 없을 정도였다.

화폐 위조와 사기의 전통

금을 만들겠다는 생각이 환상에 불과하다면 이제 남은 것은 떳떳한 노동 아니면 사기뿐이었다. 주화의 역사가 이것을 증명한다. 역사적으로 볼 때 주화의 질은 끊임없이 저하되는 과정을 겪고 있는데 이는 그저 자연적으로 마모되는 것만을 의미하지 않는다. 주화의 제조와 더불어 주화에 대한 사기도 생겨났다. 기원전 540년에서 522년까지 사모스 섬의 악랄한 독재자이자 무서운 해적이었던 폴리크라테스가 주화의 질을 저하시켜 이득을 얻은 최초의 인물이라고 알려져 있다. 헤로도토스는 라케데몬인들이 한때 사모스를 포위했을 때 폴리크라테스가 그들에게 많은 금화를 지불함으로써 거기서 벗어났다고 전한다. 그러나 그 금화는 도금한 것이었다. 실제로 도금한 마그네슘 합금 주화가 아직까지 남아 있다. 물론 정말 폴리크라테스가 마그네슘 합금 주화로 스파르타의 침입자들을 속이는 데 성공했는지는 확실하지 않다.

어쨌든 주화 위조나 사기는 재정의 어려움을 모면할 수 있는 수단이 되었다. 수천 년 동안 이러한 술수들은 계속 성공해왔다. 지배자들은 완전한 주화를 유통과정으로부터 거둬들여 무게를 줄이거나 동보다 가치가 적은 금속과 섞어 만든 뒤 완전한 주화와 동일한 가격으로 다시 유통시켰다. 그들은 어느 누구도 즉시 눈치 채지 못하게 했다. 이러한 방식이 통화의 타락과 가격 상승을 가져왔다는 것은 말할 필요도 없다. 주화의 품질이 얼마나 저하되었는가는 아우렐리우스시대에 은화의 95퍼센트가 동으로 만들어졌다는 사실로도 잘 알 수 있다. 심지어 은 성분이 2퍼센트까지 떨어진 적도 있었다.

교활한 상인들은 상품 대금을 지불하기 전에 주화를 몇 밀리그램씩 깎아

〈주화 위조자〉, 작가 미상, 동판화, 17세기

냈다. 상인들은 나쁜 주화는 내주고 좋은 것은 간직했기 때문에 주로 깎이거나 불순물이 함유된 주화가 더 많이 유통되었다. 어떤 시대든 지배자들은 이런 방식으로 재물을 모으는 것에 망설임이 없었다.

영국의 헨리 8세(Henry Ⅷ, 1509~1547 재위)는 해외 정복을 위한 막대한 자금을 의회가 승인해주지 않자 주화의 은을 3분의 1로 줄인 새로운 주화를 찍어냈다. 종교전쟁 초에 황제 페르디난트 2세(FerdinandⅡ, 1619~1637재위)는 뵈멘과 메렌 및 오스트리아의 저지대에 화폐 주조권을 팔아넘겼다. 주조권자들은 여섯 배나 높은 수수료를 그에게 지불해야만 했다. 결국 전쟁 자금을 조달할 수 있었다. 그것은 은의 함유량이 줄어든 주화들을 제조함으로써 가능했다.

프로이센 왕 프리드리히 2세(FriedrichⅡ, 1740~1786 재위)도 물품세 등 세금을 부과하거나 약탈과 기부금을 징수하는 것만으로는 전쟁 비용을 조달할 수 없었다. 인공적으로 금을 만드는 데 실패하자 그는 주화의 질을 낮추도록 명령했다. 작센과의 전투에서 승리한 뒤 그는 라이프치히와 드레스덴의 조폐국에 함량이 떨어지는 주화를 계속 만들어내라고 지시하였다. 그러나 강탈이나 다름없는 화폐 정책의 결과는 끔찍했다. 베를린 사람들은 빵을 구하기 위해 빵가게 앞에 줄을 서야 했다. 물자 부족과 빈곤이 전국을 휩쓸었다. 7년의 전쟁이 끝난 1763년 생활비는 당대 최고의 수준에 이르렀다. 17, 18세기에 주화의 모서리를 깎아내거나 엉터리로 저울질하는 주화 주조자들과 상인들에게 화폐 위조자들이라는 별명이 붙여졌다.

사람들은 빨리 부자가 되거나 경쟁자를 망하게 하고 적에게 손해를 입히기 위해 화폐를 위조하였다. 1800년대 초에 영국 수상 윌리엄 피트는 수십억 프랑의 위조지폐를 프랑스에 유포시켰다. 그는 경제적 혼란을 기대했다. 결국 프랑스의 시민혁명은 심한 타격을 받았다.

1948년 이후 서베를린의 많은 조직들이 동독에 대한 비공개적인 전쟁을 시작하였다. 이른바 '비인간성에 대항하는 투쟁 집단(KGU)'은 동독 경제에 혼란을 불러일으키기 위해 화폐와 생필품 카드 및 동독 당국의 채권을 대량으로 위조해서 유포시켰다. 1953년 초 독일 발권은행의 각 지점들은 많은 액수의 화폐를 곧바로 여러 공장에 보내라는 지시가 담긴 전보를 받았다. 그러나 이 전보를 띄운 곳은 중앙 발권은행이 아니라 서베를린의 스파이센터였다. 그들은 이런 방식으로 동독의 국가 재정을 파괴하고 거래를 혼란시키고자 했다.

"우리는 50톤의 생활필수품 값에 해당하는 위조 라이제 마르크를 찍어냈다. 동독 사람들은 마르크화로 구입할 수 있는 물품이 충분치 않다는 사실을 안다면 매우 놀랄 것이다. 곧 그들은 계획 경제를 포기해야 할 것이다."라고 KGU의 의장 파울젠은 공언했다. 사보타주, 암살, 스파이 행위, 날조 행위 등으로도 사태를 저지할 수 없었던 자들은 새로운 사회를 만들기 위한 계획들이 이런 방식으로 실현되었다는 사실에 정말 놀랄 것이다.

〝 포르투갈 지폐의 교묘한 사기극 〞

1958년 12월 31일 수백만 부가 발행되는 『데일리 익스프레스』는 화이트 채플의 빈민 묘지에서 있었던 장례식에 대하여 다음과 같이 보도했다.

"어제 화이트 채플의 빈민 묘지 제일 뒷줄에 88세의 노인이 매장되었다. 그 노인은 한때 런던의 일등 시민이었고 영국에서 가장 부유한 사람들 중의 한 사람이었던 윌리엄 워터로 경이다. 그는 1925년부터 1929년까지 런던 시장을 역임하기도 했다."

상당히 존경받던 이 지폐 제조업자는 상류 계급에 속했다. 그러나 그는 결국 런던의 부랑자 수용소에서 죽었다. 범죄 소설에나 나올 법한 거대한 지폐 사기에 걸려들었던 것이다.

1924년 12월 17일 헤이그에서 온 마랑 박사라는 사람이 그의 사무실에 나타나 공증인이 작성한 믿을 만한 계약서를 제시했다. 이 계약서는 포르투갈 정부가 비밀리에 총 6만 금마르크의 가치에 해당하는 6만 장의 500에스쿠도 지폐를 찍어내라는 것이었다. 2년 전부터 자기 인쇄소에서 이 지폐를 인쇄해온 워터로는 엄청난 주문량에 깜짝 놀라지 않을 수 없었다. 마랑 박사는 포르투갈이 심한 경제 위기에서 빠져나오려면 많은 화폐가 필요하다고 설명했다 워터로는 그 주문을 받아들이기로 했다. 그러나 불의의 사고에 대비하여 포르투갈 은행장인 로드리게스에게 계약을 확인해달라고 편지를 썼다. 마랑 박사가 런던과 리스본 사이에서 그 편지를 전달했다. 그는 1월 6일에 확인서를 가져왔다. 사인과 도장을 확인해본 워터로는 이제 주문을 거부할 아무런 이유가 없었다. 인쇄기가 돌아가기 시작했다. 마랑 박사는 헤이그 주재 포르투갈 대사의 외교관 증명을 이용하여 '진짜' 위조지폐를 아무런 어려움 없이 국경의 세관을 통해 밀수했다. 그는 그 일에 두 개의 낡은 가죽 가방을 이용했다. 그동안 리스본에서는 교묘한 사기극의 제2부가 시작되고 있었다.

아르투르 레이스와 아돌프 헨니에스는 은행 설립 인가를 받기 위해 뛰어다녔다. 그들은 식민지 앙골라의 경제 개발을 위한 자금 마련을 설립 취지로 내걸었다. 그것은 정부의 호감을 샀다. 그렇게 하여 앙골라에 메트로폴라 은행이 탄생되었다. 그들의 금고에는 곧 런던에서 찍어낸 500에스쿠도 지폐가 쌓였다.

이제 지배인이 된 레이스와 헨니에스는 차츰 국립은행의 주식을 사들이기 시작하였다. 국립은행 주를 다량 확보한 다음 포르투갈 은행장 자리를 차지하여 런던의 워터로 지폐 인쇄소에서 장차 두번째 500에스쿠도 지폐를 별문제 없이 인쇄하려는 것이었다. 초기에는 사람들을 불안하게 만들지 않기 위해 위조화폐에 관한 소문은 공식적으로 부인되었다. 모든 것이 잘 되는 것처럼 보였다.

그러나 흔히 그렇듯이 이 천재적인 사기도 허점을 가지고 있었다. 포르투갈 은행장 로드리게스는 500에스쿠도 지폐를 은밀히 거두어들여 위조된 것을 선별하라고 지시했다. 그러나 은행권 전문가도 식별해낼 수 없었다. 종이와 색조, 인쇄, 무늬 등 모든 것이 완벽했다. 식별해낼 수 있는 유일한 곳은 런던의 인쇄 공장뿐이었다. 그리하여 포르투갈 국립은행은 비밀리에 사람을 파견하여 워터로에게 문의하였으며 사기극을 알게된 워터로는 거의 기절할 지경이었다. 결국 대규모 사기극은 마지막 순간에 전모가 드러났다. 레이스와 헨니에스는 포르투갈 경찰에 체포되었으며 마랑 박사는 도주하여 끝까지 모습을 나타내지 않았다.

5년 뒤 공판이 시작되어 두 피고인에게는 각각 8년의 징역과 12년의 추방, 25년의 추방이라는 형이 선고되었다. 10년쯤 뒤에 그 사건에 대한 권위자가 다음과 같은 비밀을 폭로했다. 아돌프 헨니에스의 본명은 프란세스코 다 코스타로 1920년부터 1922년까지 포르투갈의 금융장관이었으나 부정행위 때문에 관직에서 쫓겨났다는 것이다. 그 뒤 코스타는 앙골라 식민지로 잠적했다가 나타나 사기극을 벌인 것이다. 그는 장관 시절의 서류들을 갖고 포르투갈 은행의 계약서와 위임장을 작성했다. 그의 동료 레이스는 손재주가 뛰어나서 전혀 의심받지 않을 정도로 사인과 도장을 잘 위조했다.

결국 이 사기극으로 죄 없는 사람들만 손해를 입었다. 포르투갈 은행은 위조 화폐를 거두기 위해 500에스쿠도 지폐를 모두 회수해야만 했다. 그러나 가짜와 진짜를 구별할 수 없었기 때문에 위조지폐들도 완전한 시장 가격으로 거래에서 교환되었다. 런던의 지폐 인쇄소 소유자인 워터로는 손해배상금을 지불하고 그 당시 시세로 약 2,000만 금마르크에 상당하는 100만 파운드의 소송 비용을 짊어져야 했다.

〝 전대미문의 무죄 선언 〞

'무르만스크 철로변 스완카라는 작은 역의 전보국에 있는 자바로프는 손에 쥔 체르본젠 화폐 석 장을 자세히 들여다보고 고개를 갸웃거렸다. 아직 그는 모르고 있었지만 그것은 국제적 음모의 끈을 쥔 것이기도 했다.' 알베르트 노르덴의 《위조자》라는 책은 이렇게 시작된다. 이 책은 위조지폐로 소련을 붕괴시키려 한 대규모 음모를 폭로하고 있다.

1926년경 1체르본젠은 10루블에 해당했다. 자바로프가 들고 있던 지폐 뒷면에는 글자가, 앞면에는 장식이 찍혀 있었다. 종이 자체뿐 아니라 무늬까지도 어두운 갈색이었다. 자바로프는 이상하게 생각하고 신고했다. 1928년의 일이었다.

같은 해 11월 레닌그라드에서는 쉴러라는 인물이 체포되었다. 그는 차르 시대 글라제나브 장군의 첩자였다. 그는 최전방을 교란하는 임무를 맡았고 궁극적인 목적은 신생 소련 권력에 일격을 가하는 것이었다.

쉴러의 지갑에서는 체르본젠 위조화폐가 수천 장이나 발견되었다. 이 지폐들은 1926년 이후 뮌헨과 프랑크푸르트에서 인쇄된 것이었다. 독일의 파시스트들과 그루지아 망명자들이 인쇄를 의뢰한 것이었다. 그리고 그들 뒤에는 독일의 대부르주아 계급과 그들의 정치권력이라는 막강한 세력이 버티고 있었다. 외무성, 드레스덴 은행, 쉘 콘체른, 국방군과 국방장관 그뢰너 그리고 고급 장성들이 이 음모에 가담했다. 소련을 위협할 수 있다면 그들에게는 모든 수단이 정당한 것이었다. 이후 나치스는 노골적으로 다음과 같이 선언하였다. '볼셰비키 독재'에 대항하기 위해서도 아니고 '서구의 자유'를 위해서도 아니다. 석탄, 철, 석유 그리고 무엇보다도 밀을 얻기 위해서는 동쪽의 곡창지대를 식민지화해야 한다." 체르본젠 위조도 그런 목적에서 시도되었다.

또 위조된 체르본젠 지폐는 독일의 여러 도시들과 베를린 은행에서도 발견되었다. 신문들이 그것을 보도하였으며 혐의자가 체포되었다. 몇 주일 뒤에 경찰이 화폐 위조의 정치적인 배경을 알게 되었을 때는 이미 사건을 덮어버리기에 너무 늦었다. 체르본젠 위조자 처벌을 위한 특별위원회는 사건 은폐를 기도했지만 이후 『로테파네(Rote Fahne)』가 사실을 폭로함으로써 재판관 크뤼거와 변호사 바스문트는 사임하지 않을 수 없었다.

1928년 7월 16일, 프로이센 법무부는 검찰청이 '체르본젠 위조에 관련된 피고인들을 사면할 것' 이라고 외무성에 통고했다. 외무성의 몇몇 동료들이 이 불쾌한 사건에 연루되었으므로 외무성으로서는 이런 조치가 당연한 것으로 받아들여졌다. 실제로 11일 뒤에 베를린의 제1법정은 기소를 유예하고 체포 명령을 폐기하도록 결정했다.

그동안 레닌그라드에서는 쉴러가 체포되어 범행 사실을 모두 자백했다. 소련은 그들이 행한 범행의 명백한 증거를 확보했다. 소송은 재개되었고 더 이상 재판을 피할 수는 없었다. 법정은 웃음거리가 되었다. 판결 자체가 새로운 스캔들이 되었다. 에리히 바이네르트는 위조의 배후 인물들과 범죄 사실을 감추고 죄인들을 공손하고 호의적인 태도로 대한 재판관들과 검사들의 행태를 조소하였다. '서류는 잘못 작성될 수 있다. 그렇다고 국가 안전이 위태로워지는가? ······협박과 은밀한 위협과 경고가 난무한다. 진실이 은폐되고 있다.'

결과는 예상대로였다. '예비심문이 그랬고 공판이 그랬듯이 판결도 마찬가지다.' 라고 알베르트 노르덴은 썼다. '1930년 2월 8일, 베커와 뵐 그리고 슈미트가 무죄 선고를 받았고 카루미드제, 자다티라쉬빌리, 벨 그리고 베버 박사에 대한 소송은 사면에 의해 중지되었으며 아직 혐의가 남은 자다티라쉬빌리에 대한 구금 명령은 취소되었다. 판결을 설명하면서 재판관은 피고인들과 그들의 범행 동기를 높이 평가하였다. 법정에서 환호가 터져나왔다. 범죄자들은 서로 얼싸안았고 방청석에서는 만세 소리가 요란했다.' 에른스트 텔만은 이 전대미문의 무죄 석방이 공공연한 도발 행위라고 했다.

소련의 외교적 압력을 거쳐 1930년 소환에 의한 재심이 진행되었으며 피고자들은 구형과 벌금형을 받았다. 그런데도 그 판결은 그저 서류상으로만 존재했다. 곧이어 1934년 6월 히틀러의 외상인 노이라트가 체르본젠 사건의 피고인들에게 특사를 내렸을 때 카루미드제와 자다티라쉬빌리는 독일로 다시 돌아왔다. 위조자들은 결국 아무런 처벌도 받지 않았다.

〝 위조지폐의 제왕, 히틀러 〞

나치스에 의해 10만 명 이상의 포로들이 살해당한 작센하우스 집단 수용소의 18, 19구역은 위조지폐 제조에 이용되었다. 화가와 활판인쇄 기사 및 은행 직원 등 여러 나라의 포로들이 여기서 나치스를 위해 영국의 파운드화와 미국의 달러화를 만들어냈다. 보통 사람들이 잘 알아볼 수 없는 비밀 숫자까지도 신중히 고려해야 했다. 위조화폐는 아주 미세한 부분조차 진짜와 같아야 한다. 집단 수용소의 포로이자 당시 위조 사령부의 요원이었던 저술가 페터 에델은 모든 것이 완벽하다고 확신했다. 그들은 '런던에서 사업을 하는 사람은 지폐를 바늘로 찔러봄으로써 파운드화를 확인하는 습관을 가지고 있다는 것과 그래서 파운드화가 여러 사람의 손을 거쳐가면 종종 수십 군데씩 바늘 자국이 난다는 것'까지 알고 있었다. 여러 자리에 바늘 자국이 나고 재 묻은 손으로 만져 구겨지고 허름해진 지폐는 진짜처럼 그럴 듯 했다.

포로 스칼라의 비밀문서에 따르면 히틀러의 위조지폐국은 영국 통화로 5

파운드짜리 314만 5,867장, 10파운드짜리 234만 8,981장, 20파운드짜리 133만 7,355장, 50파운드짜리 128만 2,902장을 인쇄했다.

그러나 달러 생산은 생각만큼 빨리 진행되지 못했다. 1945년 1월 달러를 만들고자 했던 200번째 시도가 실패했다. 히틀러는 "4주 안에 위조화폐가 완성되지 않으면 모든 포로들을 교수형에 처하겠다."고 위협했다. 그들은 255번째 시도에서 드디어 성공했다. 그러나 위조 달러가 미처 생산되기 전에 소련의 대포 소리가 종전을 알렸다.

품질과 완성도에 따라 화폐는 네 종류로 분류되었다. 잘못 인쇄된 지폐들은 비행기로 전방에 뿌려졌다. 좀 나은 위조화폐는 상인, 외교관, 관리, 대리인 등을 통해 유통되었다. 보안 임무에 종사하는 탐정이나 첩자들에게도 임무를 수행한 대가로 이 위조화폐가 지불되었다. 보안 요원들은 가치 있는 귀금속이나 금 장식 또는 국제 교역에 사용되는 외국환을 합법적으로 아니면 암시장을 통해 사들일 때도 위조 파운드화를 사용했다. 안도라, 벨기에, 덴마크, 프랑스, 그리스, 아일랜드, 이탈리아, 유고슬라비아, 리히텐슈타인, 스위스, 슬로바키아, 스페인, 터키, 헝가리 그리고 다른 대륙의 곳곳에서 위조화폐가 등장했다. 이는 인플레이션과 혼란을 야기했다. 1943년 말에는 대영제국도 위조화폐의 물결로 시끄러웠다. 전쟁이 끝날 무렵 위조화폐는 전체 화폐의 약 50퍼센트에 달했다. 따라서 '영국은행'은 모든 지폐를 회수하였고 10파운드 지폐를 없앴으며 나중에는 5파운드 지폐도 무효라고 선언했다.

'베른하르트사(社)'라는 간판을 걸고 작센하우스 포로 수용소에서 위조지폐 사건을 주도한 것은 친위대의 돌격대장 크뤼거였다. 출세욕이 강한 그는 상관의 호감을 사기 위해 자신의 임무를 성공리에 마치려 하였다. 그는 어떤 반대도 용납하지 않았으며 일이 잘 진척되지 않으면 수용자들을 총살하겠다고 협박했다. 열쇠는 '제국 보안 본부'가 쥐고 있었다. '나는 우리가 하수인에 불과하며 히틀러나 하이드리히, 쉘렌베르크, 칼텐브룬너와 같은 친위대의 일류 범죄자들이 관련되어 있음을 알게 되었다.'고 페터 에델은 적고 있다.

많은 나치스의 앞잡이들처럼 친위대의 돌격대장 크뤼거 또한 처벌받지 않았다. 그는 '히틀러 제국'이 붕괴된 뒤에 다셀러 제지공장에 우직한 회계사로 위장취업했다. 이 제지 공장은 위조화폐를 제작할 당시 종이에 완성된 무늬를 인쇄하던 곳이었다. 화폐 위조의 제왕이 순진한 고용인으로 변신하였으며 그를 아는 간부들의 보호를 받았다.

1955년 독일연방공화국에서 위조 사건의 시효가 만료되자 크뤼거는 비로소 그 피난처를 떠날 수 있었다. 그러나 '강도와 살인 교사범들 밑에서 위조화폐로 진짜 자본을 만들어냈고 스위스 은행과 상업은행에 많은 돈을 감췄으며 HIAG라는 친위대 조직들에 여권을 발행했던 히틀러의 금 제조자 크뤼거, 그가 과연 자유롭게 살 수 있었을까?'라고 페터 에델은 묻고 있다.

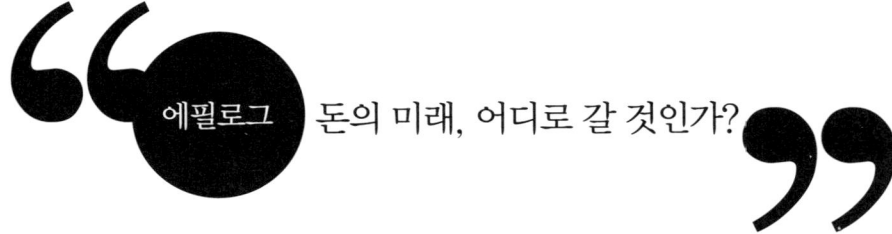
에필로그 돈의 미래, 어디로 갈 것인가?

야누쉬 코르착이라는 이름으로 알려진 폴란드의 교육자 헨릭 골드스미드(Henrik Goldschmidt, 1878~1942)는 15세의 소년 시절에 인간은 어떻게 하면 사회라는 울타리를 벗어날 수 있을까 하는 문제로 고민했다. 그는 무엇보다도 인간은 모든 화폐를 버린 채 아무것도 소유하지 말아야 하며 모든 인간은 평등해야 한다고 믿고 있었다. 그러나 그 다음에 어떤 일이 발생하게 되고 또 무엇을 해야 하는가에 대해서는 세상이 천국으로 변하기를 바라는 어린 소년으로서는 대답할 수 없었다.

좀 비현실적이기는 하지만 에밀 졸라는 다음과 같이 말했다. "화폐는 폐기되어야 하며 그래서 투기, 도둑질, 도박 등 소유욕으로부터 나오는 어떠한 범죄행위도 더 이상 있어서는 안 된다. 어느 누구도 지참금을 노려 다른 소녀와 결혼하는 일이 있어서는 안 된다. 또 유산 때문에 자기 노부모를 교살하는 일이 있어서는 안 되며 돈주머니 때문에 행인을 때려죽이는 일이 있어서도 안 된다."

많은 사람들은 이 세계의 모든 야비함과 범죄행위가 오로지 돈에서 비롯된다고 믿는다. 그렇다면 세상을 더 좋게 만들기 위해서는 돈을 없애는 것이 이성적인 일이 아닐까? 위대한 휴머니스트 로버트 오언(Robert Owen, 1771~1858)은 그 일을 시도했다. 1832년 9월 그는 런던에 '노동 중개소'를 열었다. 여기서 생산자들은 자기의 생산물을 아무 비용도 들이지 않고 서로 직접 교환할 수 있었다. 생산물을 넘겨주는 사람은 모두 그에 대한 영수증과 노동 증서를 받는다. 증서에는 그 생산물을 완성하는 데 얼마의 시간이 필요했는지 기록된다. 사람들은 그 증서를 가지고서 중개소의 장부를 통해 그에 알맞는 다른 상품을 가져갈 수 있다.

　이러한 시도는 어느 정도 성공한 듯 보였다. 심지어는 런던의 극장까지도 오언의 '시간 기록표'를 지불수단으로 인정하여 받아들였다. 그러나 그것은 그리 오래가지 않았다. 중개소 상품이 균형 있게 구비되지 않았기 때문이다. 몇몇 물품은 부족했고 다른 어떤 물품들은 많이 쌓이게 되었다. 노동 중개소는 더 이상 이익을 남길 수 없었으며 따라서 곧 문을 닫게 되었다. 오언의 오류는 개인의 노동시간과 사회의 필요 노동시간을 동일시한 점에 있다. 돈은 단순히 폐기될 수 있는 것이 아니다. 그렇지만 돈을 필요로 하고 늘 더 많은 것을 소유하려는 갈망을 갖게 하는 사회의 여건은 변화될 수 있다.

　돈을 단번에 없애려는 대담한 시도가 있긴 했으나 그것은 생산력의 발전과 산업부문 간의 차등성 때문에 실패하고 말았다. 사회에는 여러 가지 동등하지 않은 노동이 있고 육체노동과 정신노동 사이에 차별성이 있으며 또 복잡노동과 단순노동 사이에도 차이가 있다는 사실 그리고 상품 생산에서도 시장이 가치 규정의 기능을 완전히 상실하지는 않는다는 사실, 각 개인의 사적 노동이 자동적으로 사회적 필요 노동 시간을 구성하는 것은 아니라는 사실, 필요에 따라서가 아니라 성취에 따라서 생산물을 분배하게 된다는 사실 등은 어떤 사회에서건 화폐가 있으며 또 있어야 한다는 사실의 근거가 된다. 마찬가지로 이러한 생산 관계가 성숙하면 할수록 돈의 의미는 점점 줄어드는 것이 아니라 오히려 점점 더 커진다.

일찍이 하이너 뮐러(Heiner Müller, 1929~1995)는 자신의 희곡《건설(Der Bau)》에서 건설의 신을 통해 이야기한다. 더 좋은 세계는 화폐를 일괄 폐기함으로써 건설되는 것이 아니라 화폐를 이용함으로써 가능하다. 상품 생산은 화폐 없이는 생각할 수도 없다. 화폐는 경제의 영역에서 서로 독립된 기업 및 은행과 국가재정을 서로 연결시켜 준다. 화폐의 도움으로 계획성 있는 자금 분배가 가능해지고 재생산 과정의 효율성이 높아지며 나아가 그 재생산과정이 조정될 수도 있다. 그러나 무엇보다도 중요한 것은 어떤 사회에서건 일반적 등가물이 필요하다는 것 그리고 그것의 도움으로 모든 상품의 가치가 표시될 수 있다는 사실이다. 화폐의 갖가지 기능 가운데서 가장 중요한 가치척도의 기능은 의연히 화폐상품의 특권으로 남아 있다. 어떤 사회에서건 화폐상품은 화폐 표현물(은행권, 공영 화폐, 금속으로 된 소액 동전 등)에 의해 화폐의 다른 기능들을 수행할 수 있다.

물론 현금을 동결한다면 큰 혼란이 일어난다는 사실은 명백하다. 그러나 인간이 필요한 어떤 것을 원할 때 곧 얻을 수 있다면 그것을 결코 비이성적인 방법으로 강탈하지 않을 것이다. 그리고 그것이 필요없어지면 저장을 할 것이다. 오늘날 전혀 이해할 수 없는 것이 먼 미래에는 실현될 수도 있다. 거꾸로 원시 사회의 인간들은 오늘날 우리들의 상품경제와 화폐경제를 이해하기 어려울 것이다. 우리가 석기시대 사람들의 손에 짤랑짤랑 소리나는 몇 개의 동전을 쥐어주고 그들을 상점에 보낸다면 그들은 굉장한 혼란에 빠질 것이다.

자니오(Sanio)는 자신의 책 『화폐와 통화(Geld und Währung)』에서 다음과 같이 신랄하게 서술했다.

"인간의 본성 가운데는 자기의 요구를 충족하기 위해 비무장한 상대의 머리를 내려치거나 경우에 따라서는 경리 여직원을 꼬여 줄행랑치려는 성질이 있다."

비록 화폐경제의 궁극적인 극복에 대해 토의할 수는 없다고 할지라도 미래에 이루어질 진보를 막연하게나마 기대할 수 있다. 미래 사회의 인간에게는 화폐가 한때 인간 사회에서 어떠한 힘과 마력을 소유했었는가를 상상하는 일이 무척 힘든 일이 될지도 모른다.

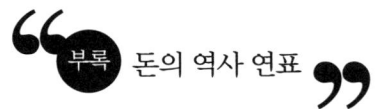
부록 돈의 역사 연표

	B.C 8000-4500	B.C 4500-1800	B.C 1800-750
시기	원시 공동 사회		고대 동양의 계급사회
중요 사건	농업과 가축 사육 시작 손으로 물건을 만들어내기 시작	지속적인 잉여 생산 도시 국가 성립 근동에 대부호 등장(바빌론 왕국) 이집트, 인도, 중국	그리스에서 노예제 국가 성립 짐차와 배를 이용한 원거리 교역
기술의 발전	근동 지방에서 점토기와를 만들고 집짓기를 함 도기 회전판 점판암을 가공한 낫 절구	피라미드 건설 바퀴, 수레 고안 수로 건설 노를 사용하는 배 돛배(이집트) 수차 원시적 쟁기 구리 주조물 청동기	살로 지지되는 바퀴 양피지 돛배(페니키아) 철 야금술 풍차(중동) 나침반(중국) 펌프
화폐의 발전	어쩌다 남게 된 것을 교환 선물 교환 증서 없는 교환	일반적 가치 형태('물품 화폐') 식량('가축 화폐') 쇠막대기, 도끼, 손도끼, 쇠꼬챙이 등으로 가공된 금속('연장 화폐') 무게를 재는 쇠막대, 눈금이 새겨진 철사, 고기 자르는 은, 금가루, 금 알갱이, 고리로 쓰이는 귀금속('장신구 화폐') 설형문자가 새겨진 점토판이 대부해준 것의 지급을 증명(메소포타미아 도시 문명에서 신용화폐와 유사하게 사용된 최초의 형태)	

	B.C 750–0	A.D 0–400	A.D 400–800
시기		노예제 사회	
중요 사건	바빌론 무너짐 '만리장성' 건축 시작 스파르타쿠스 반란	베수비오 화산 폭발로 폼페이 멸망 로마제국의 분할 훈족의 동유럽 침입	게르만족에 의한 서로마제국의 붕괴 민족의 대이동 중유럽 개간 800년 카알 대제 황제 즉위
기술의 발전	철제 기구: 톱니바퀴, 도끼, 가위, 도르래 철제 무기 물시계 수준기 지레압축기	중국에서 종이 발명 로마에서 역마차 사용 창유리 비누 수지양초와 밀랍양초 로마가 쾰른 라인강에 석재 다리 건축	맷돌의 동력으로서의 수차 거위의 깃을 펜으로 사용 중국에서 도자기 제작 삼포제 농업으로 넘어감 목판 인쇄(중국)
화폐의 발전	호박금을 재료로 주조한 돈 (리디아) 그리스의 은화(드라크마 은화) 리디아와 페르시아의 금화 동전(로마, 이집트) 최초의 은행(이집트) 파피루스나 양피지에 '글을 새긴 돈'(은행제도의 시작)	아우레우스(로마의 금화 = 25은 데나르) 로마 황제들에 의한 데나르의 은 함량 축소(클라우디우스 2세 하에서 데나르에는 은의 흔적만 남음) 아우구스투스(기원전 27–서기 14), 아우렐리아누스(270–275), 디오클레티아누스(284–305), 콘스탄티누스 1세(306–337)에 의한 화폐 개혁	콘스탄티누스의 금화 솔리두스의 확산(금 1파운드 = 72 솔리두스) 은화: 실리구아, 동전: 폴리스 메로빙거 시대 말(751)까지 중부 유럽에서 로마 후기의 주화를 모방해 주조 카롤링거 주화 규정: 은화 데나르 또는 페니히 주조

	A.D 800-1300	A.D 1300-1600
시기		봉건주의
중요 사건	독일 국가의 성립 도시의 형성 십자군 전쟁	한자동맹 성립 영국과 프랑스 100년 전쟁 1500년 독일에 초기 자본주의 발생 독일 농민전쟁 지리적 발견들
기술의 발전	유럽 풍차 사용 동물에 쟁기 연결 작센의 은 광산 이탈리아 종이 제조 해시계(풀다 지방) 수레 끄는 짐승에 편자	톱니바퀴 시계 철제 난로 안경 서적 인쇄(구텐베르크) 침목 위에 선로 설치 현미경 온도계(갈릴레이)
화폐의 발전	데나르 사용 시기(은화) : 1파운드 = 20실링 = 240데나르 지역별 페니히 주화 주권 분산 실링이 주화가 아니라 계산 단위로만 쓰임 반쪽 면에 화려한 그림이 새겨진 독립적 페니히들 카롤링의 파운드가 마르크(대략 2/3파운드가 1마르크)로 대체됨 이탈리아에서 화폐를 교환(신용화폐의 최초 형태)	금화, 그로쉔, 탈러 사용 프라하와 마이스너 그로쉔 주조 라인 주화동맹(1386) 페니히와 헬러가 소액 주화로 쓰임 주화의 신용 상실을 막기 위한 강한 노력 금화: 플로레네, 두카텐(이탈리아), 굴덴(뵈멘, 라인란트), 에쿠(프랑스), 에스쿠도(스페인), 서버린, 기니(영국) 1515년 은으로 된 요아힘스탈의 굴덴그로쉔(탈러) 전 유럽이 주화 체계에 들어섬 크로이처(소액의 은화)

	A.D 1600-1800	A.D 1800 - 2000
시기	자본주의	자본주의 사회주의
중요 사건	30년 전쟁 1776년 미국 독립선언 영국과 프랑스 시민혁명 1799년 나폴레옹이 정권 획득	시민 혁명 공산당 선언 미국 시민전쟁 자본주의 성장, 제국주의 형성 제2차 세계대전 사회주의권 붕괴
기술의 발전	계산기(파스칼) 유럽에서 도자기 생산(뵈트거 지방) 증기기관 방적기 영국에 철제 교량 직조기계 반사망원경(뉴튼)	철도, 전보 사진, 광학 기계 철제 크레인, 전구, 전화 자동차, 비행기 라디오, 영화, 텔레비전 트랜지스터, 원자력 에너지 우주로켓, 위성 마이크로 전자, 산업 로봇
화폐의 발전	30년 전쟁으로 구리돈의 인플레이션 요동기 (극심한 주화 신용 상실) 1750년 프로이센 화폐개혁: 14탈러 = 1마르크 은화 금화: 프리드리히스도르(= 5탈러) 7년 전쟁 위해 함량 미달 주화 발행 1774년 이후 영국에서 금화만이 제한 없는 '지불수단'으로 인정됨(은화는 25파운드까지만 '지불수단'으로 사용 가능) 프랑스와 영국 은행권 발행 태환 불가능성으로 인해 국가 발행 지폐로 바뀜 현금 없는 지불 유통 버지니아에서 담배 화폐 유통	유럽과 일본, 미국에서 금화 계속 사용됨 (1900) 1차 대전 재정 조달을 위해 지폐 팽창과 금 수집 1922/23년 독일과 다른 나라들에서 급격한 인플레이션 1924년 독일 금본위 화폐 1929/32년 세계 경제 위기 금본위제 종말 1944년 '브레튼우즈' 통화체제: 국제통화기금 35달러 = 순금 1온스, 고정 환율, 지불 개입 의무 70년대 초 '브레튼우즈' 체제 붕괴 이후 달러에 대한 변동환율제 유럽통화체제 내에서는 고정환율 국제적 신용화폐: IMF 특별인출권 신용카드와 '전자화폐'에 의한 현금 유통의 축소